U0049923

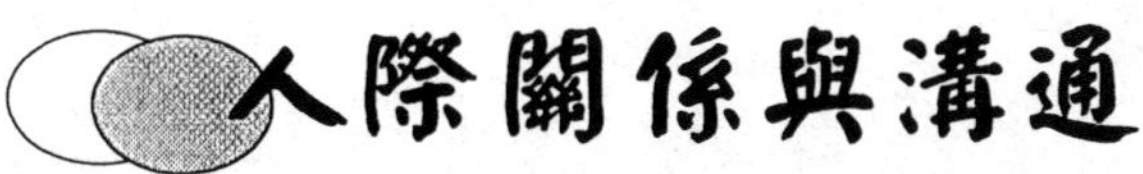

人際關係與溝通

Inter-Act
Using Interpersonal communication Skills

Rudolph F. Verderber
Kathleen S. Verderber ◎著

經由《人際關係與溝通》
你能從行動化的學習中
一步一步的走向成功的溝通

曾端眞
曾玲珉 ◎譯

Inter-Act

——Using Interpersonal Communication Skills

Rudolph F. Verderber
Kathleen S. Verderber

ISBN 957-9272-49-2

Printed in Taiwan, Republic of China

原　序

美國前總統布希（President Bush）（譯註：布希總統，任期1989年～1993年）的治國目標在於建立一個祥和的國家，過去數年來，我們期待著它的進步，但是我們看到的是相反的現象。沒有達成此目標的原因之一是人們愈來愈不能進行有效的溝通。偏見、種族歧視、性別歧視、家庭暴力、以及用攻擊或槍擊來解決衝突等等，都跟人們普遍缺乏適當的人際關係能力有關聯。不幸的是，電視上的角色，尤其是那些兒童與青少年的偶像，美化了一些不適當的人際互動行為，而這些偶像行為是最壞的示範。

這些現象很容易令人絕望，但是絕望無益於問題的解決。我們的社會需要重視人際溝通問題，尤其是男性和女性之間，以及不同文化種族之間的溝通，不懂人際溝通技巧的人，需要開始學習，而懂得人際溝通技巧的人，需要開始去實踐。在這本新版的書中，我們試圖開闢一條走向人人有禮之路。

哲學基礎

講授人際溝通的方法因人而異。有人強調理論和研究，有人著重技巧的習得與練習。本書融入適度的理論和研究，我們堅信有助於增進學生人際溝通的理論和研究是重要的。同時，人際溝通技巧是任何年齡和背景的學生都需要的，所以我們舉的例子也多樣化，以表示對讀者的尊重。

我們認為結合理論、技巧練習和能力的自我評估，能使學生：

1. 瞭解溝通理論和研究的主要概念。
2. 從經驗中辨識人際溝通的主要概念。
3. 擴展溝通能力，增加選擇溝通行爲的彈性。

此外，學生能將課堂所學應用於課堂之外，並將溝通能力的學習視爲終生的歷程。這是本書所強調的學習溝通之模式。

新版的目標

本書是第七版，修訂目標爲：

1. 保留前六版中的優點。
2. 呈現更清晰及更強化的學習模式，使更有利於教學。
3. 在內容及形式上予以改變和更新。
4. 重視文化和性別因素在人際技巧運用上的影響。

本書的前兩部分，我們特別說明了兩性溝通和跨文化溝通的問題，雖然本書所說明的技巧適用於美國文化中的一般溝通情境中。但是我們仍需注意這些技巧的使用方法和所產生的效果，視其爲男性對男性、男性對女性或女性對女性而定。同時，我們也要注意本書用來說明溝通技巧時所引用的研究，均是在西歐和北美中產階級情境下所進行的研究。有些行爲適用於某文化情境，可能在其它文化情境中並不合適，我們在書中有舉例說明不同文化中的溝通。

優點

本版保留與強化的優點如下：

- 能力取向：本書並不僅止於介紹理論，同時提出具體方法，讓學生可以將理論和研究遷移到溝通行爲之中。
- 清晰、簡明、實際的撰寫型態：撰寫型態以容易被瞭解的文字及適切的取材來呈現，是本書學習模式的重要關鍵。
- 充足的實例貫穿全書。

- 每章安排豐富的練習作業。
- 彙整溝通技巧與問題列成摘要表，方便學生查閱與複習。

學習模式

本書的學習模式以七個步驟來完成之，學生可將這些步驟應用在（第1章）所介紹的「溝通能力訓練目標」的練習之中，此練習在每一章都會重複出現。訓練目標的練習主要在幫助學生分析自己溝通上的長處和弱點，然後依照適合自己的具體方式，致力於增進溝通能力。本書學習模式的七個步驟為：

1. 溝通技巧的理論基礎。
2. 溝通技巧運用之步驟。
3. 溝通技巧運用實例。
4. 溝通技巧的自我評估。
5. 溝通技巧的實際練習。
6. 在眞實生活情境中的體驗。
7. 複習所學得的技巧。

這些步驟有些特性：第一，此模式強調清晰的自我評估。第二，提供具體的方法，讓學生將所學擴展到課室之外的情境。第三，溝通能力訓練目標具體而富彈性。最後，教材的呈現方式讓學生能循序發展與反覆練習溝通技巧。

內容與型式的改變

一、內容的改變

本版在內容上做不少改變，以更適合於教學。

1. （第1章）特別說明性別和文化差異在溝通上的問題，而後在其它各章則將此問題融滙在內容之中，本版重視性別和文化差異對溝通理論和技巧的影響。
2. 親密關係和家庭溝通的問題，融合在本書的其它各章中，尤其在（第5章）的〈各種人際關係中的溝通〉和（第10章）的

〈衝突的處理〉中。

3. 本書引用最新的研究資料，並且特別重視關於技巧的理論基礎之研究。

底下專爲熟悉第六版的人，說明各章更動的情形：

第1章：本章修訂的重要部分是關於文化和性別差異對溝通的影響。還有強化溝通能力訓練目標，以取代原來的學習契約。

第2章：本章完全重新修訂，強調知覺在自我概念和人我關係上的重要。自我概念的部分將自我概念、自我形象和自尊做區分。對他人的知覺部分，加強偏見、種族歧視和性別歧視的討論，重視文化和性別對自我概念以及人我關係的影響。

第3章：本章在前面的部分只略做修訂，在語言溝通部分則增加了不少與性別和文化有關的資料。

第4章：在非語言溝通部分增加了性別和文化差異的討論。

第5章：本章完全修訂過。在前版書中原本爲獨立篇章的親密關係和家庭溝通被融入本章之中。本章還增加了友誼方面的資料，以及強化如何穩定關係的部分。

第6章：本章修訂情感的溝通部分，在說明自我表露時加入了文化差異因素。

第7章：本章有較大的修訂，對有效的傾聽之要素重新統整，並簡化批判性傾聽之分析。

第8章和第9章：修訂了範例。

第10章：將第六版中的親密關係和家庭溝通融入本章之中。

第11章：內容予以擴充爲本書〔第三部分〕爲職業關係中的溝通（Communication in Professional Relationships）舖路。

第12章和第13章：各增加內容。

第14章：本章融合訪問和工作面談的內容而成。

二、型式上的改變

本書在型式上做修訂，以增加可讀性。

1. 文字組織盡量簡潔與有效。一般教科書的修訂總有加長的趨勢，但是本書則刪除重複的部分，並將家庭和親密溝通融入其它各章之中。

2. 增加不同的範例，重視不同學生群體的差異。
3. 文體上雖然以敍述性爲主，但是採用直接和學生說話的方式呈現，以免顯得太道學。

符合教學原理的架構

各章架構均以上述學習模式相對映，讓讀者能將理論和研究結果轉化成溝通行爲，能認識與練習溝通技巧，並應用到課堂之外的情境。

「目標」：每章開頭呈現學習目標。

「練習」：每章包含「練習」以強化所學得的知識。許多練習中，有「生活記事」一項，讓學生能運用各節的內容來分析自己的經驗，評估自己如何使用所學得的技巧。

「基本溝通技巧摘要表」：本書所討論的每一種技巧，都呈現在摘要表中，包括：定義、用途、步驟及範例的簡要說明。在〔**附錄A**〕列有本書中的三十種主要技巧彙整而成之總摘要。

「本章摘要」：每章最後摘要說明本章的重要概念。

「目標陳述」：〔第一部分〕和〔第二部分〕每章的結尾，均鼓勵學生自己寫出溝通能力訓練目標，以熟練在各章所學得的技巧。

「補充讀物」：每章最後列出可進一步閱讀的書單。所列的書單，有些是暢銷書，如：John Gray所著的"*Men Are from Mars, Women Are from Venus*"以及Richard Nelson Bolles所著的"*What Color Is Your Parachute？A Practical Manual for Job-Hunters and Career-Changers*"。有些書則甚具啓發性，可讓學生對所學得的知識加以思考。例如：Richard C. Huseman和John D. Hatfield所著："*Managing the Equity Factor：Or After All I've Done for You……*"以及Robert E. Alberti和Michael L. Emmons所著的"*Your Perfect Right：A Guide to Assertive Living*"。

「技巧和問題彙編」：〔附錄A〕是本書中三十種以上之溝通技巧

的摘要表。〔附錄B〕則彙整十六種學生常會遇到的溝通問題。這些彙編資料包括：簡明的定義、應用、原則及範例。

總之，我們希望本書不只是一本教科書，而是一本能用之於眞實生活中，以成功的處理人際關係問題的參考用書。

補充資源

本書的出版公司Wadsworth有發行下列各項圖書資源：

《聲音：多重文化的溝通》（*Voices：A Selection of Multicultural Readings*）：這是一本小冊子，內容強調溝通中的文化與性別差異，可促進學生思考與討論。小冊之中引用不同的來源和觀點，著重在不同性別和文化的人在溝通上及人際關係上的差異，可讓學生更加瞭解溝通上的差異性。

《教師手冊》（*Instructor's Manual*）：包括：溝通能力的前測和後測、角色扮演練習、經驗式學習之練習、討論的問題、作業、參考用的課程設計及期中和期末考試題（選擇題和申論題），並附有試題答案。

「電腦測驗（Computerized Testing）」：在《教師手冊》中的所有試題，均有電腦磁片，可用於IBM PC或與之相融之機型，Apple II系列和麥金塔機型電腦（Macintosh）。

「錄影帶」：Wadsworth發行人際溝通錄影帶系列，如：Sharon Ratliffe和Dave Hudson (Golden West College) 的人際能力（*Interpersonal Competence*）錄影帶。

（編註：以上補充資源均未購得翻譯版權，故無中譯本）

致謝

感謝下列各位給我們的指導：

Dale Bluman, Shippensburg University; Joseph Coppolino, Nassau Community College; Sharon Ratliffe, Golden West Community College; Georgia Swanson, Baldwin Wallace College ; Mike Wallace, Indiana University-Purdue University at Indianapolis; and Dianna Wynn, Prince George's Community College.

Rudolph F. Verderber
Kathleen S. Verderber

譯　序

人自出生以來便置身於人際關係之中，並且從各種人際關係中來滿足被愛、被尊重及歸屬感等心理需求。而人的心理困擾及痛苦也都起因於人際關係不良，無法從中獲得自我價值感與尊嚴所致。

人最初接觸的是家庭中的人際關係，親子關係與手足關係，這些奠定了往後各種人際關係的基礎。有些人很幸運的從家庭經驗中培養出良好的人際關係能力，但是也有很多人則帶著錯誤的經驗長大，未能培養出正確的人際關係能力。近數十年來，社會結構的轉變對家庭造成的衝擊，使得年輕一代的所謂「新新人類」，有相當大的比例不知如何與人有效的溝通，思想與感情無法與人交流，導致內心充滿寂寞、挫折、傷痛、焦慮與煩躁，這些與校園暴力、家庭暴力、社會暴力等問題之層出不窮，不無關係。

目前大專院校普遍開設人際關係方面的通識課程，顯示我們的社會在追尋科技文明之時，也能回顧人類的心靈需求，這是可喜的現象。筆者忝爲教師之一員，在擔任人際關係課程時，常思考如何讓學生學到務實的人際溝通知能，以落實到眞實的人際關係之中。Verderber, R. F. & Verderber, K. S. 所著之"*Inter-act*：*Using interpersonal communication skills*"正好滿足此教學目標。惟學生使用原文書在學習上有些困難，遂趁其第七版發行之際，將其翻譯成中文，以利國內學生學習。本書特點和學習方法已如原序，在此不再贅述。

這是一本我們姊妹首次合作翻譯的書，其中（第1章）至（第6章）章由曾玲珉執筆，（第7章）至（第14章）由曾端眞執筆。翻譯是辛苦的，但合作的過程是溫馨的。我們共同期待本書對學子及社會大衆在學習人際溝通上有所助益。我們也深知翻譯是困難的，雖竭盡全力，仍恐有疏漏，尚祈先進不吝指正。

曾端眞
曾玲珉　謹識

1996年2月

關於《人際關係與溝通》

經由《人際關係與溝通》
你能從行動化的學習中
一步一步的走向成功的溝通

人際溝通不是一種用來觀賞的活動，就從現在開始，這本行動導向的書將引領你逐步瞭解與熟練溝通技巧。

透過本書七個步驟的學習模式，你將瞭解人際溝通的概念和理論，並且從實際的例子中看到它們的運用。你將學會與練習各種技巧，進行自我評估式的作業，並應用在生活中。

底下是本書呈現的學習方式，藉此你即將開始走向成功的人際關係與溝通：

本章目標：幫助你注意所要學習的重點。

練習部分：每章均有練習貫穿各節，用以強化重要概念，並將觀念落實到行動中。藉著作業與技巧練習，你將能比較有效的把新學得的技巧用到教室之外的生活中。

生活記事：常在練習中出現，用來分析你如何在生活中使用習得的技巧，經由生活經驗，仔細內化教材——這是將行爲技巧融入日常人際互動中的關鍵步驟。

基本溝通技巧摘要表：讓你可以很快的複習書中所討論的技巧。摘要表中包括：技巧、用途、步驟和範例，可幫助你複習和強化所學習到的技巧。

文化和性別的考量：本書各節標有揷畫的部分，提醒你注意性別和文化差異對人際溝通的影響。

摘要：摘要本章的重點，讓你再一次的強化所學到的概念。

目標陳述（置於〔第一部分〕和〔第二部分〕各章之後）：幫助你分析自己的優點和缺點，並實際的去增進你的人際溝通技巧。在這個練習中你將會用到Verderber（本書的作者）的七個步驟學習模式。

建議讀物：每章之後附有暢銷書，做爲補充讀物。

技巧檢索表：由本書所有的基本溝通技巧摘要表綜合而成，置於書末。

問題檢索表：提出十六種常見的溝通障礙，並建議克服的方法。

兩種表合起來，讓你可以在需要時隨時翻閱溫習。

這就是本書的全部。現在就讓本書伴你開始逐步走向成功的人際溝通吧！

□目　錄□

PART I

PART I
瞭解人際溝通技巧

第一部分共計四章
說明瞭解和增進人際溝通能力的基礎概念
在第1章中
您將學到瞭解人際溝通所需的名詞定義
而在第2章中
您會瞭解您的知覺和您的自我瞭解能力
如何影響您與他人的溝通
最後在第3章及第4章中
您可以學到如何運用語言與非語言行爲
於人際溝通中

1

人際溝通導論

☞ 目標

讀完本章之後，你應能解釋或說明下列各項：

1. 人際溝通的互動歷程
2. 情境，參與者，訊息，管道，干擾和回饋之間的關係
3. 人際溝通的心理，社會和決定功能
4. 人際溝通的基本原則
5. 溝通能力的本質
6. 學習人際溝通的模式
7. 人際溝通的學習目標

「Brent，我一直等你到12點30分，你還沒回家，你幾點回到家的？」

「在那之後一會兒。」

「『一會兒』是多久？」

「我說一會兒！」

「是1點？1點半還是2點？」

「爸爸，你爲什麼老是跟我幾點回家過意不去？你不信任我嗎？」

「這和信任無關，這只是……」

「算了！我不想再談了。」

「如果你不告訴我幾點回到家，你休想再用車。除非你能有比較負責的態度！」

「我們等著瞧吧！」Brent喃喃自語著走進他的房內。

* * *

「Marcia，我想和你談談你的工作。我爲此甚爲擔心。你的上兩篇報告不只遲交，而且看起來寫得很草率。你有什麼不對勁嗎？」

「我知道近來我的工作表現得很不好，Juanita。我最近幾週以來，情況很糟。」

「你想談一談嗎？」

「我弟弟的訂婚取消了，我花了不少時間幫他。最糟的是我受到感染，我已撐得快沒力氣了。還好醫生開的藥終於有些效果，我想自己已經慢慢復原了」。

「很高興你已比較好些。我說過，我只是擔心。你的工作能力向來是高人一等的。我猜想你一定發生了什麼事。」

「謝謝你的關心以及對我的耐性。我應該先和你說一聲，不過我眞的以爲我很快就會好起來。還好我快復元了。我已寫好一份銷售報告的草稿，我會再修改一下，然後明天交給你」。

上述這兩個例子都是人際溝通中典型的對話情形。第一個例子很明顯的是個失敗的對話，第二個例子則比較成功。爲什麼第一個對話會如此結束？又什麼因素使得第二個對話比較成功？在讀完本章之後，你應能指出對話成敗的理由。

本章的內容爲：(1)人際溝通的意義；(2)人際溝通歷程的運作；(3)人際溝通的目的；(4)人際溝通的原則；(5)達到人際效能的方法；(6)增進人際溝通能力的技巧。

人際溝通的意義

人際溝通（interpersonal communication）是指有意義的互動歷程。在此界定中含有三個重要概念：

首先　人際溝通是一種歷程（process），它是在一段時間中，有目的地進行的一系列行爲。二十分鐘的電話對談，或在下課時間與朋友交談五分鐘，都是人際溝通歷程的例子。在任何溝通歷程中，都會產生意義。

其次　人際溝通的重點在於它是有意義（meaning）的歷程。意義是指溝通行爲的內容、意圖及其被賦予的重要性。內容（content）是所傳遞出來的特殊訊息，即要溝通「什麼」。意圖（intention）是指說話者顯現該行爲的理由，亦即「爲什麼」要溝通。重要性（significance）是指溝通的價值，亦即溝通有「多麼重要」。

第三　互動的意思是雙方在溝通歷程中，彼此對於溝通當時及溝通之後形成的意義均負有責任。例如，Joe對弟弟說：「上樓去給我拿那個叫什麼的……。」此話中的意義或此訊息的效果，得視接著發生的事而定。如果他的弟弟說：「好的！」奔上樓並拿來Joe所要的東西，則表示此訊息成功的傳遞了其中的一種意義。如果Joe的弟弟回答說：「你自己去拿，我又不是你的奴僕。」則呈現Joe的話之另一種定義。或者他弟弟說：「我可以幫你去拿，但我不知道你要我拿什麼。」則又是另一種意義。也就是Joe所說的話本身，在溝通歷程中原先不具有意義，直到他弟弟回應之後才顯出意義。而他弟弟的回答也是透過Joe的後續反應才能顯出其意義。

人際溝通的複雜歷程

自你有記憶以來，你就已經有溝通了，因此溝通好像是第二種天性。事實上，有效能的溝通是很難達到的，因爲它是一個複雜的歷程。在溝通中，意見與感覺是否能有效而且適當的與人分享，受到此人際關係歷程中許多元素的影響。其中，六種主要的元素爲：情境、參與者、訊息、管道、干擾和回饋。

情境

人際溝通的情境影響參與者的期待、參與者對意義的接收與其後續的行爲。情境包括：(1)物理的；(2)社會的；(3)歷史的；(4)心理的；和(5)文化的情境。

物理情境

物理情境包括溝通時的位置所在，環境因素如熱度、光度和噪音、溝通者之間的身體距離、座位的安排以及溝通時的時間等。上述的每一個因素都可能影響溝通效果。物理情境協助參與者知道何種行爲或訊息是適當的，也影響參與者對溝通的期待。對談的內容可能受到在擁擠的自助餐廳或在優雅的餐廳內的影響。在（第4章）中你將習得更多有關物理情境對參與者的期待以及他們所接受的訊息之影響。

社會情境

社會情境是指溝通發生在家庭成員之間、朋友之間、熟識者之間、同事之間或陌生人之間。家庭情境中的有效溝通不同於工作場所或朋友之間的有效溝通。互動的定義將由於社會情境的差異而不同。例如，Darren瞭解在家時他父親稱他爲「傻瓜（dunderhead）」時所表達的是關愛；但是當他父親在訓練他們的籃球隊，當著隊友面前如此說他時，Darren可能將之解釋成羞辱。爲什麼呢？因爲社會情境不同。

◆ 溝通情境影響參與者的期待及其所接受的訊息以及後續的行爲。

歷史情境

歷史情境是指過去的事件和特定參與者之間前次溝通所達成的共識。假定有一天早晨Carlos告訴Shelby說他將取回他們留給老闆的報告初稿。當Shelby那天下午進辦公室時，她看到Carlos並說：「取回來了嗎？」別人聽了那句話將不知Shelby在談什麼。然而Carlos可能答覆：「在我桌上啦！」是什麼在桌上？當然是報告囉。Shelby和Carlos彼此瞭解對話的內容，因爲他們對話的主題在前次交談時就已經定了。

我們也常發現人們的談話，表面上好像不合邏輯。例如，當Joanne

掛上電話說：「我哥哥今晚將過來坐坐。」Manuel可能回答說：「喔，別再讓他來了——Joanne，你必須不再屈服於你哥哥！」Manuel的回答乃根據過去的事件。假如Manuel覺得Joanne的哥哥只有在向Joanne借錢時才會來訪，那麼他哥哥此次到訪引起Manuel這個反應便是可以理解的。

許多人與人之間親密關係的衝突來自彼此的個人歷史情境。放眼觀之，一國或一個團體的歷史也可能影響溝通。例如，在美國歷史上，對待女人和少數民族的態度，形成了不同種族之間溝通困難的情境。我們將在本書不斷的探討這些問題。

心理情境

心理情境是指每個人帶到溝通之中的心情和感覺。例如，假定Corinne正處於情緒低潮，因爲她所聘用的助理沒有把報告輸入電腦，所以她必須挪用本來計劃要完成第二天演講綱要的時間。假如她的丈夫此時進來並且開玩笑地建議她先參加打字課，Corinne可能失去慣有的幽默而動怒。爲什麼？因爲她的情緒低潮影響了她對丈夫的反應。

文化情境

文化情境是最後一種情境。文化由影響多數人行爲的共同信仰、價值觀以及生活規範所組成（註1）。例如，美國黑人文化（註2）、英國文化、回教文化、同性戀文化、中產階級文化或公司文化。Peter Andersen指出，文化是溝通歷程（註3）中不可分割的部分。

這種具有共同信仰、價值觀和生活規範的體系常常經由象徵、習俗和同文化人們的行爲而顯現出來。比如說爲了紀念Malcolm X而載印有X的帽子和運動服，這對許多人來說正象徵著重要的美國黑人價值觀。同樣地，慶祝踰越節則是重要的猶太習俗，此節日提醒人們不要忘了他們和上帝的特殊關係之重要的文化信仰。

雖然共同信仰和價值觀是文化的重要特徵，但是影響人們互動關係的是文化中的生活規範或溝通規則。規則是非文字的指導原則，存在於某一特定文化內，用來規範什麼是可以被接受的溝通行爲。規則提供我們某種行爲在某一特定的物理或社會情境中，或和某一特定的人或團體間，是否恰當的線索。這些線索也提供我們一個解釋他人行爲的準則。假如Shamir是一位國際學生，而他被中東文化同化了，他相信和家人以外的女人談話是不被接受的。若以此文化爲溝通原則，當他和一位外向的單身美國女郎在課堂上交談時將會感到拘束。因爲她的文化中的溝通原則是不同的，她不知她自然而神采飛揚的行爲正侵犯到他的文化原則，她可能誤會他的不自在是由於害羞、疏遠或是無情。通常，我們從經驗中學習到不同文化的溝通原則。孩子若生活在鼓勵自發性行爲以及可以打擾別人的文化中，他們可能覺得上學是痛苦的，因爲上學需要安靜的坐著，而且是要舉手才能發言。當我們和不同種族、性別、國籍、宗教、政治黨派、階級、組織或團體的人溝通時，可能比和我們相同文化的人溝通來得困難。

總而言之，物理的、社會的、歷史的、心理的和文化的情境共同組合成溝通的情境。

參與者

參與溝通歷程的人本身是任何溝通中最重要的主體。個人的差異影響他們的溝通程度。人在許多方面有差異，而某些方面的差異特別影響他們的溝通。

首先　人的生理差異，包括種族、性別、年齡和體能，這些都可能對他們的溝通能力產生重要的影響。因爲人類經由聯結（association）和類化（generalization）的過程而學習，我們比較容易認同和瞭解那些和我們具有類似身體特徵的人（註4）。兩個人越類似，越能夠預測彼此的行爲。當我們第一次和陌生的異性，或不同種族、年齡與體能的人見面時，這些差異可能使我們面臨溝通上很大的挑戰。

其次　人的心理差異，包括個性、自信、特質和價值觀，可能會影響他們的溝通。有些內向安靜的人，可能和外向性格的人在相處上會有困難。同樣地，高自尊而堅持己見的人，對那些猶疑而缺乏自信的人來說，似乎專制傲慢了些。如果我們對於別人的價值觀不夠敏銳，可能會在無意中冒犯了他們。

第三　人的社會經驗差異可能影響溝通。不同的家庭、友誼和工作經驗，提供人們溝通時不同的「路線圖」或脚本（註5）。近來最暢銷的《這兒沒有小孩子：兩位男孩在美國成長的故事》（*There are No Children Here: The Story of Two Boys Growing Up in the Other America*）一書中，Alex Kotlowitz描述一位年輕男孩在目睹鄰居許多年輕人被殺，在和他同齡的男孩大都是不良幫派份子的環境中，他如何去適應與成長（註6）。到了12歲時，他不再允許自己有「朋友」，取而代之的是「盟友」，理由是失去一個「盟友」，傷害會比較小。人際關係的定義全基於個人早期的社會經驗，就如同這位男孩對人際關係的界定一樣，它變成指引一個人一生在種種情況下和人溝通的路線圖。

第四　知識和技能方面的差異可能影響人們的溝通。經由教育途徑，人們有機會學習表達種種思想和感情的語言和溝通技巧。因此，飽讀詩書的人和接受較好教育的人可能比書讀得少且所受教育不多的人來得會表達自己。

第五　性別和文化差異所導致的不同人生觀和生活經驗，會影響人們的溝通。人們傾向於把這些差異看成是溝通的障礙。兩個人的差異越大，越不能夠彼此預測行爲。當人們不認爲自己知道另一個人會有何種行爲時，恐懼隨之而來。因此，有些人採用退縮或順從行爲，有些人則以攻擊行爲來僞裝害怕。本書中，我們重視男性和女性間，以及不同文化的人與人之間溝通的差異。

訊息

人與人之間的溝通，經由傳遞和接受訊息而產生意義。人們以爲訊息就是將文字從一人傳遞到另一人那樣簡單。事實上，訊息相當複雜。它們包括意義和符號（symbols），編碼（encoding）和譯碼（decoding），以及形式（form）或組織（organization）。

意義和符號

存在於一個人腦海中的思想和情感均有其意義。你可能有各種想法：如，下次考試要如何研讀、你的生涯目標是什麼、稅應該提高或降低；你也可能有這些情感：嫉妒、憤怒和愛。然而你所具有的意義不能神奇地轉換到另一個人身上。爲了要分享這些想法和感情，你必須透過由語言和非語言符號所組成的訊息。符號是代表特別意義的文字、聲音和動作。當你說話，你選擇能傳達你的意義的文字。同時，面部表情、眼光的接觸、姿勢和音調——所有非語言的線索——伴隨你的語言，影響聽者瞭解你所使用的符號之涵義。當你傾聽時，你也是根據語言符號和非語言線索來瞭解其意義。

編碼和譯碼

把想法和情感轉換成符號以及把它們組織成訊息的認知思考過程，我們稱爲訊息編碼；把別人的訊息轉換成自己的想法和感情，我們稱爲譯碼。你們和人溝通了那麼久都可能未意識到編碼或譯碼的過程。當你的眼皮很重時，你說：「我累了（I'm beat）！」你並未有意識地思考著——我可以使用何種符號來對我目前經歷的感覺做最好的表達。

當你聽到對方說「我累了」且看到對方佈滿紅絲的雙眼，你不可能把"beat"（累了）解釋成"hit"（打），你應能理解所聽到的是疲倦的俚語，意指越來越疲憊或覺得有需要睡一覺的意思。因此，那個人用語言表達睡覺的需要，而他的雙眼所呈現的非語言行爲肯定了該語言訊息。心理學家和語言學家確信這些編碼和譯碼的過程的確存在。

你可能只有在必須摸索用字譴詞時才意識到編碼的過程。你曾經爲了腦海中的物體形象去尋找可予以表達出來的語詞嗎？或者你曾經覺得正確的語詞就在你的舌尖嗎？同樣地，當你必須想出一個不熟悉的文字的意義或想藉由一個人的音調、姿勢和其它非語言的線索來推測一個人眞正的意向時，你才意識到譯碼的過程。

因爲意義是由參與者雙方共同建立的，即使溝通者謹慎地選擇用字，一方也有可能得到和另一方的本意不同的意義。假定Noreen問：「你想聽聽我對市場計劃的新發現嗎？」假如Ramon說：「好啊！我有興趣。」從Ramon的音調中，Noreen可能覺得Ramon認爲她不是眞的要說；或者Noreen可能認爲不管Ramon怎麼說，從他臉上的表情看來他實際上在說：「我覺得好無聊。」

編碼和譯碼的過程是人際溝通最重要的部分。因此本書所提的許多技巧和訊息的形成以及接收訊息的能力有關，以加強溝通的有效性和正確度。在（第3章）和（第4章）中，將說明語言和非語言線索如何被他人正確的瞭解。在（第6章、第7章）和（第8章）中，我們將思考如何增進接收訊息的正確性。

形式或組織

當意義比較複雜的時候，需要分段或以一定的順序來溝通。在這種情況下，必須決定如何組織訊息。例如，當Olga告訴Connie關於她昨天去看的公寓，她用的符號有一定的形式。假如她想用空間的組織來描述，那麼依房間的位置順序一間一間地敍述，將比依照房間大小的順序來說明更能讓Connie正確地了解公寓的整個佈置與設計。

管道

訊息形成以後，必須經由知覺管道傳遞。口頭的訊息經由音波由一人傳遞給另一人；文字和非語言的訊息，包括符號訊息、面部表情、姿勢和動作，這些都是經由光波傳遞的。雖然人際溝通的兩種基本管道爲光和聲，但是人能經由五種知覺管道中的任何一種來進行溝通。一縷芳香或一次有力的握手可能和所看到或所聽到的一樣重要。

干擾

干擾是由對參與者的內在或外在的刺激，或是由阻撓意義分享的訊息符號所引起的。干擾使得意義分享的有效性降低。我們需要費心來克服外在、內在和語意上的干擾：

外在的干擾

存在於環境中的景物、聲音或其它的刺激物，干擾了人們的傾聽或做事，被稱爲外在的干擾（external noise）。例如，當你正在學習如何操作新的食物處理機時，你的注意力可能被一首最喜歡的柔美老歌所吸引。音樂便是外在的干擾。然而外在的干擾不一定是聲音。也許當別人在指導你操作時，你的注意力被迷人的男士或女士所吸引。這種視覺上的分心也是外在干擾的一種。

內在的干擾

阻撓溝通過程的思想和情感屬內在干擾（internal noise）。你是否曾經在別人正在告訴你某件事情時做白日夢？也許你的心思跑到你昨晚去過的俱樂部或者今天你和朋友的爭論上。假如你沒把正在和你溝通的人的話聽進去，而在做白日夢或想著以前的對話內容，這便是內在干擾。

語意上的干擾

防礙正確譯碼導致會錯意義時，稱爲語意上的干擾（semantic noise）。假設朋友把一位40歲的秘書形容爲「公司的女孩」，而你認爲稱一位40歲的女士爲女孩是輕蔑的，你可能就聽不到朋友要告訴你的下文了。並且，你可能會把注意力集中在你所認定的沙文訊息中，這就像種族歧視一樣。誹謗個人或團體的符號，常引起語意上的干擾。

回饋

回饋是對訊息的反應。此反應映照出對原訊息意義的瞭解。回饋讓發出訊息者知道其訊息是否被聽到、看到或瞭解，或者它正以何種方式被聽到、看到或瞭解。假如語言或非語言訊息顯示傳遞者的本意未被理解，原傳遞者可以重新把個人的意思再編碼。這種重新編碼的過程也是一種回饋，是對原來的接收訊息者的回應。

在本書的一些章節中，特別是（第7章），強調回饋技巧，因爲若沒有查核訊息是否被瞭解，會導致一連串失敗的溝通。

溝通過程的模式

讓我們看（圖1.1）以便瞭解人際關係的要素如何在溝通中互相關聯。這個圖說明人際關係過程。在傳遞者腦海裏有他希望和別人分享的想法或感覺。那份想法或感覺的產生和組成受到說話者的身體特質、心理狀況、社會經驗、知識和技能所影響。要把意思轉變成訊息，說話者必須予以編碼，再藉由管道傳遞出來，這些管道通常是聲音（語言）和光（非語言行爲）。

訊息是由語言和非語言行爲所組成。接受訊息者經由譯碼的過程而瞭解其意義。譯碼的過程受接受訊息者的整體經驗影響，也就是這位接收者有其獨特的整體經驗因素。同樣的，傳遞者也有其特有因素在影響傳遞者的訊息結構。在譯碼和解碼時，接收者把傳遞者的訊息轉成自己的語言和非語言訊息，並且經由所選擇的管道遞回傳送者。

◆ 回饋是對訊息的反應。它讓傳遞訊息的人知道此訊息是否被接收到或者以何種方式被聽到、看到或被瞭解。

傳遞者再將收到的回饋解碼，以便解釋從接收者取得的反應。此過程將不斷被重複。

在此解說中，傳遞和接收訊息者的周圍代表整個情境，包括物理的、社會的、歷史的、心理的和文化的因素，這些因素提供互動的背景。在整個互動中，外在的、內在的和語意上的干擾會影響傳遞和接收者取得共識的能力。

由下面的例子，我們來複習人與人之間訊息互動的過程。在早餐桌上（物理情境），Joel對他的太太Debra說：「喂！寶貝！晚上到外面吃飯好嗎？」Debra（對她接收的訊息反應）皺著眉說：「我不覺得去吃披薩有什好興奮的。」Joel覺得Debra沒瞭解他的意思而想補救，便以輕快的聲音（非語言行為）說：「我的意思是讓我們去

圖1.1
兩個人之間的溝通模式

Chalet。」Debra聽了可能興奮的叫著：「去 Chalet？太棒了！」因爲參與者對達成的共識感到滿意，他們可能結束這個互動或換個話題。最初會錯意可能是由於Debra覺得Joel只願付像披薩店那樣的消費額度（歷史因素）或者來自Joel使用「寶貝」這字眼激怒了她（語意上的干擾）。

練習——影響溝通的因素

自我練習

根據下面的敘述，指出情境因素、參與者的差異、訊息、管道、干擾和回饋。

Jessica和她的女兒Rita正在逛街。當他們經過一家精緻的服飾店時，Rita特別的高興，她看中一件上衣。面露期待與興奮，Rita說：「媽！妳看這件上衣眞漂亮。我可以試穿嗎？」Jessica嫌貴了些，皺著眉，聳聳肩，不耐煩的說：「嗯！好吧。」Rita注意到她母親的遲疑，說：「你看現在降價到27元而已吔！」Jessica鬆了一口氣，微笑著說：「是很可愛，試試看。如果合身，就買了。」

生活記事

在這兒以及後面的章節中，我們將提供生活記事的練習。生活記事是有關你在人際溝通經驗中的想法和行爲。你可視生活記事爲個人的觀察記錄。

想想你最近參與的兩件溝通情境。一件是你認爲進行得順利的。另一件是你認爲進行得糟糕的。仔細比較一下，溝通情境因素、參與者的差異、用來建立意義的訊息、所使用的溝通管道等是否有任何因素在妨礙訊息的傳遞、意義的形成和回饋等。

人際溝通的功能

人際溝通具有心理、社會和決策等功能，和我們生活的層面息息相關。

心理功能

人際溝通提供兩種心理功能：它滿足我們和別人互動的人際需求，且提供我們可以看清自己的一面鏡子。

爲了滿足社會需求而和他人溝通　心理學家認爲，人是天生的社會動物；換句話說，人需要和他人相處就像是需要食物、水和庇護所一樣。一旦失去和他人接觸的機會，大部分的人會產生幻覺，失去運動機能，且變得心理失調（註7）。雖然我們都聽說過隱士們選擇遺世獨立（他們是例外），但是我們大部分的人需要和他人交談，即使是談些不重要的話。我們可以連續好幾個小時高興地談相當瑣碎的事，交換不見得有意義的資訊。但是我們因爲滿足了互動的需求而覺得愉快與滿意。

爲了加強和肯定自我而和他人溝通　藉由溝通我們探索自我與肯定自我。你如何得知自己的專長？有某部分是他人告訴你的。你是否把會議主持得很好？你是否如願地把工作做好？你是否有權利高興？生氣？有罪惡感？你從與他人的互動中找到上述問題的部分答案。因此，在（第2章）中我們將仔細地探討人際關係的重要功能。

社會功能

人際關係提供了社會功能，藉由社會功能我們發展和維持與他人的關係。我們必須經由和他人的溝通來瞭解他人。在和他人做第一次交談後，你可能會決定和這個人保持距離或深交，但是不論是那一種關係——社會、工作、朋友或親密關係——少有一成不變的。因爲藉由溝通的歷程，關係得以發展、改變和維繫，我們將在後續的〔第二部分〕和〔第三部分〕中，分別探討個人的和職業上的人際關係。

決策功能

我們除了是社會性動物之外，我們也是決策者。從今天你是否想起床開始，到早餐吃什麼以及是否要去上學，你便已經做了無數的決定。而其中有些是自己決定的，有些是你和別人一起商量後決定的。溝通滿足決策過程中的兩個功能：經由溝通(1)我們獲取和決策有關的資訊；(2)我們影響他人同時也受他人影響。

溝通促進資訊交換　正確和適時的資訊是做有效決策之鑰。我們經由觀察，部分經由閱讀，有些經由電視而獲得資訊，我們也藉由和他人的交談獲得許多的資訊。例如，Jeff跑出去拿晨報。當他匆匆穿過門時，Tom問：「外面天氣如何？」Jeff回答：「哇！好冷——一定不到20度。」Tom說：「我要穿夾克了，但是我想我最好開始準備穿冬天的舊大衣了。」這段簡短的對話是典型的資訊交換的例子。因爲各種決策是由資訊的獲得而改進，我們將在（第6章）中討論資訊交換的技巧。

溝通有影響他人的功能　我們所做的許多決定常需要別人的同意或合作；因此，溝通在決策中的第二項功能是影響他人。例如，說服你的朋友參加宴會而不要去看電影、聽從自願助選者的拉票、勸你的小孩去做功課、說服老師更改你的成績等。有些理論家甚至主張所有溝通的結果就是要影響他人的行爲。我們將在（第9章、第12章）以及

◆ 正確和適時的資訊是了解和有效決策之鑰

(第13章) 中研讀和決策功能有關的溝通技巧。

練習——觀察溝通

生活記事

寫下你今天參與的種種溝通情境。今晚，依據心理、社會和決策功能將這些情境分類；每種情境可能不只具備一項功能。你是否對在如此短的時間內發生這麼多種的溝通行爲而感到震驚呢？

人際溝通的原則

根據人際溝通歷程和功能，我們可以發現幾個人際溝通的原則。這些原則是重要的，因爲這些原則可應用到所有情境的溝通上。

人際溝通具目的性

人與人之間的談話有其目的，如同主導人際情境研究的Kathy Kellermann所寫的——《所有的溝通都是目標導向》（註8），不論其目的是否能被溝通者所意識到。讓我們思考下列兩個具有明顯目的的溝通。Maya爲了一篇論文到圖書館去做研究。當她找尋卡片目錄時，發現她所需要的一個重要資料是在微縮片上。她不知道微縮片室在那裏，也不知如何使用該設備。因此她決定請教圖書館員微縮片室在那裏，當她找到該室時，又請教裏面的人如何使用。當Maya和圖書館員講話時，她的目的是要取得資訊。如果她找到了正確的房間，而且房間內的人向她說明如何使用設備的話，她的溝通就是有效的。

假定Maya本週末想要借用她父母的新車帶朋友去海邊玩。她知道父母將不會樂意借她新車，所以必須想出一些理由來說服她的父母。她知道不可發脾氣或出現任何會危及正面溝通的行爲。在此例中，Maya的目的是去影響她父母。假如她的父母同意讓她使用車子的話，她就達到目的了。

現在，讓我們看看沒有意識到溝通目的的例子。當Donnel在街上遇見Kyle，說：「Kyle——近來好嗎？」Donnel不可能有意識的去思考：「我看到Kyle迎面而來。好久沒和Kyle談話了。我希望：(1) Kyle知道我認得他；(2)他瞭解我們的溝通還在；(3)他知道我目前沒有時間和他談話，但是待會兒想聊聊。所以我說：『Kyle——近來好嗎？』」在這個例子中，Donnel用最自然的、自發性的方式來表達出他認得Kyle，顧及了社交禮貌。不論Donnel是否有意識地想到這個目的，它仍然主導著他的行爲。如果Kyle以同等自然的問候回應，Donnel就達到他的目標了。

人際溝通具持續性

因爲溝通可以是語言和非語言性的，我們時時在傳遞出別人可以做推論或下定義的行爲訊息。即使你沈默或缺席，別人可根據你的沈默或缺席而做推論。爲什麼呢？因爲你的沈默或缺席代表你對環境或周遭的人的反應。假如你覺得冷，你可能會顫抖；假如你覺得熱或緊張，你可能會冒汗；假如你覺得無聊、高興或困惑，你的面部表情會顯現出來。不論你喜不喜歡你耳朵所聽到的，你的身體會反應出來。做爲一位溝通者，你需要知道這些訊息，不論明顯的或隱含的，你可能傳遞出非你本意的涵義。

人際溝通訊息因編碼而異

雖然說人際溝通是有目的的，但是意識到目的所需的時間有很大的差異。在本章前段我們討論過了，和別人分享意義的過程包括把訊息編成語言和非語言符號的密碼。這個編碼過程可能自然地發生，也可能根據你已知或經歷過的「脚本」，或可能根據你對所處情況的瞭解（註9）。

對我們每一個人來說，我們的人際溝通總有情感自然流露的時候，在這種情況下，我們的編碼是不太用思考的。例如，當你燙傷手指的時候，你可能衝口大叫「噢！」或是與此情況相類似的反應。當事情順心時，你可能展露燦爛的笑容。很多溝通都是自發的，但是並非所有自發性的溝通都是適當的。例如，假如某人不小心踩到你的脚指頭，你衝口而出：「看你做了什麼？莽撞鬼！」接收訊息的人將可能出現防衛行爲。在（第6章）中，我們將說明適當的負向情感溝通方法。

有時我們的溝通是「脚本化的」。R. P. Abelson 把脚本定義成一個「事件在熟悉情境中高度定型化的呈現方式與順序。」（註10），因此在一些溝通情境中，我們使用過去經驗中用過而適用於現在情境的語彙。要有效地使用脚本，我們需要學習或練習到不假思索。

◆ 因爲溝通可以是語言和非語言性的，我們無時無刻在傳遞着訊息，而別人將據以做推論或解釋。

有許多脚本是習自兒童時期。例如，當你要糖罐，但拿不到，你可能說：「請遞糖給我。」接著在有人遞糖給你時說：「謝謝。」這個對話可能來自在家早就訓練好了的「餐桌禮儀脚本」。脚本使我們能夠使用適於情況的訊息以進行有效地溝通。因爲脚本以過去的經驗爲基礎，許多都是有文化依據的。亦即他們適用於某一特定文化中的特定情況下之特定關係。本書的目標之一是要讓你熟悉一般的脚本（或技巧），以便用於各種不同的關係、情況和文化的溝通場合。本書將提供機會讓你在種種情境中練習這些脚本，而且將說明那些脚本是有用的。

我們也需要建構訊息以適用於特殊的情況。亦即當我們的脚本不適用的時候，我們在當下環境進行編碼，使訊息能讓我們有效且適當地溝通。

創發性的建構訊息是理想的溝通方式。當你發現你能建構你想說的，以及建構你想表達的方式，那麼你將很能讓別人瞭解你的意思。本書的另一個目標是幫助你熟悉種種組成訊息的技巧，俾能用來建構有效且適當的訊息。

人際溝通具關係性

人際溝通具有關係性，意指在任何溝通中，人們不只是分享內容意義，也顯示彼此的關係。例如，當Laura對Jennie說：「我記得帶地圖來了。」她不只是報告消息，同時也藉由表達的方式而傳達「你可完全信賴我」或「我比你行——如果不是我，我們在旅行時將缺少一份重要的資料」的意義。

在互動行爲中涉及關係中的兩種層面。一種是呈現於關係中的情感（從愛到恨）。例如，當Jose說：「Hal，高興見到你！」伴隨這句話的非語言行爲可讓Hal知道Jose是否眞的高興見到他（正面的感情）。例如，如果Jose微笑，帶著眞誠的聲音，注視著Hal，輕拍他的背或熱切地握他的手。Hal便能感受到這份熱情。然而假如Jose使用快速而無變化的語調說話且面部表情僵硬，Hal將覺得只是社交上的見面禮。

另一種人際溝通中的關係本質在於界定誰是主控者（註11）。因此當Gary對Sue說：「我知道你關心預算，但我將讓我們有錢買一切的東西。」由他的用字和音調，他可能是在表示他才是負責財務者，他主控一切！Sue如何回應Gary將決定此關係的本質。關係的控制層面有互補的或對稱的。

在互補的關係中，一人讓另一人決定誰的權力較大。因此一人的溝通訊息可能是支配性的，而另一人的訊息則是在接受這個支配性。在某些情況中，關係是由情境因素來決定。例如，在傳統的美國商業界，大部分老闆和員工的關係是互補的，老闆居於控制的地位。因爲，當老闆指派Kim做某一件事時，Kim可能接受指派而去做。或者，在前例中，假如Sue對於Gary控制預算的聲明所做的回答是：「好的，Gary，我同意，你應該管理財政。」兩人的關係就被視爲互補。

在對稱的關係中，人們不同意有誰能居於控制的地位。當一人表示要控制時，另一人將挑戰他的控制權以確保自己的權力。或者是一人放棄權力而另一人也不願承擔責任，例如，當Gary說：「我想我們這幾個月需要縮減信用卡的支出。」Sue回道：「不行！我需要添新裝上班，車子要換新輪胎，而且你答應我們可以換新沙發。」兩人都在挑戰彼此的權力以主控局面。相反地，當Gary問：「你認爲我們這幾個月需要縮減信用卡的支出嗎？」Sue回道：「我不知道，你認爲呢？」兩位都在尋求放棄對另一人的主控權。

關係中的控制權問題不是經由一次交談就達成協議，而是經過長時間的溝通。經由語言和非語言行爲的訊息溝通，界定了與澄清了關係中的互補或對稱本質。互補關係比對稱關係較少發生公然的衝突，但是在對稱關係中，權力較可能均等。

人際關係是學習而來的

因爲人際關係好像是自然的，與生俱來的能力，很少有人注意溝通形態與技巧。我們都這麼想——「我天生就是這樣子」。因此我們很少認眞地試著去改進我們的行爲。更甚者，有些人不願意改進溝通技巧，因爲他們不明瞭改進溝通技巧有何好處，或者他們未察覺自己的溝通行爲有偏差。由於我們的背景，我們都擁有一些用來和別人有效相處的溝通技巧。但是，我們也都缺乏一些必須具有的技巧。我們能由不斷的學習和練習中獲益。

練習——觀察人際關係

生活記事

想出一種你所擁有的互補性人際關係。爲什麼會是互補的呢？它會隨著時日更改嗎？你對它的滿意度如何？然後，再想出一種你所擁有的對稱性人際關係。爲什麼會是對稱的呢？曾經隨著時日更改嗎？想想在上述兩種關係中的最後兩次交談。盡量寫下每個對話的一部分。注意到你傳遞了什麼訊息嗎？在這兩次交談中，聲調和形式類似

◆溝通必須有效且適當。如果達成目標就是有效的；如果適用於當時的情況就是適當的。

嗎？如果不是，描述它們如何不同。爲什麼會有差異產生？

溝通能力的達成

溝通能力（communication competence）是「適當地把訊息運用於互動情境的能力」（註12）。爲了符合這個定義，溝通必須有效且適當。如果達成目標，溝通就是有效的；如果適用於當時的情況，溝通就是適當的。

讓我們回到本章開頭的對話：

第一段對話是無效的，因爲Brent和他的父親都沒有達成目標：Brent未能說服他父親說他已夠成熟，能自己監督上床時間，而Brent

的父親不知道Brent幾時回來或爲什麼遲歸。當每位參與者都認爲對方在他們的關係和對話中的行爲符合社會規範時，溝通才是適當的（註13）。Brent和他父親之間對話的失敗也是由於雙方都不認爲他們的溝通過程是適當的。Brent可能認爲他父親不信任他而生氣，而他的父親則對他不願直接回答問題而不愉快。

相反的，第二段對話則是既有效且適當：Juanita確知影響Marcia工作表現的因素而且確信工作表現會改進；Marcia能將最近的困難告知她的老闆。Marcia覺得Juanita的要求是適當的，因爲Juanita是她的老闆，有權利關心。其次，Marcia的解釋被接受了，因爲她持抱歉的態度。Marcia知道她沒有盡力，而且她沒有告知Juanita她的困難所在。因此她們的對話適當地遵守著社會對老闆與員工之間關係的期待。

在溝通能力的定義中，能力是指一人對另一人所做的推論或是判斷。我們認爲運用溝通技巧，我們能成爲勝任的溝通者。能運用的技巧愈多，愈可能適當而有效地建構與解釋訊息。因此如果你培養、使用本課程中的人際溝通技巧，你有可能成爲一位勝任的溝通者。你擁有的技巧將使你開啓和管理你的社會互動。認識別人，建立與維持關係，發展親密性，和家人相處，和不同種族、性別、宗教和文化的人相處等都有賴你使用人際關係技巧。

全書裏，我們將集中要點於促進有效溝通的技巧上，以幫助你舉止適當。要瞭解什麼技巧是有效的，你同時要瞭解許多有關溝通和人際關係的重要觀念。人際溝通理論和研究，爲發展技巧建立了基礎，因爲它們提供如何有效且正確溝通的知識和證據。除了重視發展技巧，我們將幫助你瞭解爲什麼某些技巧是有用的，以及正確地使用這些技巧的理論和一些已證實的研究。

發展溝通技巧

本書中你將學習三十種以上的溝通技巧，這些技巧可分爲以下六大類：

1. 非語言技巧：面部表情、音調和姿態的運用技巧。
2. 語言技巧：使用文字以增加訊息的清晰性。
3. 自我表達技巧：幫助你使別人更瞭解你。
4. 傾聽和反應技巧：幫助你解釋他人的涵義並且分享所接受的涵義。
5. 影響技巧：幫助你說服別人改變他們的態度或行爲。
6. 營造氣氛的技巧：創造一種正向的氣氛使有效的溝通較易達成。

如果你熟練這些技巧，使這些技巧成爲你的一部分，它們可協助你達成溝通目的，成爲勝任的溝通者。你已知道而且使用了一些技巧，雖然你可能不知道爲什麼使用它們或爲什麼有效。其它的技巧目前可能還未成爲你的一部分，但是如果你認眞學習的話，你會增強人際能力並且學到新的人際溝通技巧。

本書中所提到的一些技巧是全世界通用的。有些則局限於美國白人中產階級的文化系統中，所以，如果你是來自其它文化背景，你可能會覺得奇怪。在書中我們會指出文化差異如何影響技巧的運用。請積極參與這個過程，在課堂上討論並且思考在其它文化中，這些溝通技巧的正確性和有效性，提出任何相關的觀察和見解。

學習模式

要學習使用一種新技巧是困難的，因爲你不只要瞭解這個技巧，而且要在眞實生活情況裏自在的運用這個技巧。要聽出法國作曲家 Debussy 的（*Clair de Lune*）是一回事，要在鋼琴上美妙地彈奏又是另一件事。因爲有些溝通技巧你現在尙未學會，在運用時可能會覺得笨拙而認爲這些技巧是不實際的或是虛假的，這種情況就如同手指頭需經音樂基礎練習以便彈得順，所以你可能需要練習這些技巧，使他們成爲你的一部分。本書的資料經過特別地安排以幫助你學習和練習這些技巧，並克服笨拙的感覺。

要期待你在一門課中精通全部的技巧是不切實際的。有效的溝通是終生要學習的，本課程只是個開始。但是爲了要在本課程中幫助你盡量達成學習，本書採用系統的學習模式，提供技巧的理論基礎，把一種技巧分割成易懂的步驟，舉出良好的和不良的技巧運用實例，評估進步情形，提供練習的機會，應用在行爲表現上和複習重點。

理論基礎

技巧的學習始於瞭解如何和爲何某些技巧是有效和正確的。因此在提出一種技巧時，我們將討論理論的資料和研究的例證。

步驟

學習模式的第二步是把複雜的行動分割成具體的行爲。因此我們特別列出技巧運用的步驟，以便你瞭解是怎麼進行的。

實例

學習模式的第三步是分析有效和無效的技巧運用。研讀有效的技巧運用實例，你將學會鑑定它們。研究無效的實例，你將更能瞭解不良技巧運用的後果。

評估

學習模式的第四步是自我評估和改過。爲了改進溝通技巧，你必須積極地評估目前運用的每一種技巧。當自我評估顯示技巧不足時，你需要做改進計劃而且列出學習目標。在每一章的結束，請寫出和那一章的資料有關的目標。

練習

學習模式的第五步是把習得的技巧加以練習。本書特別設計了用來幫助你在所熟悉的狀況中運用技巧的練習題。有些習題需要獨自練習；有些習題需要和班上其它同學合作練習。你可能也會想和朋友或家人練習使用這些技巧。

反省

學習模式的第六步是將技巧運用到眞實生活情況中。生活記事可以幫助你反省個人溝通經驗，並且分析你如何使用正在學習的技巧。在每章結束時，我們也將提出一本你可能想閱讀的書。這些書專門討論在本章內所提到的技巧，將擴展你在應用這些技巧時的理論觀點。

複習

學習模式的最後步驟是複習所學。本書中我們提供三種不同的複習機會：(1)每個段落所涵蓋的技巧之摘要；(2)每章結束時，所有涵蓋的資料的摘要；和(3)本書的最末頁有書中所提到的三十種以上技巧的完整索引，以及典型的溝通問題索引。學習是需要重複的，本書鼓勵不斷的複習所學。研讀摘要和索引是複習的好方法。

增進溝通之目標

要從本課程中得到最大的收穫，我們建議你在自己的人際溝通範疇內設定改進特定技巧的個人目標。在特定的目標內寫下正式的溝通目標敍述（goal statements）。為什麼要寫目標敍述呢？有句話說：「去地獄之路為善意所舖（做惡者原來也是想行善，但未成功）。」改變行為需要費時費力。寫下特定的目標，將使得你比較不會在忙碌的生活中忘掉所要做的改變。

研究動機的心理學家發現當人們設定具體的目標時，比只是承諾盡力而為的人能達成較高的成果。研究同時也顯示寫下你想改變的內容，定下完成的計劃，請別人作證，將比只是在心理上下決心要來得尊重所做的承諾。

評估你的技巧

在寫下目標敍述之前，你必須先分析目前擁有的溝通技巧。我們建議你在每章結束時，研讀和練習使用技巧之後，選擇一個或兩個你認為最有用的技巧，寫下改進的目標敍述。

發展書面的目標敍述能力

書面目標敍述包括四部分：

敍述問題　目標設定是由分析問題狀況和決定在那種情況下那些技巧可能較有效開始。因此，在第一部分，敍述你覺得本章的技巧可能對你有用的特定情況。例如，「問題：目前我的老闆喜歡給我例行公事而較少給我有趣的工作。當有令人興奮的事情要做時，他把工作交給Jones或Marshall。結果，我覺得我被忽視而生氣，但我悶不吭聲。所以我想改進向他敍述我的感覺的能力」；或「問題：當我母親對我說話時，我會胡思亂想或思索我要如何反應。結果，我沒聽到重點或誤解意思，然後她就生氣了。我想要改進傾聽我母親說話的能力。」

陳述具體的目標　一個目標如果是可評量的，以及當你達成時你會知道的，就是具體的。例如，在讀完（第4章）〈非語言溝通〉之後，你可能寫下：「目標：在以後我和她說話的六個場合中，有五個場合我要和她保持眼光接觸。」或在讀完（第6章）的〈思想和情感的溝通〉之後，你可能寫：「目標：能自在的向老闆描述當他給我例行公事做時我生氣的感覺。」

寫出達成目標的具體過程大綱　每一章中你將習得特定技巧的步驟。在目標敍述的這部分，你將應用這些步驟於特定的問題情況。這一步是重要的，因爲成功的行爲改變需要將目標轉化成特定行爲。例如：「過程：我將練習描述感覺的步驟，以便確認我正經歷的感覺，正確地把我的感覺編碼，指出什麼引起這感覺，和確信那感覺是我的。然後當我和老闆談話時，我將把過程付諸行動」；或「過程：我將練習簡述語意的步驟。當我母親談話時，我將集中精神仔細傾聽，我將停下來想想這個訊息對我的意義，然後形成可傳遞的訊息。我將傳遞那訊息，且重複這過程直到我確信母親和我達成共識，而且我瞭解她。」

設計一種能決定目標何時達成的方法　一個好的目標是可測量的，目標設立的第四部分是決定目標的最低要求。例如：「目標考驗：老闆連續四次忽視我的時候，我都向他表明我的感受，這時目標就是已達成了」；或「目標考驗：我雙親不再抱怨當他們和我說話時忽視他們時，這個目標就是達成了。」

當你完成目標設定的四個部分時，你可能想請別人來作證、提供意見、教導和支持。你可能想請一位能幫忙你的同學（也許你能幫忙他以爲回報）。如果你的目標和某一特定關係有關，你也應該考慮把你的目標告訴那個人；知道你努力著要改進，他可能願意幫忙。你可以定期地和你的顧問見面，評估你的進步，解決困擾的問題和發展其它的目標。

在每一章結束時，你將接受挑戰，寫出一個和該章資料有關的目標敘述。你可以影印（圖1.2）的表格用來寫每一個目標敘述。

摘要

我們把人際關係定義爲產生意義的互動過程。人際關係是互動的，因爲意義發生於兩位參與者之間的原始訊息和對訊息的反應。

溝通歷程發生於不同的人之間訊息的傳遞和接收（回饋），此歷程透過會被噪音干擾的知覺管道來進行。

人際溝通提供心理上、社會上和決策性的功能。心理上人們爲了滿足社會性需求和維持自我感覺而溝通；人們也爲了發展和維持關係而溝通；在決策中，人們爲了分享資訊和影響他人而溝通。

基於對人際溝通的瞭解，我們發展出一般性的原則：

圖1.2
目標敘述

描述問題：

目標：

過程：

目標考驗：

1. 人際溝通具有目的性。

2. 人際溝通是持續的。

3. 人際溝通的訊息因編碼過程而異；他們可能是自發的，根據腳本的，或經過設計的。

4. 人際溝通具有關係性，人與人之間有權力和情感的因素；關係可以是互補的或對稱的。

5. 最重要的是，人際溝通是學習而來的。

有效的人際溝通視個人的溝通能力而定。因爲溝通情況是複雜的、多樣化的，最重要的是要具有彈性的溝通能力，因此需要有非常多的人際技巧可供使用。

技巧可以學習、發展和改進，你可以寫下目標陳述以便有系統地增進你的技巧範疇。

註釋

1. Myron W. Lustig and Jolene Koester, *Intercultural Competence: Interpersonal Communication Across Cultures* (New York: HarperCollins, 1993), p. 41.

2. Although people of this subculture may refer to themselves most frequently as African-American, Afro-American, or black American, for the sake of consistency in this text we use *African-American*.

3. Peter Andersen, "Explaining Intercultural Differences in Nonverbal Communication," in Larry A. Samovar and Richard E. Porter, eds., *Intercultural Communication: A Reader*, 7th ed. (Belmont, Calif.: Wadsworth, 1994), p. 229.

4. Kay Deaux, Francis C. Dane, and Lawrence S. Wrightsman, *Social Psychology*, 5th ed. (Belmont, Calif.: Wadsworth, 1993), p. 232.

5. R. P. Abelson, "Script in Attitude Formation and Decision Making," in J. Carroll and T. Payne, eds., *Cognition and Social Behavior* (Hillsdale, N.J.: Erlbaum, 1976), p. 33.

6. Alex Kotlowitz, *There Are No Children Here: The Story of Two Boys Growing up in the Other America* (New York: Doubleday, 1991).

7. John A. R. Wilson, Mildred C. Robick, and William B. Michael, *Psychological Foundations of Learning and Teaching*, 2nd ed. (New York: McGraw-Hill, 1974), p. 26.

8. Kathy Kellermann, "Communication: Inherently Strategic and Primarily Automatic," *Communication Monographs* 59 (September 1992): 288.

9. Kathleen K. Reardon, *Interpersonal Communication: Where Minds Meet* (Belmont, Calif.: Wadsworth, 1987), pp. 11–12.

10. Abelson, p. 33.

11. Paul Watzlawick, Janet H. Beavin, and Don D. Jackson, *Pragmatics of Human Communication* (New York: W. W. Norton, 1967), p. 51.

12. Brian H. Spitzberg and William R. Cupach, *Interpersonal Communication Competence* (Beverly Hills, Calif.: Sage, 1984), p. 63.

13. Ibid., p. 100.

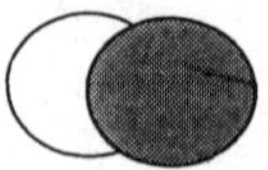

2

自我知覺和他人知覺

☞ 目標

讀完本章之後，你應能解釋或說明下列各項：

1. 知覺
2. 選擇，組織和解釋的過程
3. 自我概念
4. 自我形象和自尊的比較
5. 自我知覺在溝通中的角色
6. 影響對他人知覺正確性的因素
7. 文化和性別的考量
8. 改進社會知覺的方法

這是Grafton公司的傳統，所有新員工應邀參加在董事會議室舉行的講習會。也是Pat第一次有機會和新員工見面。

講習會開始前，大家在閒聊時，Pat的眼光被坐在屋子另一頭的人所吸引，這人的面部表情和眼睛的光彩深深地吸引著他。假藉和他人閒聊的機會，Pat慢慢地橫過屋子去和這人談話。

到此爲止，不要重讀上面的資料，回答下列問題：技巧地橫過屋子的人是男性或女性？你如何知道？現在再讀讀上面的資料。你的答案正確嗎？

這些問題是要評估你的知覺。事實上，這篇資料沒有指出那個人的性別。但是，你對性別的定論是根據你對男性或女性行爲的知覺。Pat被吸引的原因是那人的面部表情和閃亮的眼睛，使得Pat想多了解那個人。

是什麼使得知覺在人際溝通的研究上如此重要？當我們讀（第1章）的溝通範例時，我們發現知覺出現在每一階段：你對資訊的知覺影響你得到的訊息；你對環境的知覺影響著你如何傳遞訊息；你對聽者的知覺影響你組成訊息；你對聽者如何反應的知覺影響你的訊息之結果。

在本章中，我們將討論你對自己和對他人的知覺如何影響溝通。我們從檢視知覺的本質開始，最重要的是知覺比我們所知的還要主觀。最後，我們會討論一些改進自我知覺和對他人知覺的方法，我們將從「不確定性縮減（uncertainty reduction）」理論的架構來討論這些問題。

知覺

知覺（perception）是集合所感覺到的資訊並賦予意義的過程。你的眼睛、耳朵、鼻子、皮膚和味蕾集合資訊；你的頭腦從收集的資訊項目中選擇、組織，然後予以解釋和評估而形成知覺。

知覺是一個主動處理感覺資料的歷程。所以知覺並不一定能提供對所知覺的事件的正確陳述。有時候我們對世界、對他人和對自己的知覺是十分正確的，但是有時候我們可能曲解感覺以致於我們的知覺和事實少有關聯。因爲我們的行爲反應根據我們的知覺，所以溝通在知覺有失誤時可能是無效的。

我們可以把知覺歷程分成三階段：選擇、組織和解釋。這三個階段幾乎是同時發生的，討論時我們還是一次考慮一個。

選擇

你置身於大量的感官刺激之中，然而你注意到的部分却很少。例如，現在你正在研讀此書，你集中注意力在這一頁書上的資料，而不會注意到四周的景象和聲音。如果你將注意力移開一會兒，狗的叫聲或歌聲可能捉住你的注意，使你很難再集中注意力於書本上。如果你能再集中精神，噪音又回到背景中。這些選擇要如何決定呢？

當然，選擇有一部分是受到感官生理上的限制。如果你近視眼或重聽，將感覺不到環境中的許多刺激。即使感官是敏銳的，它們也只能接收物理世界的部分資訊。你的眼睛看不到紅外線或紫外線的波長；你聽不到狗的嘯聲。更重要的，我們的知覺受到三個心理因素的限制：興趣、需求和期待。

興趣

決定我們知覺的主要因素是興趣。在聽一個人談論籃球賽時，人們聽到什麼？狂熱的運動迷可能聽到所有的統計數據；熟悉明星球員的人可能只聽到有關明星球員的傑出表現部分；一個對籃球一點都不感興趣的人聽到的可能只是一堆無意義的事實。

需求

影響知覺選擇的第二個因素是需求。如果你開車去學校，你會注意交通號誌，在你前面、後面和旁邊的車子，穿越馬路的人群，以及路上的坑洞。但是車裏的乘客則不會注意這些景象，因爲他們不需要注意這些。

期待

根據我們的經驗所形成的期待是知覺選擇過程中的第三個因素。說明之前，請先讀（圖2.1）三角形內的組合字：

圖2.1
期待與知覺

如果你不熟悉這個測驗，你可能讀這三個三角形爲Paris in the springtime、Once in a lifetime 和 Bird in the hand但是如果你仔細看，你會看到不同的東西。我們有意的不去看重複的字，因爲我們沒期待它們會存在。我們這麼熟悉這些字的組合，以致於當我們看這些字的組合時，我們知覺的主動性不再發揮功能。

感官能力、興趣、需求和期待共同作用的結果，限制了我們對感官所接收到的刺激的選擇。現在，讓我們看看知覺歷程中的主觀作用。

組織

資訊是藉由大腦的意識接收的。一旦大腦選擇這個資訊，它也就組織了這個選擇。你由知覺上所獲得的意義不只來自所選擇的訊息，也依賴這些訊息組成的方式。

知覺的組織依賴許多因素，包括語意清楚的程度和情感狀態。資訊愈不明或愈複雜，就愈難加以組織。大部分的人曾被眼角所瞄到的東西嚇過，因爲他們以爲自己看到了和事實有很大差異的東西。同樣地，大部分的人曾把陌生人誤認爲是認識的人，因爲他們看到自己所熟悉的外套、髮型或姿態。資訊愈模糊，所需的組成時間愈長，而且愈可能錯誤。

大腦依循特定的原則來理解外在的事務。完形心理學家（Gestalt psychologist）提出下列原則：簡單化（將複雜的刺激組成簡單的形式）、形式化（將隨機的刺激組成共同的線條）、接近化（將相接近的刺激組成有關聯的刺激）和完形化（即使缺少某些部分，仍將之組成完全的形式）。爲了證實這些原則，想像你自己去上下一節課。當你提到教室裡的學生時，你會說成「你的」班級。你不會個別看待整個班級的人，你可能以形式化的方式來看他們，你可能把他們當成男生和女生、年青人、中年人或老人。當你注意到有三個人和教室內其它的人隔開時，你可能認爲他們有相同點。當你和旁邊的人講話時，即使你有一句沒一句的或使用錯誤的字，那個人也能正確地瞭解你的意思。

解釋

大腦選擇和組織感官所接收的資訊之後，會加以解釋，以產生意義。解釋針對被選擇和組織的資訊，因爲人們很少選擇相同的刺激和以完全相同的方式組織刺激，所以也就對事件或人的行爲產生不同的解釋。這些解釋的差異直接影響我們的溝通。

選擇和組織是確認的過程，解釋則是評估（evaluate）的過程。例如，兩位女士穿越過逛街中心，經過一家服飾店，店裡展示著一件鑲滿金屬片的正式禮服。Lorraine看了一眼，心裡想著「太華麗了」，然而Anita想的却是「毫無價值」。

知覺和溝通

雖然人們深信他們感官的正確性，但是他們的知覺可能是不正確的。不正確的程度可能是微小的，也可能是極大的，但是，錯誤的知覺將導致不良的溝通。如果Lorraine和Anita在後來談起那件衣服，他們可能會有很不同的結論。例如，Lorraine可能說：「我希望我有錢買Dawson店內的衣服，我看到一件我好喜歡的衣服。」相反地，Anita可能說：「我不知近來服裝設計師怎麼了，Dawson在櫥窗裡擺了一件可怕的、無價值的晚禮服——他們却想賺大錢。」

到此爲止，我們討論了知覺的歷程——我們如何選擇、組織和解釋刺激。我們以知覺的物理層面來說明此一過程，並且說明了主觀性對這個看似簡單的知覺歷程的影響。在本章的後半部，我們檢視社會知覺或社會認知，它們是人們對自己和別人的知覺歷程。我們的自我知覺和對別人的知覺深深地影響溝通中的互動。

練習——分析你的知覺

自我練習

花1分鐘的時間看看周遭的每一件事物。現在闔眼並描述你所看到的。張開眼睛再看一遍，看看是否遺漏了什麼？你如何解釋爲何選擇這些項目？什麼使你只注意這些項目而不是其它的項目？

自我知覺

我們如何和人溝通，大部分依賴我們如何定義和評估自己。然而我們的定義和評估是自我知覺的結果——如同我們所知，知覺不一定是正確的。在這個部分，我們將說明自我概念、自我形象和自尊。

自我概念

自我概念（self-concept）是一個人對自己是什麼樣的人的一種想法。它是一個人對自己的概括想法——它組織和引導著關於自我的

◆ 每個人扮演著許多角色。有些私下的角色可能不同於公開的角色。

訊息處理歷程。自我概念在我們長大成人前就形成了，而且繼續經由我們所認定的種種角色表現出來。角色（role）是一個人用以符合特定情境需求的行爲模式。基於我們對自己的評估和別人對我們的反應，我們可能選擇或被迫扮演種種角色。例如，一天中你可能扮演學生、兄弟、姊妹和店員。

我們扮演的角色受到我們的人際關係、文化期待、我們所認同的團體和我們自己所做的決定的影響。文化期待很容易了解。每一個人都知道我們的文化對父親、母親、律師或醫生角色的行爲之特定的期待。

某一特定團體的期待也會影響我們的角色。我們的家人、我們的教會團體、我們的運動隊、我們的影劇俱樂部——每一個團體都期待我們的行爲能符合自己的角色。例如，如果你是大家庭中的長子，你的雙親可能要你負擔家庭紀律、照顧弟妹、打掃內務等，端賴他們如何看待家庭關係而定。假如你的同儕認爲你是愛講笑話者，你可能得繼續扮演這個角色，即使在你覺得爲難或傷心的時候也得嘻笑或講有趣的故事。

有些角色是自我期待的產物。你可能做個有紀律的人，盡責的父母，或是認眞的學生，來符合自己期望的角色。

每個人扮演著許多角色。有些私下的角色可能不同於公開的角色。例如，Samantha在家中是親切的、安靜的、敏感的，在朋友堆裏扮演的可能是喧鬧的角色。每遇有新的情況，我們會試試我們能勝任的角色或者決定嘗試新的角色。

活動性自我概念（working self-concept）用來表示一個人在某時刻的角色之特殊自我概念（註1）。活動性自我概念隨角色的轉換而變：「當情況改變時，我們多多少少會變成不同的人。」（註2）

我們扮演的種種角色有助於我們抵抗壓力，例如，如果一個人只具有學生的角色，可能會在離開學校的時刻裡不知所措。當一個角色結束時，大部分的自我概念也隨之結束。相反地，具有多重角色的人較能免於負向事件的傷害。因此，學生若同時有父親、母親、朋友和店員的角色，當他或她在不當學生的時段裡，便能用這些角色（自我概念）來認同自己。

自我形象

自我形象（self-image）是對自我概念的知覺，由自我評估所組成，且受我們的經驗和別人的反應的影響。

自我評估

我們對自己的印象部分來自我們所看到的。我們在鏡中看到自己，並且對自己的體重、體型、穿著和微笑下評斷。如果我們喜歡我們所見到的，我們可能覺得滿意。如果我們不喜歡自己所見到的，我們可能想要改變。也許我們會節食、買些新衣服、換個髮型或開始慢跑。如果我們不喜歡自己所看到的，却又不能或不願改變，我們可能會開始否定自己。

自我評價也可能來自對經驗的反應。由經驗中我們知道自己的專長和喜好。如果你和陌生人交談時不會有過度的不安，你可能因此認

◆ 我們對自己的印象，部分來自我們所看到的。如果我們喜歡自己所見的，我們可能覺得滿意。

定自己是友善的、迷人的或是有趣的。我們的第一次經驗比後來的經驗對自我形象有較大的影響（註3）。例如，青少年在第一次約會被拒絕後可能在未來比較不願冒險去約會。不論第一次經驗的結果如何，如果隨之而來的經驗和第一次有類似的結果，則第一次的感覺將被強化。有趣的是，我們比較可能依據我們能做的，而不是我們不能做的，來下結論。例如，會素描的人可能認爲自己有藝術天份，而不會素描的人，不見得會認爲自己缺乏藝術天份（註4）。

一般而言，我們對經驗的反應愈肯定——不論是當廚師、愛人、決策者、學生、工作者或父母——對於那個角色的自我形象也愈肯定。同樣地，我們對經驗愈否定時，對那個角色的自我形象愈否定。

別人的反應

除了自我評估，自我形象也來自別人對我們的反應。假設在你提出產品行銷的意見之後，一位同事告訴你：「你的構想很有創意。」這樣的評論會正面地影響你對自己的知覺，特別是你尊重下評論的這個人時。研究顯示立即的、肯定的回饋對修正自我形象有很大的影響力（註5）。不只正面的評語影響深遠，負面的評語也一樣。我們習慣於用別人的評語來確認、強化或改變我們對自己的知覺。愈多有關我們自己的正面評語，我們的自我形象也愈是正面。

因爲自我形象的形成始於生命中的早期，第一個而且是最重要的別人的反應來自雙親和家人（註6）。家人的主要責任在於用一種有助於發展正面自我形象的方式交談（家庭談話包括語言和非語言的溝通），特別是對小孩子的談話。家人的自我形象可以藉由下列陳述方式而得到增強，例如，讚美——「Roberto，你把房間清理得好乾淨！」、「Mom，你讓Jasmine在Beverly家過夜眞是太好了！」；接納和支持——「如果你有正當理由不參加Glee俱樂部，我們尊重你的決定。」、「Andy和我們的意見不完全相同，但是歡迎他來我們家，因爲他是你的朋友而我們尊重你。」）；和愛的陳述——「Bart我們知道你因爲這場球賽在家人面前表現得很差而相當難過，但是我們愛你，所以下個比賽我們還會來爲你加油。」、「我們都十分愛你，Mario。」當然，這些語言的敍述只有在伴隨適當的非語言表情和聲調時才是有效的。

不幸地，許多家庭溝通對自我形象傷害很大，特別是對正在發展自我形象中的孩童。嘲笑、責備和評價性的表情和聲調，最是傷害。常見的有下列各種情形：例如，嘲笑性的問題——「今天好嗎？笨蛋？」、「你打算到了廿一歲還吮大拇指，是嗎？」；責備性的陳述——「你知道，如果不是要撫養你，我大可以回大學唸書。」、「你是沒有掉盤子，但是你不斷的哀叫，害我緊張的掉了盤子。」；和評價——「Terri，你明知你連雞蛋都不會煮，爲什麼還要做早餐？」、「Marty，你學不會加法嗎？如果你的工作和數字有關的話，最好考慮換工作。」孩童和青少年把諸如此類的評論貯藏於腦海中，他們會一而再地聽進去這些批評直到他們相信就是這樣子。

即使是家庭中的大人也會被不適當的語言和非語言溝通所傷害。有些丈夫或妻子被他們的配偶叱責以致於他們對自己的能力失去信心。例如，一位時常被數落「沒有正確加減能力」的配偶可能拒絕處理家庭的財務。偶而的否定可能不會有長遠的影響，但是如果家中一般的溝通方式是否定的——嘲笑、責備和評價——就可能傷害自我形象並導致低的自尊。

自我形象的正確性

自我形象的正確性有賴知覺的正確和我們處理知覺的方式。每個人都經歷過成功和失敗，也聽過讚美和責備。如果我們只注意成功的經驗和正面的反應，我們的自我形象可能是扭曲的，雖然這些是正面的扭曲。如果我們只注意負面的經驗而且只記得所受的批評，我們的自我形象可能被扭曲成負面的。上述兩種情形的自我形象都和事實不一致。然而我們的自我知覺比我們的眞實狀況更能影響我們的行爲。例如，Sean在客觀條件方面可能有能力成爲傑出的領導者，但是如果他不認爲自己是位傑出的領導者，他便不會去領導別人。

不正確的自我知覺和眞實之間的距離稱爲「不一致性（incongruence）」，也就是「一個人的自我形象和眞實經驗之間的懸殊程度」（註7），理想上，當然是求自我形象的一致性，也就是能有合理的正確性。事實上，每個人都多少有些不一致——當不一致性太大時，問題就產生了。

自我知覺在溝通上的角色

自我的概念影響我們所想的及所說的。研究文獻中提到我們的自我概念會調整和指導我們的行為（註8）。而我們的思想和談話會影響自我概念和自我形象。和自我形象及溝通有關的兩個因素為自我應驗預言(self-fulfilling prophecy)和訊息的過濾(filtering message)。

自我應驗預言

以溝通為媒介，經由自我應驗預言，你的自我形象逐漸開始變成眞的——預言實現了，意識或非意識地，你相信且認為它們就是這個樣子。

自我應驗預言會影響你的人際表現。例如，Stefan覺得自己善於社交且能很容易地認識人，他說：「今晚在宴會上我要盡興地玩。」由於他的正面自我形象，他期待和陌生人見面，而且如同他預期的，他結交了幾個新朋友且玩得很高興。而Austin認為自己在新環境中不會自在，他說：「我懷疑我能認識誰——我將過得很痛苦！」因為他害怕認識陌生人，他覺得自我介紹很麻煩，結果正如他預測的，大部分的時間呆站著，且一直想離開。研究也顯示不良的自我形象和溝通焦慮有直接的關係（註9）。

除此之外，有正面自我形象的人積極地看待成功，他們有信心可以一再地成功；有負面自我形象的人，認為成功是運氣，他們不相信可以再次成功（註10）。

訊息的過濾

我們的自我知覺會過濾別人的話而影響溝通。即使我們能正確的接收訊息（也就是耳朵接收訊息，頭腦記錄訊息），我們也沒有全聽進去。而且，我們選擇的訊息可能是那些能強化自我形象的訊息。如果某人說了和我們的知覺衝突的話，我們可能裝作沒聽到。例如，你準備了一份讀書會的時間表，有人稱讚你很有組織能力。你可能忽視它，沒有眞正的去聽它，或可能答道：「噢！沒那麼好。」或「每個人都辦得到——沒什麼特別的。」然而，如果你認為你是一位良好的組織者，你會尋找能強化這個正面觀點的訊息，而過濾掉那些負面的。

自我形象是別人批評下的產物也是選擇別人的評語之過濾器。批評協助我們形成自我形象；然後自我形象開始像個過濾器般，過濾所選擇的訊息。有時候，批評會透過過濾器而改變自我形象，然後新的自我形象又開始過濾其它的批評。於是，自我概念也就跟著改變了。

自尊

自尊是我們對自己的正面或負面的評價。自尊是自我概念中的評價層面。自尊會影響溝通方式，調節對抗的內部訊息，和影響我們對別人的知覺。

影響溝通方式

最近的研究顯示自尊的差異會影響行為的歸因，低自尊的人時常否定自己，並且以自我否定的方式來說話（註11）。例如，人可能預期被別人拒絕而說：「我所做的可能對公司不是那麼重要，所以我可能不會被晉升。」或者因為他們很難為自己的觀點辯護，他們可能先貶低自己的觀點，說：「我有支持Hanson的理由，但我想這些理由不充足——Parker可能是較佳的候選人。」相反地，有較高自尊的人常顯現正面的自我觀點，且表達期待被接受的言語。他們可能提出如此的意見：「我的意見使公司的銷售活動多樣化，所以我想可能因此獲得擢升。」同樣地，他們可能在反對者面前為自己的觀點辯護。例如，如果有人批評Amber支持Hanson，她可能說：「你可以批評我的支持，但我想我支持Hanson的理由是對的。」

為什麼自尊影響溝通方式？低自尊的人因無法肯定自己的貢獻，所以預期別人會否定他們。相反的，高自尊的人對自己的貢獻有信心，因此預期別人將正視他們的價值。不論低自尊者的觀點是否眞實，擁有這種觀點的人，將以眞實的或想像中的否定態度來做為他們眞的是無價值的證據。

調節內在對抗的訊息

自尊的一個特別有趣的功能是調節內在的訊息。當我們思考時，我們事實上是在自我對話（有些人甚至是把想法說出聲來）。當面對抉擇時，我們特別能覺察到腦海裏的不同或甚至於是相對抗的聲音。也許在應徵面談後，你有像Corey一樣的自我對話：「我想我留給人事主任一個相當好的印象——我的意思是，她和我談了好久。不過，也許她只是想表示友善而已。畢竟，她只是盡責。不，她沒必要花那麼多時間和我談話。而且當我談到我曾在Federated實習時她的眼睛一亮。所以，她說她對我的實習經驗感興趣。但這些並未明確顯示我在她的心目中是與衆不同的，是有希望的。」這些內在談話的許多訊息是對立性的。由什麼來決定Corey要聽那一種聲音？自尊是抉擇時的調節者。如果Corey覺得自己不錯，他將認爲這個面談者是誠心的，同時也會覺得面談是成功的。如果他對自己的生活和行爲不滿意，他可能認定自己沒有機會獲得那份工作。

影響對他人的知覺

自我形象和自尊不只影響我們的溝通行爲，也會影響我們對別人的知覺。我們的自我形象愈正確，我們對別人的知覺也愈正確。首先，自我知覺和對別人的知覺依靠我們能正確地處理資料。第二，我們的自尊愈高，愈覺得別人是可愛的。研究顯示那些接納自己的人較易接納別人；同樣地，低自尊的人較會挑別人的毛病。第三，我們自己的人格特質影響我們所知覺的別人的人格類型。有安全感的人較易肯定別人而非否定別人。如果你記得我們對所知覺到的世界（不是眞實的世界）做反應，你將可以瞭解低自尊者如何導致誤解和溝通破裂了。

增進自我的知覺

整體而言，我們可以增進自我的知覺。但是即使我們不斷地成長、發展，我們仍然傾向於不易改變自我形象和自尊。有高自尊的人改變比較小，也許因爲他們的眞實經驗和自我知覺比較一致。

低自尊的人改變可能比較大，因爲他們的自我形象較具可訓練性。低自尊的人如果有能支持他們改變的資料的話，就可能改變他們的自我形象。如無任何協助，大多數人仍會維持否定的自我形象。假定你在中學時的法文不好，父母或老師可能曾說：「勇敢面對法文不好的事實，外國語不好沒關係。」你上大學之後，發現還要上一年的外語。在學期中，你覺得自己能在合理的時間內完成作業，成績也不錯。然而，當你的教授、指導者或朋友說：「打算繼續學法文嗎？」你會說：「不，我只是幸運沒不及格——我的法文不好。」再一次地，「辦不到」的頑固想法限制了你的成長。

只有在對自己的優缺點眞實的評估後才能改變。爲了在自尊方面有所改變，我們必須先知道自尊如何影響自己的行爲。我們必須知道自己的那些行爲較能引起正向的反應。然後我們要多多從事那種行爲。本書中，我們討論許多溝通行爲，這些行爲可用來增加你的溝通能力。當你精通這些技巧後，你將會得到較多的正向反應。如果你的自尊低落，而且你覺得別人不喜歡你或對你沒信心，這些正向的回應將有助於你瞭解別人的否定不是針對你，而是針對你的行爲。例如，想像有人幫了你一些忙，而你沒有忽視他的行爲，你對他加以讚美，你用非語言行爲表現高興的樣子，那個人將會覺得你是一位令人愉快的人；這也能增強「自己是個好人」的自我知覺。

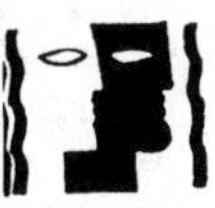

文化考量

文化影響知覺和參與者的自我觀點。大部分的美國公民都持所謂的西方文化的自我觀點，相信個人是自主性的個體，具有不同的能力、特性、動機和價值觀。而且，具西方自我觀點的人追求獨立並表現與他人不同的獨特性。然而來自世界其它地方的人不這麼想。許多東方文化不主張也不重視獨立——許多文化主張人之間的相互依賴關係（註12）。說得更淸楚些，當西方文化的擁護者說「發出軋軋聲的車輪能得到潤滑油」時，東方文化，包括日本、中國和澳洲的格言則是「突出的釘子要槌平。」

這些對人際關係的意義是什麼呢？依賴性的自我比獨立性的自我更在意別人，對別人也比較敏感。因此，美國文化中，教育孩子遠離無助和依賴，以便幫助他們自立和獨立。在許多其它文化中，孩子則被教養成傾向於較多的互相依賴（註13）。

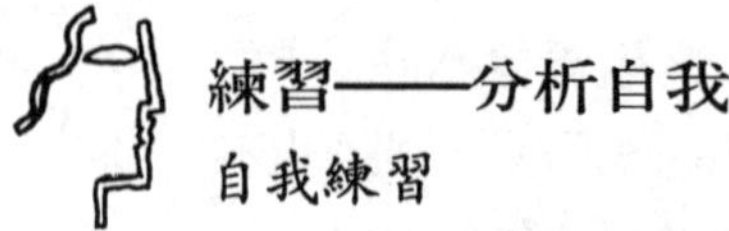

練習——分析自我

自我練習

1. 你如何看待自己：在一張白紙上，列出以「我是」爲句首的句子，描述你如何看待自己的特質。盡量地寫，愈多愈好。這些敍述將代表你「活動中的自我概念」。當你再也想不出來時，回頭看此清單。在正面的敍述前寫P（positive）；在負面的敍述前寫N（negative）。有多少是正面的？多少是負面的？
2. 別人如何看待你：在第二張紙上，列出以「別人覺得我是」爲句首的句子，描述別人如何看待你的特質。當再也想不出來時，回頭看此清單，並且標示出正面和負面的敍述。
3. 你如何期待自己：在第三張紙上，寫出以「我希望我是」爲首的句子，敍述自己的期望。當再也想不出來時，回頭看此清單，標示出正面和負面的敍述。
4. 比較這些清單，注意相似和相異點，簡短的敍述一下，你對自己和自我概念的瞭解。你能想出你的自我概念用什麼方式在影響你和別人的溝通嗎？
5. 連續三天，記錄你經驗到的不同情況。敍述你在每一種情況下的自我形象。在三天觀察期結束後，分析你的自我觀察。在不同情況中，你的溝通行爲有何差異？什麼因素使你在某種情況中表現特定的行爲？在每個情況中，你對「自我」表現的滿意度如何？讓你最高興的是什麼？讓你最不高興的是什麼？

對他人的知覺

在遇見陌生人時，我們面對著許多問題：我們有共通點嗎？他們會接受我嗎？我們能相處嗎？當我們想要得到這些問題的答案時，我們會有些挫折感，這正是Charles Berger和James Brada所謂的「不確定性縮減」（註14）。這個理論是說我們會尋找有關別人的資訊，因爲如果我們不確定他們像什麼，我們將難以預測他們的行爲。在本節裏，我們把焦點放在利用知覺做爲應付不確定性的方法。在本書（第5章）中我們將仔細探討這個理論，因爲不確定性縮減理論和關係的發展有關聯。

我們對別人的知覺是基於我們對感官所接收的訊息之印象、我們對訊息的組織和處理以及我們對訊息的選擇。兩人見面所形成的最初印象即用來引導行爲。在繼續互動中，這些知覺會被增強或改變。就像我們的自我知覺一樣，我們的社會知覺不一定是正確的。影響社會知覺的因素有身體特徵和社會行爲、刻板印象和情緒狀態。

身體特徵和社會行爲

社會知覺，特別是第一印象，時常是以人的身體特徵和社會行爲爲基礎。依據一個人的身體吸引力（面部特徵、身高、體重、整潔、衣服和音色），人們可能將之區分爲友善的、勇敢的、聰明的、冷酷的或和上述相反的特質（註15）。在一個研究中發現穿短外套的職業婦女，比穿著其它款式衣服的職業婦女，被認爲較具能力（註16）。有時候甚至不需要面對面便能將人加以歸類。拿你的小孩、伯父或祖母的照片給朋友看，你的朋友只要依據照片就能形成對你的親戚的印象。

第一印象也會依據對社會行爲的知覺而產生——有時候甚至只是單一的行爲。例如，在公司新進人員交誼會上，Caleb問Sara她對Gavin（Caleb的同事）的印象如何。假設Sara有一次曾看到Gavin打斷Yolanda的話來強調他自己的看法，而當時Yolanda正在述說去年在交誼會上發生的趣事，那麼此時Sara可能會說：「Gavin？他好粗魯。」

我們用來形成這些印象的行爲常因性別而異。Leslie Zebrowitz指出男性比較可能以能力來描述別人——「她文章寫得好」，而女性比較可能以人們的自我概念來描述別人——「她認爲自己是一位優秀的作家」，並且認爲人在歸類行爲時有性別差異。男性的描述有較多的非社會性活動——「他喜歡駕駛模型飛機」，而女性的觀察則較偏

◆ 我們依據人的身體特徵來推論其特質。你認爲照片中的女人和男人有什麼特質？如果只看到一個人的手臂你會做何推論？

於人際的互動方面──「他喜歡和朋友聚在一起」（註17）。同樣地，我們的文化背景強烈地影響我們對不同文化的人之知覺。

研究顯示人會依據有限的觀察來對別人的人格形成複雜的知覺。這樣的判斷是受到了「隱含個性理論（implicit personality theories）」的影響，此假設認爲人的身體特徵和人格特質有關（註18）。

因爲隱含個性理論讓你認爲某些特點是同類的，所以當你在觀察一個人的某一特點後，你可能未經證實便對他的其它特質加以評斷，這個傾向即所謂的「月暈效應（halo effect）」。例如，Heather認爲Martina是熱情的。Heather的隱含個性理論把熱情和善良連在一起，又把善良和誠實連在一起。結果，她認爲Martina是既善良又誠實且熱情。然而事實上，Martina可能熱情，但不誠實。因此，如果有朋友控告Martina說謊，那麼Heather則可能會替Martina辯護，因爲月暈效應使得她認定Martina是誠實的。

在負向知覺方面，月暈效應對一個人是不利的。T. D. Hollman發現負面訊息比正面訊息更強烈地影響我們對別人的印象（註19）。

月暈效應最常見於：(1)對於所要判斷的特質經驗不足時；(2)當特質有強烈的道德寓意時；(3)當對象是熟識的人時。

當訊息有限時，我們傾向於主動去填補訊息，這個現象導致社會知覺的第二個偏見：刻板印象（stereotyping）。

刻板印象

對別人做判斷時，最常見的障礙是我們的刻板印象。刻板印象是對人的過度簡化的觀點或不經思考所下的評語。刻板印象常常只依據人們的階級和類別來評斷人的特質。刻板印象是常見的知覺捷徑。我們傾向於對所見到的團體產生概化的觀點。因此，任何知覺線索——膚色、衣著樣式、宗教勳章、髮色、性別等等——將會自動引導我們把概化的觀點投射到特定的個人身上。

刻板印象會產生三種不同的知覺錯誤。第一個是刻板化的錯誤——易於低估或高估對一個團體的印象（例如，某班的學生當他們的平均成績只稍高或稍低於學校的平均成績時，他們會珍惜或低估獎學金的價值）。第二個是價值的估計錯誤——易於低估或高估一個團體的正向價值（例如，某班學生是全校最受歡迎或最不受歡迎的學生，而事實上不是如此）。第三個是差異性的評估錯誤——易於低估或高估一個團體的變異性（例如，某班所有的學生都是好學生，實際上他們的分數有很大的不同）（註20）。

刻板印象因忽略個人的差異而導致錯誤的知覺。我們常常因爲一個人屬於某團體而認定他具有某種特性。例如，如果Dave認爲證券經紀人都是不道德的，並不意謂著Denise（一位非常有原則的女人）便是不道德的，即使在我們發現大部分的證券經紀人是不道德時。你可能曾經因性別、年齡、種族、社會階級、身體特徵，或其它特質而成爲刻板印象下的犧牲者。由此，你當可知道刻板印象是多麼地傷人且不公平。

假如刻板印象常導致不正確的知覺，何以仍會存在呢？理由至少有兩個。首先，我們常相信刻板印象是有幫助的（註21）。雖然人們能不以刻板印象來看待別人，但是刻板印象提供有效的假設。在面對一個來自不同種族或文化的人時，我們可能把刻板印象用在那人身上，而且認定那個刻板印象是正確的，直到我們獲得足夠的資訊來判斷那個人（註22）。簡而言之，依據我們的刻板印象來瞭解一個人或一個團體，比花時間來瞭解每一個我們所見到的人要來得容易。第二，刻板印象提供某種程度的舒適感。一般的法則是——白人有種族優越感、黑人是懶惰的、老人是固執的、義大利人天生烈性子或女人在壓力下會太情緒化而不能理性思考等。這些刻板印象使人們「知道」如何去應付新認識的人。

由上述例子可知，刻板印象和偏見是同時發生的。偏見是對人或團體的不合理態度。例如，當Rosie發現她剛認識的Wasif是回教徒，如果她對他的知覺是依據回教徒對女人的看法而不是他個人的行爲，則Rosie便是對他持有刻板印象。她若讓此刻板印象控制她對Wasif的反應，那麼這種情況便是一種偏見。在這個情形下，Wasif將沒有機會讓別人認識眞正的他。

偏見和刻板印象一樣很難改變。有偏見的人即使在證據確鑿之下，仍然會繼續維持偏見。假定Lou（一位美國黑人），認爲所有白人都是種族優越主義者。當Lou遇見Phil（一位白人），Lou將認爲Phil是種族優越主義者。假如有人證明Phil是個不論種族，對任何人都一視同仁的人，Lou可能拒絕接受這個證據，而另找其它的解釋。

種族主義和性別主義在我們的社會中，是使關係產生問題的主要偏見。種族主義和性別主義是指依據種族和性別就將人們限定於僵硬的刻板化角色中。因爲這種態度根深蒂固又難以察覺，我們很容易忽略自己具有種族偏見和性別偏見的行爲。這種行爲看起來可能微不足道。例如，在公車上、飛機上、在休息室或在餐廳的櫃枱上——在你和他人之間留下的空間大於你和同種族的人之間可能留下的空間時——就是種族偏見的行爲。講笑話，因笑話而大笑，或鼓勵重述笑話，如果這些都有貶低其它種族或異性成分時，就是種族／性別偏見的行爲。忽略另一人的存在或忽視其評論，只因這個人是其它種族的人或異性，就是種族／性別偏見。我們可能說：「我們不是故意的。」然而這些行爲懷有種族／性別偏見，會嚴重地傷害我們的溝通。

最近，已重新從權力的有無來定義種族主義和性別主義。根據這個觀點，當強勢文化利用它們的勢力公開地或暗地裏否認或壓制弱勢文化（包括女人）的權利時，這便是種族偏見或性別偏見。請注意女人即使人數超過男人仍被視爲少數民族。把女人歸類爲少數民族不是以數字來考量的，而是因爲女人和其它少數民族被大部分白人／男性文化所壓抑。

這個定義沒說對美國黑人、亞裔美人、拉丁美人和女人不能懷有偏見。但它指出了由於缺乏重要的勢力，少數民族不可能像大多數民族一樣公開或暗地裏否定或壓抑大多數白人／男性文化。在此定義下，眞的種族主義或性別主義的意義指的是對低權力地位者之欺壓。

雖然我們了解在這些定義背後的意義，從人際溝通觀點來看，不論行爲是否爲眞的種族主義，性別主義，或「只是」偏見，它們只是程度上的差異。因此我們應該察覺任何偏見行爲並且排除之。因爲種族和性別的刻板印象根深蒂固於文化中，很少人能完全避免行動或思想上的偏見。了解我們自己的偏見態度和行爲，可以提醒我們不要認爲別人要和我們的思想行爲一致，以免阻礙溝通。我們也能夠警惕自己不要說和做攻擊別人的事，也不要使種族和性別角色的刻板印象一直持續下去。假如人長時期的接觸客觀的資訊，他們的態度可能會改變。

當然，偏見不只侷限於種族和性別。Theodore Grove和Doris Werkman最近的研究報告指出，和外表有明顯缺陷的陌生人交談比和身體健全的陌生人交談會產生較大的負面結論（註23）。同樣地，同性戀者長久以來飽受偏見之苦。簡而言之，我們必須認清當我們和不同的人相處時，可能有的潛在偏見。

情緒狀態

情緒狀態是影響我們去正確評定別人的最後一項阻礙。Joseph Forgas的許多研究指出「人們有一個很大的傾向是會依當時的感情狀態來覺知與解釋他人的行爲。」（註24）當你情緒低落時，你對第一次認識的人的知覺可能比你心情好時負向得多。當你收到自己認爲寫得很好的報告的成績很低時，你對周圍人的知覺當然被負向的情緒所感染。然而如果你在沒什麼把握的重要報告上得到A時，你對周遭的人和事的知覺可能都是正面的。不論我們對別人的知覺是正面或負面，在對他們反應之前最好自問一下，我們的情緒是如何的在影響我們的知覺。

我們的情緒也使得我們對知覺有所選擇。例如，我們會高估想結交的朋友。如果Anya認爲Nick是個她想要深交的男人，她將只看到Nick的優點，而忽視對別人而言是明顯的缺點。戀愛中的人時常忘卻所愛的人的缺失。然而一旦兩人結婚了，他們可能開始發現他們伴侶的負面特質，這些負面特質在別人眼中可能一直都是存在的。

我們的情緒也可能影響我們對別人的歸因（註25）。所謂「歸因

◆人們可能依當時的感情狀態來認識和解釋事件。如果你心情不好，你的知覺可能比心情好的時候負面些。

（attributions）」就是我們對別人行為所持的理由。除了評斷別人，我們也企圖對別人的行為找個理由。根據歸因理論，無論正確或錯誤，我們所認為的別人行為的原因將影響我們對他們的知覺。

假設你和一位同事在一家距辦公室有幾條街之遠的餐廳有個午餐的約會。你在中午抵達，但是沒看到你的同事。到了12點20分，他仍未出現。此時，你開始進行歸因，如果你喜歡這位同事，你可能為他的遲到找個好理由：在最後一分鐘有個重要電話，需要在午餐前把工作做完，或其它可能發生的臨時事故；如果你不是特別喜歡你的同事，你可能歸因為遺忘，不會替別人設想成惡意的缺席。在這兩種情況下，你的歸因將進一步影響你對那人的知覺。和偏見一樣，我們的歸因很強烈，會拒絕接受與我們的歸因相反的證據。如果你不特別在乎那個人，當他抵達後解釋他臨時有個長途緊急電話，你可能不相信這個理由而對電話的緊急性打折。覺察人們傾向於有認知偏見，能幫助你糾正知覺並且增進溝通。

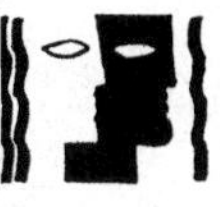

文化和性別的考量

和異性或不同文化的人談話可能會有互相瞭解的困難，因為他們以不同的觀點來看待這個世界。我們或許覺得不必那麼關心文化差異問題，因為我們大都和具有相似文化的人交談。但是你不必跨越國界就可能面對不同文化的人。美國就有許多，美國黑人、墨西哥裔美國人、拉丁美國人、亞裔美國人、美國本地人、阿帕拉契人和其它等。因為代代之間、區域、社會階級，甚至鄰居差異日漸明顯，因此有必要敏於覺察文化差異，而不是在與來自國外，或者和與我們有明顯不同的人交談時才需如此。例如，在洛杉機郡的校區，有108種不同的語言，單是好萊塢的一所高中，學生當中就有85種母語（註26）。

在面對異性或來自不同文化的陌生人時，我們易於把差異當做溝通的障礙，因為這些差異我們對他們一無所知。兩人差異愈大，愈不容易預測對方的行為。當人們不能預測別人的行為時，會有害怕的感覺。有些人以退縮或順從的方式來表示害怕，有些人以侵略性行為來掩飾害怕，這些行爲都無法改善溝通。文化和性別的差異極需我們正視這些人的思想、感覺和價値觀。本章最後一部分，我們將說明增進對人的社會知覺的步驟，無論其文化或性別如何。

練習——分析對別人的知覺

自我練習

1. 想想最近和一個不同種族或民族背景的人見面的情形。描述你的感覺。和這人相處自在的程度如何？這人的種族或民族背景如何影響你的舉止或反應？
2. 描述上一次當某人講有關種族或性別偏見的笑話或評論的情形，你的反應如何？其它的人反應如何？如果你不滿意你當時的反應，寫下你應該如何反應。

團體練習

1. 你的指導老師將徵求三位自願者，離開教室。每次一位同學重新進教室向班上同學描述一張老師給的雜誌廣告。根據這三位同學的描述，在心裡想像廣告中的人物。當每位自願者描述廣告時，寫下五個廣告中人物的形容詞。當三位同學完成任務時，老師展示廣告圖給你們看。
   (a)三位描述者的異同是什麼？
   (b)三位描述者中那一位最能幫助你描繪正確的圖？你的想像和實際的圖有何不同？你如何解釋這些差異？
   (c)現在已看過眞實的圖了，再次寫出五個描述圖中人物的形容詞。這五個形容詞在看過圖後是否和先前的形容詞不同？如果是，差異爲何，爲什麼？
2. 根據本節討論過的因素，在下列情境中，找出對他人最初知覺不正確的影響因素。你的答案必須有支持性理由：

   Amanda很沮喪。她的女兒在學校有麻煩，最近又接獲通知她的工作時數被削減，而且她的母親可能要開刀。在從學校回家的路上，她在乾洗店取衣服。守櫃台的人是個新面孔，Amanda看得出他年紀很大，她想他可能是個麻煩。當她要取衣物時，他要求看收據。因為從沒有人曾要求看收據，Amanda回說收據已丟了。那人堅定的說：「那麼，沒有收據就不能拿衣服，這是店裏的政策。」Amanda要求見經理，但經理那天不在，Amanda暴跳著走出那棟建築物。「我要修理他。」她憤怒的說：「老人才會這麼頑固！」

改善社會知覺

因爲錯誤的知覺是常見的，且影響我們的溝通，改善知覺的正確性是成爲勝任的溝通者重要的第一步。下列方法能幫助你建立對別人較眞實的印象和有效地評估你的知覺：

1. 尋找更多的資訊來證實知覺。一旦你對別人下了結論，你將會有符合該結論的行爲。你的知覺是否只依據一份或兩份資訊而已？如果是，請試著在形成印象前收集更多的資訊，以便能增加知覺的正確性。這樣做有助於你提醒自己目前的知覺只是暫時性的，也就是說知覺是可以變動的。接著你可以用心收集更多的資料以便判斷原來的知覺是否正確。另外，要獲取有關人們資訊的最好方法是和他們談話。如果你曾在一次交談中覺得某人不替別人著想，暫時留住那個印象直到你有機會再和他交談。只有透過交談我們才能對人有清楚的認識；避開不談，將使得不正確的知覺持續下去。
2. 主動質疑知覺的正確性。太多人堅持「我在場——我知道我看到什麼」；換句話說，他們把自己的知覺當做是事實。質疑正確性時，「我知道什麼是我所看到的、聽到的、嚐到的、聞到的或感覺到的，但是我可能不是正確的。有什麼方法可以幫助我找到正確性？」接受錯誤的可能性，你才有動機去尋找進一步的證明。由於知覺的正確性很重要，花幾秒鐘再確認一下是值得的。
3. 對人們的知覺必須隨時間而改變。假定兩年前你聽到某人詆譭你一位朋友的成就，你當時的知覺是那人眞卑鄙。這個事件將使你預期這人會有卑鄙的行爲。如同前章所提的，我們時常去知覺我們所預期要知覺的。結果，你可能把那個人的其它行爲看成是卑鄙的，即使它們不是。願意去改變的意思是說毫無偏見的努力去觀察這個人的行爲，如果這人的行爲證明是正當的，而你願意去修正自己的知覺。人們常墨守舊的、訊息不完整的知覺，因爲，即使是錯的，他們也覺得維持原狀比改變要容易。要說「我錯了」需要勇氣。依據過時的、不正確的知覺來和人溝通，代價比修正你的知覺來得高。

4. 用口語來檢驗知覺。你如何確定你從別人的非語言線索所得到的意思是正確的？在對人們的行爲下結論前，做個知覺檢驗。知覺檢驗是用口語敍述出你對另一人非語言線索的了解。知覺檢驗需要(1)注意觀察別人的行爲；(2)問自己：「那個行爲對我的意義是什麼？」；和(3)將你對行爲的解釋用口語說出來，以確定知覺是否正確。

下列例子說明知覺檢驗的使用：

Vera毫無表情地走進屋子。她完全無視於Ann的存在。Vera坐在床沿瞪著天花板。Ann說：「Vera，我覺得好像有什麼事發生使得你這麼震驚，是嗎？我能幫什麼忙嗎？」

*　　*　　*　　*　　*

Ted是一位公司經理，遞張備忘條給Erin，當Erin讀字條時，她的眼睛發亮，面露微笑。Ted說：「嗨！Erin，你好像很高興，對吧？」

*　　*　　*　　*　　*

Cesar以尖銳的聲音，簡短扼要的告訴Bill他每日的工作。Bill說：「Cesar，你的聲音讓我不得不覺得你在生我的氣。是不是呢？」

在每一個例子中，最後一個句子都是知覺檢驗，目的在於考驗接收者對遞送者行爲的知覺。我們要注意有時候是肢體語言提供線索，有時候是音調。同時也要注意，知覺檢驗的敍述沒有表達對所接收的內容之同意或不同意——它們純然是對知覺的描述性陳述。

檢視對行爲的知覺，目的是要把經由非語言線索所接收的意思轉換成語言，以便加以驗證或修正。讓我們來看Cesar和Bill的對話。當Bill說：「我不得不覺得你在生我的氣。是不是呢？」Cesar可能說：(1)「不，到底什麼給你這種印象？」在此情況下Bill可以進一步描述他所接收到的線索；或(2)「是的，我生氣。」在此情況下Bill可以要Cesar指明什麼原因使他生氣；或(3)「不，不是你；是我那三個團員沒有來輪班。」如果Cesar不是生Bill的氣，Bill可以處理對Cesar的誤解一事；如果Cesar是生他的氣，Bill可以改變引起Cesar生氣的行爲。

如果我們沒有檢視知覺的正確性，便予以做反應的話，讓我們來看看可能的後果。假設Bill沒有進行描述性知覺檢驗，而說：「你爲何對我生氣？」Bill就不是在描述他的知覺——他是依據知覺在做判斷。他的回答好像是他能正確的解讀別人的心理。不幸地，很少人能把心理解讀得很好，特別是有這麼多影響知覺的主觀因素存在。Bill的反應可能遠比Cesar更能反映他的心理狀態。用心理解讀來代替知覺檢驗時，溝通將會阻斷。

也許你在想，「我當然知道如何解讀別人的訊號。我可以完全地分辨別人何時是沮喪的（或是快樂的、生氣的等等）」也許你是正確的——大部分時候。但是假如你沒有檢視你的知覺，你仍在猜測別人的感覺，以及懷疑那人的生氣或快樂是不是與你有關。如果你的反應具批判性，對方可能會因爲你的挑戰態度而有所防衛。對方的反應可能是：「誰說我生氣了？」或者更嚴厲地說：「老天，你到底在說什麼？」如此的反應可能會升高情緒的失控，並導致完全的誤解。當脾氣失控時，根本就無法有溝通。

你應該何時檢視你的知覺呢？當你的知覺之正確性對下列狀況是重要的時候(1)當下的溝通；(2)兩人的關係；或(3)你對那個人所下的結論。大多數人都太少運用這個技巧了。我們總以爲我們對別人行爲線索的瞭解是完全正確的，其實大部分情況是錯誤的。特別是在建立新關係時，你會發現知覺檢驗是重要的技巧。

因爲知覺檢驗是描述性的，非批判性的，另一人就比較不會有防衛性反應。然而，知覺檢驗並不總是能消除防衛性行為。有時候當一個人的情緒壓力太大時，將無法有冷靜、合理的溝通。但是使用知覺檢驗，可以減少對別人非語言線索的誤解及減少別人的防衛。和大部分技巧一樣，想要能勝任運用，就必須要多加練習。

練習——知覺檢驗

自我練習

1. 以完整的措辭寫下你對下列情況反應的知覺檢驗：

事實情況	寫下你的知覺
Franco從醫生處回家，帶著蒼白的臉和下垂的肩膀。他向你聳肩，以絕望的表情瞪著你。	你說：__________

基本溝通技巧

技巧	用途	步驟	範例
知覺檢驗			
用口語來澄清你對別人非語言線索的了解。	澄清非語言行為的含意。	1. 注意別人的行為。在內心描述該行為。 2. 問自己：那行為對我的意義是什麼？ 3. 把對非語言行為的解釋用口語表達出來以澄清你的知覺。	當Dale皺著眉讀Paul寫的備忘錄時，Paul說：「從你皺著眉來看，我認為你不太喜歡我寫備忘錄的方式。」

當你歸還借自Liam的網球拍，你微笑著說：「球拍還你。」Liam僵硬地，抓起球拍就走開了。	你說：＿＿＿＿＿＿＿＿
Natalie面露笑容，飛舞著進入房間。	你說：＿＿＿＿＿＿＿＿
過去你的指導教授告訴你，任何時候討論下學期的進度都可以。當你告訴她，你星期三下午四點來和她討論進度表，她停頓一下，皺眉，嘆氣著說：「噢！」點個頭。	你說：＿＿＿＿＿＿＿＿

2. 比較你的書面反應和本章討論的知覺檢驗原則。對反應做必要的修正，以便改進。現在大聲說出來，覺得還自然嗎？如果不自然，修正到覺得自然為止。

團體練習

三人一組練習，甲和乙角色扮演一種情況，丙觀察。在交談中，甲故意使用種種的非語言行為表現情感。乙使用知覺檢驗檢視其對甲的行為的知覺是否正確。當他們完成交談，丙討論觀察到的行為且分析乙的知覺檢驗之有效性。練習持續下去，直到每個人在團體裏都有機會輪流甲、乙和丙的角色。練習完成後，參與者討論知覺檢驗技巧如何影響溝通的正確性。

摘要

知覺是集合感官資訊和賦予涵義的過程。我們的知覺是我們選擇、組織和解釋感官資訊的結果。不正確的知覺使我們看到的世界不是它眞實的樣子而是我們期待它的樣子。

自我知覺是一個人對自己的統整概念，它經由我們扮演的角色表現出來。自我形象是我們對自我概念的知覺，經由自我評估所產生而且受我們對經驗的反應以及別人的反應所影響。自我形象經由自我應驗預言和訊息的過濾而影響溝通。自尊是我們對自己的正向或負向評估。自尊和溝通的關聯在於自尊影響溝通型態，協調對抗的內部訊息及影響我們對別人的知覺。

知覺在形成對別人的印象上扮演重要的角色。影響社會知覺的因素有身體特徵和社會行為、刻板印象和情緒狀態。研究顯示人的知覺和判斷的正確性差異相當大，如果你不完全依賴你的印象來決定別人的感覺或對那人的評價，你的溝通將會比較成功。如果你重視身體特徵和社會行為，刻板印象和情緒狀態的話，你會改進（或至少更瞭解）你對別人的知覺。

如果你積極地質疑你知覺的正確性，尋求更多的資訊來澄清知覺，和你要形成知覺的人談談，體會到對人的知覺需要時時改變，在反應之前先做口語檢驗知覺的話，你的知覺將有所改進。

目標陳述

如果你認為自己需要增進「知覺檢驗」技巧，請依（第1章）第29頁的目標陳述原則，寫下你的目標。

建議讀物

Gray, John(1992), *Men Are from Mars, Women Are from Venus,* New York: HarperCollins.

註釋

1. H. Markus and P. Nurius, "Possible Selves," *American Psychologist* 41 (1986): 954–969.

2. Kay Deaux, Francis C. Dane, and Lawrence S. Wrightsman, *Social Psychology*, 5th ed. (Belmont, Calif.: Wadsworth, 1993), p. 56.

3. Paul J. Centi, *Up with the Positive: Out with the Negative* (Englewood Cliffs, N.J.: Prentice Hall, 1981).

4. Russell H. Fazio, Steven J. Sherman, and Paul M. Herr, "The Feature-Positive Effect in the Self-Perception Process: Does Not Doing Matter as Much as Doing?" *Journal of Personality and Social Psychology* 42 (1982): 411.

5. John Hattie, *Self-Concept* (Hillsdale, N.J.: Erlbaum, 1992), p. 251.

6. D. H. Demo, "Family Relations and the Self-Esteem of Adolescents and Their Parents," *Journal of Marriage and the Family* 49 (1987): 705–715.

7. Wayne Weiten, *Psychology: Themes and Variations* (Pacific Grove, Calif.: Brooks/Cole, 1989), p. 449.

8. Jonathon D. Brown and S. April Smart, "The Self and Social Conduct: Linking Self-Representations to Prosocial Behavior," *Journal of Personality and Social Psychology* 60 (1991): 368.

9. Lynne Kelly, "A Rose by Any Other Name Is Still a Rose: A Comparative Analysis of Reticence, Communication Apprehension, Unwillingness to Communicate, and Shyness," *Human Communication Research* 8 (1982): 102.

10. Hattie, p. 253.

11. Jennifer D. Campbell, "Self-Esteem and Clarity of the Self-Concept," *Journal of Personality and Social Psychology* 59 (1990): 538.

12. Hazel R. Markus and Shinobu Kitayama, "Cultural Variation in the Self-Concept," in Jaine Strauss and George R. Goethals, eds., *The Self: Interdisciplinary Approaches* (New York: Springer-Verlag, 1991), p. 19.

13. Judith V. Jordan, "The Relational Self: A New Perspective for Understanding Women's Development," in Jaine Strauss and George R. Goethals, eds., *The Self: Interdisciplinary Approaches* (New York: Springer-Verlag, 1991), p. 137.

14. See Charles R. Berger and James J. Brada, *Language and Social Knowledge: Uncertainty in Interpersonal Relations* (London: Arnold, 1982).

15. Leslie A. Zebrowitz, *Social Perception* (Pacific Grove, Calif.: Brooks/Cole, 1990), p. 44ff. In this section the author cites numerous recent specific studies to support claims of effects of demographic factors and personal characteristics on impression formation.

16. Linda E. Temple and Karen R. Loewen, "Perceptions of Power: First Impres-

sions of a Woman Wearing a Jacket," *Perceptual and Motor Skills* 76 (February 1993): 345.

17. Zebrowitz, p. 24.

18. Deaux, Dane, and Wrightsman, pp. 88–89.

19. T. D. Hollman, "Employment Interviewer's Errors in Processing Positive and Negative Information," *Journal of Psychology* 56 (1972): 130–134.

20. Carles M. Judd and Bernadette Park, "Definition and Assessment of Accuracy in Social Stereotypes," *Psychological Review* 100 (January 1993): 111.

21. Deaux, Dane, and Wrightsman, p. 94.

22. Edward E. Jones, *Interpersonal Perception* (New York: W. H. Freeman, 1990), p. 110.

23. Theodore G. Grove and Doris L. Werkman, "Conversations with Able-Bodied and Visibly Disabled Strangers: An Adversarial Test of Predicted Outcome Value and Uncertainty Reduction Theories," *Human Communication Research* 17 (June 1991): 507.

24. Joseph P. Forgas, "Affect and Person Perception," in Joseph P. Forgas, ed., *Emotion and Social Judgments* (New York: Pergamon Press, 1991), p. 288.

25. Joseph P. Forgas, Gordon H. Bower, and Stephanie J. Moylan, "Praise or Blame? Affective Influences on Attributions for Achievement," *Journal of Personality and Social Psychology* 59 (1990): 809.

26. Myron W. Lustig and Jolene Koester, *Intercultural Competence: Interpersonal Communication Across Cultures* (New York: HarperCollins, 1993), p. 10.

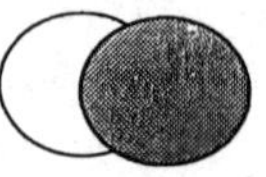

3

語言溝通

目標

讀完本章之後，你應能解釋或說明下列各項：

1. 人際溝通中語言的運用
2. 語言和意義之間的關係
3. 文字的外延意義和文字的內涵意義的對照
4. 精確的，特定的和具體的文字
5. 註明時間和註明指標的正確方法
6. 文化和性別的考量
7. 適當和不適當語言的特質

當Jeff斜靠著階梯、輕敲著牆，問Lavonne說：「你可以把我放在那兒的東西帶過來嗎？」

「當然！」Lavonne答道。當她交給他一個小的塑膠製東西時，問：「這就是那些土頭土腦的人帶著的東西嗎？」

「是啊——那些小傢伙每個人都帶著一個。這小玩意兒擺在中間，可以嗎？」

「好啊。」

「你知道的！」Jeff說：「我在想Morrison今天上班時說的事。」

「什麼事？」

「是這樣的，我們在處理Whatshisface案時，Morrison說：『我有時候不懂你們說的話』，我真受不了。」

「我可不曾聽不懂你說的話。」

「我才不理他呢。順便一提，我們需要幾個東西來掛這個。」

「在小玩意堆裏有一些，我去拿。」

Jeff和Lavonne有麻煩嗎？Jeff正在客廳牆上懸掛一幅畫，他需要大頭釘來量出2英吋長4英吋寬的位置，也需要幾個金屬掛鉤。

許多比較嚴謹的學生對於現代美國人在使用英語時的缺乏修辭感到憂心。雖然好朋友們和家人之間，如Jeff及Lavonne，不需要注意選詞用字和文法也能互相瞭解，但是，其它的人可不一定能懂這樣的直覺式溝通。在重要場合，如，和教授見面、和上司談話、面對衝突、應徵工作或討論問題等，則必須有效地使用語言。在市場競爭的舞台上，不能清楚地進行口語溝通可能會是個大問題。

本章我們討論人們如何使用語言，內容包含文化和性別的考量。其次，我們檢視語言和意義的關係，強調外延和內涵意義。最後，我們討論清楚適當的說話和適當用字的一些技巧。

語言的特質和運用

語言（language）是藉由具有共用意義的聲音和符號，有系統地溝通思想和感情的方法。有些學者相信能思考和有系統地溝通，是我們和其它動物最大的區別。語言在人類溝通上，有種種不同的用途。

我們使用語言來指示、標明和定義 語言符號（也就是文字）用來指示、標明和定義思想、感情、物體、人們和經驗，以便和他人分享。然而我們在使用語言符號時，有一定的限制。例如，稱一位同學爲一位「成熟的大人」，你對他或她的定義將不同於稱同學爲「學生」、「歌星」或「籃球員」。不論你如何標明，你注意的是那人的某一特點；同時，你也暗示別人應該如何定義和對待那人。簡而言之，當我們指示或定義時，我們也設限了將一個人的行爲標明爲「歌星」和「運動員」之不同。

當我們遇到未標明的現象時——也就是說，沒有文字——我們將發現很難去討論。我們可能不去討論那個現象，或我們用文字予以指明之後再進行討論。例如，長久以來女人飽受不當的評論之苦。但是由於這些行爲沒有名詞定義而不易討論。直到最近的十五年到二十年間，我們才將這樣的行爲稱爲「性騷擾」。如同一位研究性別的主要學者Julia T. Wood所指出的：「因爲沒有名詞定義，性騷擾是看不見的或不明顯的，使它難於確認、思考或禁止。」（註1）一旦我們開始使用這個名詞，我們可以討論它的特質和確認那些行爲是屬於和不屬於這個名詞的範疇。這樣的標明讓人們，特別是婦女，有機會去抵抗那些不適當又猖獗的行爲。

我們使用語言來評估 語言學者強調語言本身的評價性特質：我們對所談論的事物之正面或負面的觀點，全由談到它們時所使用的文字而定（註2）。一個看似簡單的敍述「椅子是淡綠色的」。雖然這個敍述是有關椅子的評斷，但是仍然依賴聽者對「淡綠色」的聯想。有些文字在傳達價值觀時，則比較隱含不明。如果你觀察到Kirk花了很

◆ 文字是用來指示、標明和定義思想、感情、物體、人們和經驗。例如，人們把一件物體定義爲「容器」、「裝飾物」、一件「人工製品」或一個「手工製的搖鈴」等時，意義是全不相同的。

多時間做決定，你可以說他是「謹愼的和深思熟慮的」或「優柔寡斷的」。同樣地，你可以稱你朋友正在煮的烤肉爲「上等的牛排」或「動物肉」。明顯地，你傳達的涵義隨你選用的文字而有很大的差異。由於語言的價值特性，我們必須小心地選用文字，否則將會引起我們不願見到的反應。

我們使用語言來討論當下經驗之外的事物　語言使我們能進行假設性的談話，能談過去和未來，能談論不在場的人和物。藉由語言，我們可以討論五年內希望去那裏，分析上週兩位認識的人的會話，或者瞭解世界的歷史。語言使我們能學習別人的經驗，分享共有的資源，共同建立未來的遠景。

我們如此地依賴語言來學習，以致於我們有時候注意到的只是文字而不是事實。假如Greer說某位律師是「貪婪而殘酷的人」，你對這位律師行爲的知覺可能不會根據直接經驗，而是依據對Greer的評語之知覺。口語的評估對你的影響和你的直接經驗一樣大。

我們使用語言來談論語言　由於語言有自身反射（self－reflexive）特質，我們可以討論我們如何組成問句，是否較好的文句組合來形成較明確的問句，以得到較豐富的答案。例如，有人聽到Greer的分析後，可能說：「Greer，你用『貪婪而殘酷的』語詞，並未能正確地形容那個人。」

總而言之，我們用語言來創造、維持和改變我們的環境。語言如同有兩面利刃的劍：它的功能有極大的被誤解的可能性。爲了要知道誤解是如何產生的，我們需要先瞭解語言如何傳達意義。

語言和意義

表面上，語言和意義間的關係好像十分清楚：我們選擇正確的文字，人們就能正確的解釋我們的涵義。事實上，語言和涵義間的關係不是這麼簡單。爲什麼？有兩個理由：語言的使用是有創意的，而且語言必須學習。當我們說話時，我們使用語言來創造能代表我們涵義的新句子。雖然偶而我們使用別人創造的用語來代表我們的思想或感情，但是每個人的用辭顯然不同。語言的創造性在孩童身上特別明顯。當孩童不知其想法如何表達時，他們會依情境創造用語。例如，孩童用「用餐的店」來表示餐館，或者以「令人害怕的口哨」來表示警鈴。我們每個人都用不同的方式來表達相同的經驗。要說明這點，可以由三位目睹同一事件的人來描述他們所看到的。雖然會有許多共同點，但是每一個人的敍述都將反映其對細節的獨特的、創造性的表達方式。

而且，同一文化內的每一代必須重新學習其文化中的語言。但是每一代的人都只學習上一代的部分語言涵義。他們會對於所學得的文字賦予新的或不同的涵義。例如，第三版的《美國傳統字典》（*American Heritage Dictionary*）有一萬個新的單字及其用法，例如，Mediagenic（新聞媒體對觀衆和讀者的吸引力）和hip hop（街頭次級文化語言，包括饒舌歌）（註3）。我們也常對舊的文字賦予新的定義，有些地區，愚笨的（stupid）意爲「醜的」，如，「那件襯衫好醜（That's a really stupid shirt）」；結束了（played）意爲「不再有關或值得」，如，「這個宴會結束了，我們分手吧！（This party is played, let's split）」；在水面上漂跳（dap）意爲「讚美」，例如，「我們今天在辦公室得到許多讚美。（We got lots of daps at the office today）」（註4）

爲何會有這些改變呢？語言是反覆無常的。我們會對代表文字的聲音賦予意義，並且去改變文字的用法。當然文字的新涵義必須有足夠多的使用者接受此一新的定義，才能成爲我們字典中的一部分。最近十年來，每年約有十萬個新的和改變了涵義的字，但是，美國傳統字典的編纂者認爲只有一萬個字得到足夠人的支持而成爲被承認的語言。

改變也可能是因爲實際的需要。如果我們遇到自己的字彙不足以描述的情況，我們可能組合新字或使用舊的字當做新的涵義來描述情況。同樣地，假如我們看到一件沒有現成名稱的物件，我們將用新的文字來標示它。1940年代說英語的人不會知道「電視生物（Couch potato）」（譯註：成天幾乎不做運動，只是閒坐，特別指窩著看電視的人）的涵義。直到最近那些長期性看電視的人才被冠上「電視生物」一詞，而加到現代字典裏去。

文字使用的複雜性：外延意義和內涵意義

一個人在交談中所使用的文字涵義是什麼？你可能認爲這是個簡單的問題——涵義就是字典的定義。事實上，溝通者需要知道文字至少有兩種意義：文字不只有「名義上的」功能（外延意義）也傳達了情感上的絃外之音（內涵意義）。這些絃外之音常常扮演溝通上的重要角色。

外延意義

外延意義（denotation）是文字的直接定義。簡而言之，外延意義是指字典上的定義。但是外延意義比我們想像的還複雜。許多文字在不同字典裏的定義不同，有多重意義，也可以改變意義；而且，文字的定義也隨上下文而變。

沒有兩部字典對抽象的字，如，公正（justice）有完全相同的意義；而且，大部分的字，尤其是最常用的字，有不只一個的定義。除此之外，定義隨著時日而改變。拿"gay"這個字爲例，在1950年代，"gay"意爲歡欣的、愉快的、快樂的或明朗的。今日，"gay"一般指的是同性戀者。如果你用"gay"來形容一個人快樂的或歡欣的，你可能遭致誤解。

文字的上下文對其外延意義有著相當重要的影響。文字在句中的位置以及其前後的用字都可能改變其外延意義。看看下面兩句所傳達的差異：「Bryce的鼓打得很差（Bryce plays a really mean drum）」和「Bryce和Rhoda談話的樣子太卑鄙了（The way Bryce talked to Rhoda was downright mean）」。或者假設一個男士對女士說：「讓我們在一起。」，他們的關係會影響到所謂「在一起」的意思。如果沒有適當地瞭解上下文，所用的字將會導致誤解。

◆ 內涵意義指的是伴隨文字所具有的感覺和評價。狗對這位小孩具有什麼內涵意義？

內涵意義

外延意義指的是文字在字典中的標準定義，而內涵意義（connotation）指的是跟單字有關的感覺或評價。雖然文字的外延意義影響對意思的瞭解，而且可能產生誤解，不過對文字的內涵意義的敏感度可能更重要。

C. K. Ogden和I. A. Richards是率先思考下列問題的學者之一，他們認爲誤解來自於未能察覺人們對文字的主觀反應乃其人生經驗的產物（註5）。例如，Carla對她丈夫Esteban說：「Alonzo叔叔要送我們兒子一隻狗做爲生日禮物。」這麼簡單的一句話，其意思有賴傳送者和接收者對狗的經驗，而不是字典上對狗的定義：「種類繁多的肉食哺乳類家畜，可能是普通的狼的後代。」如果Carla認爲狗是溫暖的、馴服的、有趣的動物，而Esteban把狗定義爲骯髒的，老是弄得家裏一團糟，且對路過的人有危險性的動物，他們對這分禮物將有衝突的反應。同樣地，當Melissa對Trisha輕聲耳語：「Jane上週墮胎了。」Trisha對這個消息的反應依據她對墮胎這個字的內涵意義，遠超過她對此字的外延意義。

語言溝通的知識對你的價值是什麼？假設你正和人們談論犯罪、未婚懷孕、吸毒、愛滋病和福利等問題。你要很小心地使用如自由主義者、保守主義者、警察、賦稅、無家可歸、同性戀的權利和猥褻等用語。你可能記得在1992年美國總統大選時，柯林頓（Bill Clinton）必須費力地去反駁布希對他的指控，說他曾是典型的「自由主義者」。自由主義者或保守主義者本身並沒有什麼不對——但是，兩者都表示政治立場。Bush爲了對自由主義賦予負面的涵意，例如，「浪費（free spending）」和「縱容犯罪（soft on crime）」在"L"字上大做文章。這一招在攻擊四年前大選時的對手Michael Dukakis時很有效。

練習——外延意義和內涵意義

自我練習

1. 編列一系列目前使用的俚語。你認爲這些字的意思和你父母或祖父母所認定的意思有何差異。例如，He's bad！（譯註："bad"有「棒的」、「了不起的」之意）。
2. 寫出你對下列字的定義，然後查字典，看看你的定義和字典上的定義有何差異：

建築物　公正　愛　戒指　成功
樂團　玻璃　和平　自由　榮譽

團體練習

1. 在團體中，選出幾個常見的名詞，例如，學院（college）和工業（industry）。每個人寫出五個和這個字有關的形容詞。寫完後，比較結果。你們的意義（內涵意義）有何不同？
2. 在班上表演一樁事件，如，在教授講課時，一個人走進教室，察看百葉窗有無故障。事件結束後，請三個人到走廊。然後各別請進教室向班上描述事件的發生經過。然後，討論三位觀察者所使用的語言之創意性。

清楚的說話

清楚是有效溝通的基礎。我們小心選用語言以便增進傾聽者所接收的訊息正是我們所傳達的訊息之機會。不清楚的語言給傾聽者較多的意義選擇之可能性，因此達成共識的機會不大。而且，不清楚的語言也可能讓傾聽者覺得挫折和產生情緒反應。

爲了清楚地講話，你可以選用明確的、特定的和具體的字，並且註明在時間和對象上的可推論性。

明確性

明確的字是指最能正確表達你的涵義的字。我們常常——特別在人際溝通上——流於草率。我們的用字不是十分正確，却希望我們的聽者會了解。假設在和同事們討論公司內的預算問題時，你說：「問題在於存貨。」存貨是明確的用字，意爲「任何等待被使用的資源」。如果問題屬於產品市場或銷售策略時，「存貨」就無法表達正確的意思了。

當你想傳達特定的涵義時，明確性顯得特別重要。假設你想要說明一位政治家爲她的首席顧問辯護，她被告的理由是對大選基金處理不當。注意句意的改變「她要得到的是完全的不起訴」，如果不用「不起訴」，而用「辯解」或「清白」，則句子的意思就不一樣了。或者「Quentin說我們需要一個解決問題的新方法」如果不用「說」，而用「暗示」、「指出」、「建議」、「堅持」或「大叫」，意思也就不一樣。同時也注意一下，如果不用「新的」，而用比較精確的字，如，「修正的」、「新鮮的」或「革新的」，則意思也會不同。

特定和具體

明確性意爲最能表達正確涵義的字，而特定和具體意爲能讓這個涵義對準在焦點上的字。特定的字指的是在一個類別內的單一項目；

具體的字指的是在抽象概念或價值觀上賦予一個單一的代表事例。通常當我們講話時，腦中所想的第一個字是籠統且抽象的，因此使得傾聽者腦中產生許多可能的形象，而不是單一的圖象。愈需要傾聽者使用他們自己腦海中的形象時，他們所得到的意思和我們所要傳達的意思差距愈大。如果Nevah說Ruben是一位「藍領工人」，你可能鈎畫出這個大範疇裏無數種類的職業。如果她說他是一位「建築工人」，你鈎畫的形象就減少了。如果她說「一位堆土機操作員」，你繪出的形象就對準焦距了。

籠統和特定指的是種類，而抽象和具體，指的是想法或價值觀。具體的語言把抽象的想法或價值觀變成引起我們感官注意的話——不只傳達資訊而且幫我們形成心理圖象。有時候你可以用較適切的文字使形象更具體些。因此，「談話（talk）」這個字是抽象的，「大聲喊叫（rant）」則是具體的。因爲大聲喊叫使我們能在心裡想像是那種形式的談話。有時候你可以舉例使形象具體化。當Linda說：「Rashad非常忠誠。」忠誠的意思（對思想、人、公司等等的忠實）可能讓聽者覺得模糊；爲避免模稜兩可和困惑，Linda可以接著說：「他從不在背後批評朋友。」以具體的例子表達忠誠的觀念，聽者將更能了解她的意思。

語意學學者提到抽象的層次。在許多情況中，你可以運用一連串的字，將觀念從抽象的層次，帶到特定的、具體的層次。例如，談到工人，我們可以寫出一串字，從一般的工人到藍領工人一直到建築工人，再由建築車輛操作員到堆土機操作員，可參考（圖3.1）的另一個例子。

澄清我們的語言需要使用較明確、特定和具體的字。假設你正在向社區團體報告運動員的畢業率。你可能說：「在我們學校，有些運動員差不多到該畢業的時候了，但是大部分的人畢不了業。」在這個句子中，「有些運動員」、「差不多是時候了」和「大部分的」既不明確也不具體。人們在理解「有些」、「差不多」和「大部分」的意思上有很大的差異範圍。如果你用下面的說法，意思就清楚多了，「在州立大學裏，大約60%的領獎學金的運動員在五年內畢業。問題是像

圖3.1
抽象的層次

藝術

繪畫

油畫

印象派油畫

Renoir's *La Promenade*

基本溝通技巧

技巧	用途	步驟	範例
明確			
用被我們文化所認同的文字來說明思想和感情	增加接收者正確解碼的可能性	1. 評估所使用的文字或句子是否不夠精確 2. 暫停一下，在心中腦力激盪其他可能的選擇 3. 選用較精確的字	「Bill，請把我的手錶從餐櫥（本來想用『箱子』，在內心予以修正成『餐櫥』）上拿下來好嗎？」
特定，具體			
用指明某一類別中的單一項目，或者某抽象概念或價值觀中具代表性的單一事物	幫助傾聽者鈎畫和說話者類似的圖像	1. 評估所使用的文字或句子是否不夠特定 2. 暫停一下，在心中腦力激盪其他可能的選擇 3. 選用較特定的文字	不說「帶那些東西去備查」，而說「帶去年的記錄和收據去備查」

那些國家「財源」的運動，如，足球和成人籃球，畢業生的人數降至30%以下。」如這個例子所顯示出來的，爲了明確和特定，需有些研究以便獲得確切的事實和數據。

明確性以及特定／具體性在每一次交談都是必要的嗎？也許不是。當你和朋友從事非正式的、玩笑式的互動，可能較不需要「高度的清楚」。但是當你在對方可能找麻煩的衝突情況、或在工作時與上司的交談，則需要非常明確、特定和具體的語言。因爲你可能需要在許多場合清楚地講話，爲何不在所有場合都使用清楚的語言？在眞正需要時，你較可能清楚地說話。

增進明確性和特定性／具體性

學習講話明確和特定的兩個方法是：(1)貯備有效的字彙和；(2)練習結構化的腦力激盪討論模式。

貯備字彙

我們話要講得清楚，要能被了解，全賴字彙。一般而言，字彙愈少，有效溝通的潛在困難愈大。當一位說話者，字彙的不足將使你少有選擇用字的機會；當一位聽者，將限制你瞭解別人所使用的字彙的能力。因此，你的字彙愈多，溝通的正確性愈高。雖然明確和特定的用字不一定保證有效的溝通（和你談話的人可能不熟悉某個字，或者前後文等可能引起的干擾），但是如果你的話是明確和特定的，你還是比較有可能達成有效的溝通。

增加字彙的一個方法是使用基本字彙的書，如"*Word Smart*"，由Adam Robinson和設計SAT、GRE題目的Princeton Review人員所著（註6）。或者你可以做《讀者文摘》雜誌的〈字彙能力〉（*Word Power*）測驗專欄，每個月學習二十個字可以增加你的字彙。

第二個增加字彙的方法是積極地學習每天所讀的、聽到的字。開始時，可以記下別人和你交談時所使用的你不瞭解的字。假定Jack說：「我今天的電話多得不得了（I was inundated with phone calls today）。」如果你不懂inundated這個字，你可以問Jack。或者你可以記下這個字，先查字典，回想一下Jack所說的話是否和字典的字義一樣。大部分的字典用同義字——淹沒的（overwhelmed）或漲滿的（flooded）——來解釋。如果你接著告訴自己："Jack was inundated——overwhelmed or flooded——with phone calls today"你將會記住它的意義，而且在下次聽到這個字時能聽得懂它。閱讀也是一樣的過程。當你在閱讀時，把意義不確定的字圈起來。閱讀完後，查單字。如果你實在地作這個練習，你的字彙會明顯地增加。

雖然字彙認得相當少的人也能夠傳達大部分的思想（*Webster's Ninth New Collegiate Dictionary*中有15萬字，我們日常閱讀的書的98%由其中的五千字所組成）（註7），但是擁有五萬到六萬字彙的人，則有較多的字彙可用來表達複雜的思想以及更明確地表達意思。

結構化的腦力激盪

第二個培養清楚講話能力的方法是在練習階段使用結構化的腦力激盪（structured brainstorming）。腦力激盪是沒有批判性，沒有評價性的激發思考的過程，很像單字聯想過程。因此當你試圖想出有關音樂的較明確或特定和具體的字時，你可能腦力激盪出古典的、懷念的、大樂團、搖滾、重金屬和新時代等。

你可以用下列方法增加明確性、特定性和具體性：(1)談話時，很快地評估你使用的字或片語是否不夠明確，不夠特定和具體；(2)暫停一下，腦力激盪其它的字或片語；(3)選用最明確或最特定和具體的字。

如果你正在談預選，你可能會想「預選是不好的」。此時，暫停一下，反問自己，有什麼字比「不好」更明確呢？也許「痛苦的」、「挫折的」和「貶抑的」。然後重述句子——「預選是挫折的」。或者假設你在談比賽，你也許說：「這比賽眞的太草率了。」停下來，想想看，有什麼字比「比賽」更爲特定？「攻擊」？「防禦」？「傳球」？然後重述句子：「這球眞是傳得太草率了。」

增進語言技巧是一個辛苦的過程，剛開始時，要用心練習腦力激盪。當你熟練此技巧之後，你將發現你可以在日常會話中調整你的用字。例如，在交談中，你可以用下列方式陳述想法：

「我想許多老闆的敘述非常（暫停幾秒鐘思考：我想使用意思為自以為了不起的字）武斷。」

* * * * *

「要搬這些東西，我們需要一部貨車——抱歉，不是貨車，我的意思是一部特大的旅行車。」

* * * * *

「Mike昨天不懂世故，——噢，我想我的意思是他是未加慎重考慮。」

* * * * *

「我同意Pauline是一位固執的經理，但是我想她是好人，因為她是公正的——她對每個人都一視同仁。」

當我們放鬆自己而且有自信時，我們的用字通常比較流暢，也可能比較有效。但當我們在壓力之下時，我們選擇適當符號來表達思想的能力好像退化了。例如，在大家族裏，你可能聽過焦急的雙親在把所有孩子的名字都叫遍了，才在最後叫對要叫的孩子的名字。

人腦像電腦，有不可思議的貯藏和取回系統，它也和電腦一樣，在某種情況下功能較好。當我們有壓力或不假思索地說話時，我們的頭腦就不管用了。人們有時候想的是一回事，講出來的卻完全不是那麼一回事。例如，一位數學老師可能說：「我們都記得分子在分數的下面，分母在上面，所以當我們分開分數時……」，「教授」第三排中的一位學生插嘴說：「你說分子在下面而……」，「我是那麼說的嗎？」教授答道：「那麼，你們懂我的意思。」是否班上每個人都懂？也許不。

當你發現即使在壓力下你也能使用明確和特定的語言時，表示你在增進明確性、特定性和具體性方面已跨了一大步。

時間推論

時間的推論性意指註明一個事實在過去或在未來是真的之參照時間。我們依據資訊下結論，如果資訊是不正確的，從那個資訊得來的結論也可能是不正確的。常見的錯誤來自所傳達的資訊好像是當前的，而事實上它是過時的。例如，Parker說：「我要調到Henderson市。」Yoshi答道：「祝你好運囉——那兒的學校問題很多。」根據Yoshi的敍述，Parker可能會擔心搬家對孩子的影響。他不知道Yoshi所說的有關Henderson市的消息是五年前的。Henderson市或許仍有一些問題，但是也可能沒有了。如果Yoshi答道：「據我所知五年前那兒的學校問題很多。不知道近況如何，也許你去瞭解一下。」Parker將以不同觀點看待這個消息。

幾乎每件事都隨著時間改變。有些改變是細微的，有些改變則是非常的大，以致於舊的資訊變得很不正確，甚至是危險的，需要作廢。爲了符合時間推論性：(1)考慮你所知道的事物、人或地方的資訊在什麼時間架構下是眞實的；和(2)如果你的敍述不是根據當前的資訊，要記得提出該資訊的有效參照時間。

比較下列的例子。左邊是沒有註明時間的，右邊的是有註明時間的：

沒有註明時間的	有註明時間的
Palm Springs在大學群中很受歡迎。	我們「兩年前」在Palm Springs時，他在大學群中很受歡迎。
Powell教授教學很熱心。	Powell教授在教學上很熱心——至少「上季」開溝通理論課程時是如此。
Beast被認爲是國內最具刺激性的遊樂敞車。	「五年前」，Beast被認爲是國內最具刺激性的遊樂敞車。
你覺得Mary心情沮喪？我很驚訝。當我和她交談時，她和往常一樣的興奮。	你覺得Mary心情沮喪？我很驚訝。「前天」當我和她交談時，她和往常一樣的興奮。

我們無法阻止事實的改變，然而我們如果在敍述中註明時間，我們可以藉由口語表示改變的事實而增加訊息的有效性。

指標推論

註明指標（indexing）和註明時間是相伴隨的技巧。經由註明時間，我們注意到時間在流逝上所導致的不同；指標的推論性讓我們瞭解到各種人群、物件或地方所本有的差異。註明指標是在內心或口語上註明個別差異性，以提防不當的推論。

推論是指人們將某一經驗上的所學應用到另一經驗中。當Tiesha知道如果土地肥沃的話，蕃茄和南瓜會長得較好，她因此推論土地肥沃將幫助所有的蔬菜長得好。同樣地，當Miguel注意到他的女朋友喜歡他刮鬍子後使用的香水味，他可能下次見面時會再擦用。Tiesha和Miguel都把他們在經驗中所習得的應用到另外事件上——他們做了推論。

你該記得（第2章）中提到的推論的誤用——刻板印象——導致不正確的知覺，因爲它忽略了個別差異。如果說一般男士比女士力氣大，我們便不能因此就說Max（一位男士）比Barbara（一位女士）強壯。同樣地，Otto（一位德國人）很勤勉，這並不意謂著所有德國人都是勤勉的，或者說另一個德國人Peter也是勤勉的。

我們已知說明個別差異的重要，現在我們看看註明指標技巧是如何使用的。技術上而言，註明指標技巧是在心中對某一類屬的成員標上數目字，以便加以區分。所以在男人的類屬裡，我們有男士甲，男士乙，男士丙……等等；在雪佛蘭車（Chevrolets）的類屬裡，我們有Chevrolet1，Chevrolet2，Chevrolet3……等等。當然，在現實生活裏，人們並不以數字來做指標。

實際註明指標的過程如下：(1)思考你想說的是關於特定物品，特定的人，或特定的地方，或其它有關物品、人或地方的種類的概稱；(2)如果你想說的是一個概稱，適當地描述以避免錯誤的推論。

下列是有關註明指標的例子。左邊的是推論的敍述，右邊的是註明指標的例子：

基本溝通技巧

技巧	用途	步驟	範例
註明時間			
指明事實發生的特定時間	避免語言的陷阱，不用時間上不變的語詞來說明動態的世界	1. 敍述之前考慮事件存在的確實時間 2. 如果不是依據現在的資訊，要說明確實時間	當Jake問說：「Steve的打擊手當得好不好？」時，Mark在做評論時，註明了時間，他答道：「兩年前我們在一起時，他的打擊打不到變化球。」
註明指標			
在心裏或口語上注意個別差異	避免講話時以偏概全	1. 敍述前，考慮是否屬於特定的物品、人或地方 2. 如果你有使用概論，則要告知聽者不一定是正確的	「他是位政治家，我不信任他，雖然他可能不同於我所認識的大部分的政治家。」

推論的敍述

因爲男士比女士強壯，所以，Max比Barbara強壯。

註明指標的敍述

「一般而言」，男士比女士強壯，所以，Max可能比Barbara強壯。

State大學的經濟系一定不錯；這個大學在國內排行前二十名。

因爲State大學是國內前二十名的大學，經濟系應該不錯，雖然可能有例外。

Claude一定是外向的；Matthew一定也是外向的，因爲他們是社會地位相同的人。

Claude好像是外向的，因爲他的哥哥Matthew是外向的（他們社會地位相同），但是Claude有可能不一樣。

你的Chevrolet車在需要換剎車之前，應該可以走五萬哩；Jerry的車子就是這樣的。

你的Chevrolet車在需要換剎車之前，應該可以走五萬哩；Jerry的車子就是這樣的；但是，當然，並非所有Chevrolet的車子都是一樣的。

所有的人偶而都會有推論性的敘述，但是經由註明指標，我們可以避免產生草率的推論。

文化考量

從文化觀點看，口語溝通的差異可由E. T. Hall所描述的低情境和高情境的溝通（low－and high－ context communication）來解釋（註8）。根據Hall的說法，高情境溝通所傳達的訊息是一種「大部分的資訊存在物理情境或內化於個人中，非常少的訊息存在已編碼的、明顯的以及可傳送的訊息中」。相對的，低情境溝通所傳達的訊息則是「大部分資訊均存在明顯的編碼中」（註9）。不同國家的文化可以放在這兩個極端間的連續尺度上。美國文化歸於接近低情境的一端，和西歐國家的文化並列。大部分的亞洲文化屬於高情境的一端（註10）。

這對學習溝通有何意義呢？在口語溝通上，低情境文化的人傾向於以直接的方式溝通，而高情境文化的人傾向於以間接的方式溝通。因此，來自西方或低情境文化的人，傾向於喜歡用明確的語言，而東方或高情境文化的人，傾向於模稜兩可的語言（註11）。常見的情形是，亞洲人可以談好幾個小時而不把意見表明清楚；他們不習慣用口語直接表達愛和尊重。在高情境文化的人不會期待直接的言辭表達，他們從情境的線索中了解愛意和尊重。相反地，來自低情境文化的人欣賞清楚且直接的傳達。他們表達的特徵爲「說出你的意思」和「說話不要拐彎抹角」（註12）。

不同文化間的差異有時候非常有趣，因爲在一種文化中具有明確或特定的涵義的字，在另一種文化裏可能有完全不同的涵義。例如，Chevrolet公司曾造成一個跨文化的大誤解，當它的Nova車型在拉丁美洲上市時，銷售情況好慘，因爲它不知道Nova在西班牙的語意爲「不能走」。同樣地，有一位學生向他的教授報告他在南非遭遇的困窘事件，當主人問他是否還需要食物時，他說：「我飽了（I'm stuffed）。」他不知道他的主人爲什麼覺得好笑，直到他的主人說在他們的文化裏，"I'm stuffed"意爲「我懷孕了」。

講不同語言的人知道溝通會有些困難，都特別小心以免因爲語言的不同而無法溝通。令人驚訝的是，兩個來自不同文化而講同一種語言的人，語言反而是個很大的障礙，因爲他們以爲他們用相同的字時意義是相同的。例如，如果有一個人說政府想「把最好的給人民」，而以爲別人會毫無困難地瞭解他的涵義。然而，「把最好的給人民」這句話將依個人的政治立場、喜愛等等，而有不同的意思。當來自別的文化的人用了一個你不瞭解的關鍵字時，你最好要求對方以具體的例子來說明，以便確實瞭解那個人的意思。

性別考量

語言使用上的性別差異可由性別的基本差異來解釋。Edwin和Shirley Ardener認爲美國文化的語言有傳統的男性偏見，男性是意見的代言人，而女性是「沈默的」（註13）。也就是女性較男性少在

◆ 高情境溝通是那種「大部分訊息存在於物理情境中或內化於個人中，極少訊息是以明顯的、可傳達的或編碼的方式溝通出來。」

公開場合表達意見，更重要的是，女性傾向於比男性嚴格地監控她們自己的表達。在《性別與溝通》（*Gender and Communication*）一書中，Pearson、Turner和Todd-Mancillas對男性和女性語言使用上的差異之論點，和「沈默的一群（muted group）」理論一致（註14）。其中受到廣大支持的論點有：

女士比男士喜歡加強語氣和保留餘地的說法。加強語氣強化了所描述的字的意思。因此女士喜歡使用「可怕」、「十分」等字。另外，保留餘地則減弱所傳達的意思，女士可能較喜歡用「有點」、「也許」或「大概」等字。女士比男士喜歡在句末附加問句。附加問句是和原來的敍述有關的問句，例如，「那眞是強而有力的一場演說，不是嗎？」或「他們有相同的教師，不是嗎？」，雖然我們在不確定或想得到更多的資訊時，都會使用附加問句，但是女士遠比男士使用得多，也許爲了顯示在溝通中不那麼武斷。

Julia Wood認爲這些語言的差異反映出男性和女性對溝通角色的不同觀點。對女性來說，「溝通是與別人建立和維持關係的主要方法」；對男性來說，溝通是用來「控制，保持獨立和強化地位」的方法（註15）。然而男性和女性間的語言差異，事實上不像刻板印象中的差異那麼大。例如，男性被認爲較女性使用更多的和性有關或污穢的語言，事實上並沒有研究支持這個觀點（註16）。大體而言，男性和女性在使用語言上的確有差異，也許互相學習可彼此受益。

練習——清楚的意思

自我練習

1. 從下述詞彙中，找出三個較特定或具體的詞彙：

工具	建築物	美好的	教育
衣服	顏色	椅子	壞的
快樂的	雜物	東西	車子

2. 修改下列不明確或不特定和不具體的敘述，使較清楚些：

不明確的敘述	修正後的敘述
「你知道我喜愛籃球。我正加強練習，因爲我想更進步。」	______________
「Paula，我眞的是走投無路了。每件事都不順心。你懂我的意思嗎？」	______________
「她就是做這些事來讓我生氣。就像，純是一派胡言——她知道的！」	______________

「我剛買了一副漂亮的裝備——我的意思是，很時髦，你會喜歡的。」 ________________

「下次我來訪問時，我得記得帶我的東西來。」 ________________

團體活動

請兩人討論下述的一個主題，其它的人觀察他們運用註明時間和註明指標的情形。用得好不好，和何時他們應該使用。團體中的每個人應該有練習的機會：

機會平等法律	政治家
食物的喜好	結婚儀式
工作面談	大學裏的少數團體
汽車	大學入學資格

適當的說話

前幾年「政治改革」的爭辯日漸高漲，特別是在大學校園裡。雖然本章的目的不在討論和政治改革有關的問題，然而爭辯的核心問題是什麼樣的語言行爲是適當的——以及什麼樣的語言行爲是不適當的。適當的說話意爲使用符合聽者需要、興趣、知識和態度，而且避免造成疏離的語言。適當的語言對鞏固溝通中雙方的互相信賴有正面的價值。當人們喜歡且信任你，他們可能相信你所說的話。人們對你和你的想法的敵意愈深，你愈要小心使用他們比較敏感的語言。然而，在緊張的情況下，或者急於要表明一件事情時，你有時候可能會說出不是你眞正意思的話或表現出陌生人所不能接受的情緒。這樣的話，你可能失去一切。本節我們將討論適當和不適當的語言。

正式和非正式語言

對一般情境而言，不過份正式也不過份不正式的語言是適當的。在（第1章）裏，我們討論溝通原則。其中一條原則是採用對特定的人或團體適當的用語。因此，在人際場合，我們可能在和好朋友交談時使用較非正式的語言，和父母談話時，使用較正式的語言。在團體中，我們可能和同儕使用較非正式的語言，和經理談話時用較正式的語言。上述每種情況，要選用不同的語言。

不使用術語和不必要的專有名詞

適當的語言不會有術語和不必要的專有名詞。我們常太沈迷於工作或嗜好中，而忘記與我們不同行或對我們的嗜好沒興趣的人，他們不能瞭解我們所習以為常的語言。當一位電腦專家和一位電腦文盲談電腦，這位專家想談記憶體，電腦計算單位及其它專門術語。除非這位專家用他的朋友所能瞭解的語言來表達，溝通將很難進行。總之，任何時刻你和不是同行的人，或不同興趣的人談話時，你需要詳細說明專門術語，以及使用他們能理解的語言。

敏感

適當的使用語言，必須能敏感的察覺會冒犯到別人的用詞。語言上的許多錯誤來自使用如性別歧視、種族主義或其它偏見的用語——任何使用與性別、種族、年紀、殘障或其它明顯的特徵有關，而被認為是輕視他人或團體的語言。最常見的缺乏敏感度的語言為類屬語言和不平等語言。

類屬語言

類屬語言（generic language）會造成問題，是因為它以性別、種族或其它特徵為基礎，在文法上或涵義上有排斥他人或團體之意。例如：

屬性的「他（he）」　傳統上，英文文法需要用男性代名詞「他」來代表全人類，不分性別。在過去，標準的英文用法就像「當一個人購物時，他（he）應該清楚知道他（he）想買什麼」。雖然這樣的敍述在文法上是正確的，但是現在則被認爲是性別歧視，因爲它排除了女性。不管傳統的用法如何，如今，要在聽到「他」時能立即聯想到兩性是困難的。

指導原則：當無意指明性別時，不要只使用男性代名詞。你可以下列方法避免這點：(1)使用複數。例如，不說「因爲博士有高的社會地位，所以不論主題是什麼，他的（his）觀點都可能被相信」。你可以說「因爲博士們有高的社會地位，不論主題是什麼，他們的（their）觀點都可能被相信」；(2)男性和女性的代名詞一起使用。例如，「因爲博士有高的社會地位，不論主題是什麼，他的或她的（his or her）觀點都可能被相信」。這些改變好像微不足道，但是可能影響和你講話的人是否與你疏離。

屬性的「男性（man）」 第二個問題源自於傳統上對使用「男性」的依賴。許多我們常用的語言具有性別主義的涵義，因爲這些語言只屬於一種性別。以「人造的（man-made）」這個名詞而言，意爲由人類製造的產品，但是潛在的涵義爲男性製造的。這個名詞使用到全人類時固然有困擾，但是用來描述女性的行爲或成果時（如，「Sally特別爲她的糕餅感到驕傲，因爲它們都是人造的」）則是很可笑的。

指導原則：避免使用帶有性別主義的字彙，如，警察（policeman）、郵差（postman）、主席（chairman）、人造的和人類（mankind）。這些用語大部分有合適的代用字。前三個字，你可以用police-officer, mail carrier，和chairperson。至於man-made和mankind，你可以改變句子的結構。不用「全人類受益（All of mankind benefits）」你可以說「全世界的人受益（All the people in the world benefit）」，而不用「那產品是人造的（The products are man-made）」，你可以說「那些產品是完全由手工做的（The products are made entirely by hand），或由人們（people）或人類（human beings）」。

不平等語言

不平等語言有輕視的意思，因爲對不同的人有不同的對待。做標

◆ 標記的意思是指在文字上附加帶有性別、種族、年紀或其它沒有必要的修飾語。如果我們說Julie Krone是一位女騎師，我們就是在做標記。

記和沒必要的聯結是兩種常見的不平等形式。

做標記　做標記（marking）意爲加入性別、種族、年紀、或其它不必要的指標於一般文字上。醫生（doctors）這個字代表所有具醫學學位的人。描述Jones是一位醫生，就是在語意上視他爲醫生群體的一份子。例如，你說：「Jones是一位醫生，對這活動貢獻良多。」然而，如果你說：「Jones是一位女醫生（或一位美國黑人醫生，或一位老醫生，或一位殘障醫生）。」你就是加上標記。加上標記後，由於你強調了無關的特徵而淡化了那人的角色。如果你說：「Jones眞的是一位好的女醫生（或美國黑人醫生，或老醫生，或殘障醫生）。」

基本溝通技巧

技巧	用途	步驟	範例
適當性			
適於特定的人和交談情境的語言	增加互動的有效性	1.評估所使用的字或片語是否適當 2.暫停一下，在心中腦力激盪其它可能的用詞 3.選用較適當的字	在和牧師講話時，Jamie心裡想的是：「我覺得自己一無是處。」但是說出來的却是：「我近來覺得好沮喪。」

或許你有意讚美Jones。然而，你的聽者可能把句子解釋爲對女人來說，Jones是位好醫生（或對美國黑人來說，或對老人而言，或對殘障者而言），但不一定和男醫生一樣好（或白人，年青人，或四肢健全的醫生一樣好）。

指導原則：避免加標記。如果有必要指明一個人的性別、種族、年紀，或其它等，那就指明，但是當沒有必要時，不要附上標記。考驗標記是否適當的方法是，不管所談的對象是什麼性別、種族或年紀，在提到性別、種族或年紀時都恰當的話才可用之。例如，只有在文中用「男醫生」也恰當時，才適合指明「女醫生」。一般而言，不要使用性別、種族、年紀和其它的標記。

沒有必要的聯結　另一種不平等的形式是，你把一個人和另一個不是你所談論的對象的人聯結在一起。你常聽到別人說：「Gladys Thompson，她的丈夫是Acme公司的高級主管，是今年United Way系列活動的主席。」對於這個句子，你可能認爲把Gladys Thompson和她的丈夫聯結在一起可以增加Gladys Thompson的信譽。但是這個聯結可能被視爲在暗示Gladys Thompson的重要不是因爲她自己的成就，而是她丈夫的成就。下述說明一個更明顯的不必要聯結的例子：「Dorothy Jones（Central高中的校長），是Bill Jones的太太，Bill Jones是當地的承造商，是今年少數民族獎學金系列活動的主席。」這兒，Bill Jones的職業和其與Dorothy Jones的關係並沒有關聯。這兩個例子，配偶都奪走焦點人物的光彩。

指導原則：避免聯結無關的人。當一個人做了或說了什麼值得重視的事，直接說出來就好，不做沒有必要的聯結。

很少人能避免使用不當的語言。你可以監控自己的用語，以免溝通不良，例如，不要認爲別人會和你有相同的語言反應方式，也不要說冒犯他人的話，以及不要用一些不合時宜的有關性別、種族或有偏見的語言。

要如何更妥當的說話呢？(1)評估所使用的字或片語是否不適當；(2)暫停一下，在心裡腦力激盪其它的用詞；和(3)選用較適當的用語。

缺乏敏感度的影響

「棍棒和石頭會打斷我的骨頭，但是文字不會傷人。」這句話在孩童間盛行，雖然他們知道這是哄人的話，但是他們藉此來防禦惡意的中傷。不論我們是否承認，文字是會傷人的——有時是永久性的傷害。歷史上有許多因被冠以「山地人」、「黑鬼」、「同性戀者」或「猶太人」等，而遭致很大的傷害。有時打架是因某人叫另一人的姊妹或女友爲「妓女」。當然，我們都知道不是文字本身的力量如此龐大，而是文字的情境——情況、參與者的感情、時間、地點或聲調。你可能記得有些情況，當你的朋友叫你綽號或用粗俗不雅的字描述你時，你一點都不在意；而有些情況，別人並不怎麼冒犯你，你卻非常憤怒。

我們應該時時注意語言的影響。當我們對聽者的參照架構不瞭解或不夠敏感時，我們可能會說一些不能傳達原意的話。只要有一個不適當的句子便足夠破壞整個互動行爲。例如，你說：「我們都知道問題始於商業區。」此時，你可能暗指市政府。然而，如果聽者並非把商業區和政府聯想在一起，而是和住宅區的道德或社會團體聯想在一起的話，那句話對他們來說，意義完全不同。講話明確將助你避免這類的問題；而且瞭解文字傳達的意思可能越超字典上的定義，更能幫助你達成溝通。

練習——適當性

自我練習

針對下列單字，寫出沒有性別意識的替代字：

fireman （救火員）	foreman （工頭）	serviceman （軍人）	brakeman （控制刹車者）
airman （飛行員）	stewardess （空中小姐）	craftsman （手工匠）	repairman （修理工）
councilman （市議員）	doorman （門房）	night watchman （守夜者）	anchorman （新聞主播）
coed （男女同校之女生）	waitress （女服務生）	bellman （鳴鐘者）	

團體練習

在團體中分享因偏見的語言而產生冒犯的事件。那個語言要如何修正以避免冒犯？

生活記事

錄音記下你和朋友或家人的交談（至少10分鐘），談論一個你比較有概念的主題：自我肯定的行爲、福利、學校稅徵、公職的候選人。在錄音前要徵求他人的同意。起初你可能因爲錄音而不自然。但是當討論進行時，你可能就可以正常地交談了。

倒帶重聽，記下你認爲可以表達得更清楚的部分。然後，用較明確和特定／具體的語言，加上時間和指標的註明，重新寫出較佳的表達方式。

重聽一次。這一次記下任何具有種族主義、性別主義或偏見的部分。然後以較適當的表達來代替原來的表達。

寫出從這個經驗中你學到的語言的使用心得。

摘要

語言是用來溝通的符號系統。經由語言，我們可以指明、標記和下定義；進行評估；談當下經驗之外的事物；也談語言本身。

如果你瞭解語言符號是獨斷的、語言是學習而來的、是可創造的、語言和知覺是互相關聯的，那麼你將會是一位有效的溝通者。

文字的外延意義是字典上的意思。雖然我們可以簡單地從字典上查得定義，字的意義仍然是有問題的，因爲大部分的文字在字典上的定義不只一個，文字意義的改變比字典的修訂速度還快。在不同情境中，文字有不同的意思，且當文字變得較抽象時，意思也就變得模糊。

文字的內涵意義是聽者對文字的感情和評價。不管字典如何定義單字，我們根據對單字所代表的物品、思想或行動的經驗，有我們自己的定義。

你可以藉選擇最明確的、最特定的和最具體的字，藉由註明時間和指標來增進語言的清晰性。

適當的說話意爲使用符合聽者的需要、興趣、知識和態度的語言，避免會產生疏離的語言。另外，避免使用屬性的他、屬性的男士和避免使用不平等語言，如，做標記和不必要的聯想等，來使不適當的語言減至最低的程度。

目標陳述

如果你自己認爲需要增進註明時間、註明指標、明確、具體或適當性技巧，請依（第1章）第29頁的目標陳述原則，寫下你的目標。

建議讀物

Newman, Edwin (1974), *Strictly Speaking: Will America Be the Death of English*? New York: Warner Books.

註釋

1. Julia T. Wood, *Gendered Lives: Communication, Gender, and Culture* (Belmont, Calif.: Wadsworth, 1994), p. 129.

2. I. A. Richards, *The Philosophy of Rhetoric* (New York: Oxford University Press, 1965), p. 3.

3. *The American Heritage Dictionary*, 3rd ed. (Boston: Houghton Mifflin, 1992).

4. "Buzzwords," *Newsweek*, August 26, 1991, p. 6.

5. C. K. Ogden and I. A. Richards, *The Meaning of Meaning* (London: Kegan, Paul, Trench, Trubner, 1923).

6. Adam Robinson and the staff of the *Princeton Review*, *Word Smart* (New York: Villard Books, 1993).

7. I. S. P. Nation, *Teaching and Learning Vocabulary* (New York: Newbury House, 1990), p. 16.

8. E. T. Hall, *Beyond Culture* (New York: Doubleday, 1976).

9. Ibid., p. 91.

10. William B. Gudykunst and Young Yun Kim, *Communicating with Strangers: An Approach to Intercultural Communication*, 2nd ed. (New York: McGraw-Hill, 1992), pp. 44–45.

11. Ibid., p. 158.

12. Donald Levine, *The Flight from Ambiguity* (Chicago: University of Chicago Press, 1985), p. 28.

13. For a more complete explanation of muted group theory, see Stephen Littlejohn, *Theories of Human Communication*, 4th ed. (Belmont, Calif.: Wadsworth, 1992), pp. 241–243.

14. Judy Cornelia Pearson, Lynn H. Turner, and William Todd-Mancillas, *Gender and Communication*, 2nd ed. (Dubuque, Iowa: Wm. C. Brown, 1991), pp. 106–121.

15. Wood, pp. 141, 143.

16. Pearson, Turner, and Todd-Mancillas, p. 108.

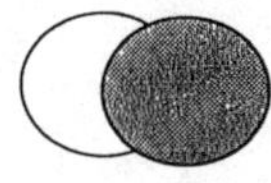

非語言溝通

目標

讀完本章之後，你應能解釋或說明下列各項：

1. 比較語言溝通與非語言溝通
2. 肢體動作的類型
3. 非語言溝通的五種功能
4. 超語言和其要素
5. 衣著，接觸行為和時間的使用如何影響自我表達
6. 空間在溝通上的運用
7. 氣溫，燈光和顏色影響溝通的方式
8. 練習非語言溝通方法
9. 文化和性別的考量

Elisa在網球場上向前平穩地移動，做個高的，緩慢的反彈，然後把球擊出。打出去的球却不是她所期待的大好球，她把球打到網上了。她咆哮著，生氣地把球拍丟在地上。

*　　*　　*

當Devon從發撲克牌者手中拿起第五張牌時，他會心的微笑。很快地，他環視桌上的人是否有人發現他的微笑，然後又恢復他的「撲克臉。」

「毫無疑問地，Maggie，你好棒。」，Hillary聲音裏帶著諷刺與冷笑。

*　　*　　*

「Allison，聽著。」Jack用柔軟而堅定的聲調說，目光直視著她的眼睛，繼續說：「這個提案我需要妳的支持。如果妳留下來陪我，妳將會看到妳所喜歡的事發生。」

在上述四個例子中，你可能已注意到人們如何使用非語言溝通來傳達訊息。雖然非語言溝通常常伴隨著語言的溝通，我們分開來討論，以強調非語言訊息的獨特特質。

在溝通時，如同許多事件一樣，動作比文字有效。非語言溝通要素中的動作在溝通過程中是重要的，人際溝通中65％的社會意義由非語言訊息傳達出來（註1）。而且所謂的溝通者，是能正確地使用非語言技巧的人。

本章我們提供分析和改進非語言溝通的參考架構。我們從非語言溝通的特質以及語言與非語言溝通的互相關聯的方式開始。接著是非語言溝通的要素：例如，肢體動作、超語言（paralanguage）、自我表現（self-presentation）和環境的經營等。最後以實行非語言溝通做爲結束。

非語言溝通的特質

非語言溝通包括肢體動作和音調，它們是在符合社會規範之下被刻意地使用著（註2）。它同時也包括了衣著、家俱、燈光、氣溫和顏色對溝通的影響。

考慮這些之前，讓我們看看非語言溝通如何不同於語言溝通。非語言溝通是較模糊的，而且是持續的、多重管道的，呈現較多的情感狀態，並且有文化上的差異。

非語言溝通是較模糊的

非語言溝通比較模糊，部分是因爲非語言線索可能是故意或非故意的，部分是因爲同樣的行爲可能代表許多不同的訊息。一個微笑的人可能有意傳達友善。當接收者將微笑解釋爲友善時，溝通也就達成了。但是微笑可以有許多其它的意思，可能掩飾緊張；有時，微笑可能沒有溝通的意思——可能只是無意中想到愉快的事情的反應。無論如何，人們會試著去解釋微笑的意義。

非語言溝通是持續的

語言從聲音由口而出時開始，在聲音停止時隨即結束。而非語言溝通則是只要人們在一起就持續存在者。假定Rodriguez走進Baker的辦公室問道：「你收到紙商的新標價沒？」從他進入辦公室的那一刻起，Rodriguez就開始傳達訊息了。他可能衝入或不經意地漫步進來，他可能放鬆地坐在椅子上或逼近Baker的辦公桌，他可能帶著溫和的或犀利的聲調。當他聽到回應，他可能微笑或皺眉。所有的這些非語言行爲影響他所傳達的涵義。

非語言溝通是多重管道的

文字與我們的接觸是一次一個字，以及經由一個管道出現。我們聽到口語，我們看到書寫或印刷的文字。然而，非語言線索則可以被看到、聽到、感覺到、聞到或者是嚐到，而且這些都有可能同時發生。如果你告訴一位朋友：「我助你一臂之力。」朋友所收到的涵義有賴

◆ 雖然文字不一定能傳達一個人情感的深度，但是非語言行為卻可以做到。當某事讓你覺得好笑時，你可能微笑或大聲笑，這些全賴於你的感覺。

於你的語言和聲調、面部表情與姿勢。

非語言溝通呈現較多的情感狀態

文字不一定能傳達一個人情感的深度，非語言訊息則可以做到。例如，當你聽到一位密友洩露你私底下和他討論的個人隱私，你的肢體將會顯現痛苦的非語言訊息，即使你說：「這沒什麼。」當某事使你覺得好笑時，你可能會微笑或大聲笑，這些全賴於你的感覺。當你傷心時，你的嘴角會下垂，即使你的話裡沒有傳遞出傷心的訊息，眼睛也會充滿淚水。當語言和非語言的反應矛盾時，人們比較會受非語言線索的影響。

非語言溝通的涵義有文化上的差異

雖然來自世界各地的人們使用許多相同的非語言線索，但卻有著不同的用法。微笑可能意含正面的經驗，也可能意為接觸的愉悅，或爲了挽回面子。再者因爲語言差異很大，人們無法瞭解一個人所說的外國話，但是他們可以透過非語言線索瞭解一些這個人的想法或感覺。雖然同一個非語言訊息在每個文化裏並非都代表著相同的涵義，但它們仍有許多的共通點。不同文化的人擁有相同的傳達感情的面部表情，如，快樂、生氣、害怕和驚訝。事實上，在Paul Ekman和H. Oster的研究文獻中發現「在面部表情和解析上，不同文化間有明顯的相似處」（註3）。

現在，讓我們來說明非語言溝通中的要素。在本章末節，我們將討論不同文化在使用這些非語言要素時的獨特方法。

肢體動作

在所有非語言行爲中，你可能最熟悉肢體動作。肢體動作的主要類型有：眼光接觸、面部表情、手勢、姿勢和姿態。

眼光接觸

眼光接觸意指凝視、直視溝通者。眼光接觸除了可以滿足心理需求，我們還可以經由眼光接觸檢視溝通的效果。保持眼光的接觸，你可以分辨那人是否用心在聽話、是否專注於你說的話、你說的話是否引起不安和你說話的人是否有所隱藏等。

眼光接觸的多寡因人和情況而異。研究顯示人們在交談時可能有50%-60%的時間注視對方。對說話者而言，一般眼光接觸量約40%，對傾訴者而言，一般約近70%（註4）。我們通常在討論舒適的話題時，在對一個人的見解或反應感興趣時，或我們想要影響別人時，保持較多的眼光接觸。相反地，在討論令我們不自在的話題時，我們對話題或人不感興趣時，或當我們侷促不安、害羞，或有所隱藏時，我們會避免眼光接觸。當然，這些只是一般傾向而已，有些人很會用眼光接觸及以其它線索來欺騙別人。

因爲人們常以眼光接觸的程度來評斷人，所以你要確信你的眼光接觸是適當的。如果你發現自己即使在關心對方或對交談的主題感興趣、覺得有自信、沒理由害羞或慚愧時，卻保持低於正常量的眼光接觸，此時你可能需要改變行爲。

面部表情

面部表情是以面部肌肉來表達情感狀態或對訊息的反應。三組用來形成面部表情的肌肉是眉毛和額頭；眼睛、眼皮和鼻樑；面頰、嘴巴、鼻子的下半部和下巴（註5）。一般情況下，面部表情反映出我們的思想和情感。Paul Ekman和W. V. Friesen發現不同文化的人皆認得那些傳達六種基本情感的表情：快樂、悲傷、驚訝、害怕、生氣和厭惡。

手勢

手勢是手、手臂和手指頭的移動，用來描述或加強語氣。因此，當一個人說：「大約這麼高」或「幾乎這麼圓」，我們會看到伴隨語言描述的手勢。同樣地，當一個人說：「放下來」或「聽我說」，伸出的手指、敲打的拳頭或其它手勢都用來強調語氣。人們在說話時的手勢因人而異——有些人「用手說話」的情形比別人多些。

姿勢

姿勢是指肢體的位置和移動。姿勢的改變也是一種溝通。突然地坐直而且向前傾表示高度注意，站起來則可能表示「我做完了」，而

基本溝通技巧

技巧	用途	步驟	範例
眼光接觸			
當你和別人談話的時候，請注視著他們	加強互動的感覺	1. 當你談話時有意地注視著對方 2. 如果眼光溜走，試著帶回來	（無）

背對著人則表示不想去注意。

姿態

姿態意指肯定自信的態度。高達20%的人在和陌生人接觸時、在團體中講話和在公共場合講話時，顯現高度的緊張（註6）。有些人可能在面對陌生人時十分自在，但在其它場合會緊張，如在團體中說話或公開演講。大部分的人，當他們對自己在特定場合的應對能力有信心時，緊張度會降低。精通本書中所有討論的技巧，應該能幫助你克服人際溝通中的緊張。

增進使用肢體動作的能力

如果願意練習的話，你能改進肢體動作的運用能力。讓我們拿眼光接觸爲例。開始時，製造一個你是說話者的機會。當你說話時，集中注意力的注視著目標。你甚至可以在室內和物品「對話」，和書本對談一分鐘，然後轉移到枱燈，最後和窗戶說話。當你已能和物品保持眼光接觸時，你可以找一位好朋友幫你監視眼光接觸的量。你可以對朋友說：「當我告訴你我看過的一部電影的內容時，我要你注意我談話時，注視你的頻率有多少。當我講完話後，告訴我，你認爲我注視你的量是25%、50%、75%或幾乎是全部的時間。」朋友也可以用手勢來讓你知道你的注視行爲。如果你需要練習當傾聽者或接收者時的眼光接觸，請你的朋友說說事情，然後問他當你在傾聽時你保持多少的眼光接觸。不論你是在練習眼光接觸、面部表情、手勢、姿勢或姿態，你都可以遵循相同的過程。

肢體動作的使用

瞭解我們如何使用肢體動作，對瞭解非語言溝通是很重要的。對不留心的人而言，所有的肢體動作可能都是無意的動作；然而，肢體動作擔任著重要的溝通功能（註7）。

非語言溝通能用來代替字或句子　如同我們學習文字的定義一樣，我們也學習各種訊號和手勢的涵義。Ekman和Friesen說當非語言符號取代單字或句子時，他們被稱爲「象徵（emblem）」（註8）。

◆ 用非語言來補充所要表達的意思時，稱爲「解說者」。我們使用手勢來表示強調。

《當代北美非語言象徵字典》（*A Contemporary North American Dictionary of Nonverbal Emblems*）中收錄一些非語言訊息的定義，如，「諸事順遂」爲大姆指豎立；「和平」爲姆指和食指伸展成V字形；「不」爲搖頭，「是」爲點頭；「也許」、「我不在乎」或「我不知道」爲聳聳肩。

在許多情境中，象徵被當作完整的語言來使用。訊號語言（sign language）指的是手勢系統，包括耳聾者的訊號語言和歐洲的特拉普（修道）會的修道士和澳洲的婦女所使用的訊號語言（註9）。

非語言溝通可補充意義　非語言溝通用來補充意義時，稱爲解說者（illustrator）。我們使用手勢來說明至少五種情況：(1)強調所說的話：一個人可能在他面前敲打桌子說：「不要煩我。」；(2)表示途徑或思考的方向：一位教授可能移動著手指出想像中的連續線條，說：「報告是依照非常好到非常壞的順序排列。」；(3)表示位置：侍者可能指著桌子說：「坐那一桌。」；(4)用來描述：人可能使用手來指明尺寸說：「這個球大約直徑三吋。」；和(5)用來模仿：人可能點頭說：「你看到他點頭的樣子了嗎？」。

如果非語言溝通使用不當或者喧賓奪主（試想一位說話者講話時坐立不安或沒必要的放慢速度），可能會阻礙說話者訊息的傳達。

非語言溝通是語言中情感的論據　非語言行爲中「感情的流露（affect display）」是語言所表達的情感之論據。如果你早上把自己從床上拖起來，進浴室時又擦傷脚指頭，你說話時很可能是愁眉苦臉的（在這種場合你有沒有最喜愛的用字？）。這些當場表現出來的非語言訊息常常不是有意的。將這種反應稱爲「感情的流露」主要是因爲它自動地發生而且它可能十分明顯，不論你是獨自一個人或有別人在場。

肢體動作的反應方式有四種：(1)有時候人的肢體表達出少於眞正感覺的感情。棒球員Dan可能拒絕擦掉他被球擊中的那個污點，而Natasha可能故意控制面部表情，來掩飾得知外甥得靠藥物維生時的痛苦；(2)有時候人的肢體表達出多於眞正感覺的感情。九歲的Ken碰巧被哥哥在走廊撞倒時，可能會暴跳如雷；(3)有時候不管感覺如何，人的行爲都若無其事般。Eli即使剛接到母親住院的消息，仍忙著做生意；(4)有時候人的反應態度完全不同於預期中應有的反應。例如，Maria在某人尖酸刻薄地批評她的外表時，可能微笑著。因爲人表達感情的方式不同，所以經由非語言線索所得到的結論，我們要十分小心，因爲人們是很容易被愚弄的。

非語言溝通可管制交談或溝通中的互動　非語言線索，如，眼光接觸的移動、輕微的頭部移動、身體姿勢的移動、揚眉和點頭等，這些示意著何時繼續、重述、詳述、講快點或結束，像這樣可以控制交談的流動，稱做「管制者（regulator）」。優秀的演說者知道如何根據聽衆的線索來調整他們的演說內容和表達方式。

非語言溝通可消除緊張　當我們傾聽和注意人們講話時，他們可能有抓頭、踏脚或扭動雙手的舉動。這些非刻意的行爲，能紓解能量，減低說話者的壓力，我們稱之爲「適應者（adaptor）」。

練習——分析肢體動作

自我練習

1. 你講話時用什麼手勢？寫出你的肢體動作用來表示象徵、解說者、感情的流露、管制者或適應者的例子。
2. 觀察別人在指示、批評、道歉或表示支持時的非語言行為。他們的非語言線索是否有助於或有礙於溝通的有效性？如何幫助或如何阻礙法呢？

兩人練習

1. 找個同伴，試著用1～2分鐘的時間完全使用非語言行為來溝通一個主題，例如，如何清理一個機器、織毛衣或玩撲克牌。在結束後，分析你所做的努力。你發現那種資訊最容易以非語言傳達？那種資訊你認為在溝通時遭遇最大的挫折？
2. 準備簡短的個人經歷和另一人溝通。在開始前，明白告訴對方請他注意你的眼光接觸、面部表情、手勢或姿勢。完成後，請對方和你分享他的發現。將每個練習所學得的部分當做下個階段練習的基礎。

生活記事

1. 看一齣你所熟悉的電視情節喜劇。關掉聲音，看五分鐘後，試著摘述情節和人物的感情狀態。在你的記事中，寫下你對自己有信心的非語言傳達部分。同時記下不能聽到對話而引起的挫折。
2. 從一個不能聽到交談聲音的位置，觀察至少三個人一起在餐廳的談話。根據眼光接觸、面部表情、手勢等，在記事上寫下每個人的反應及其參與情形。人際溝通裏有65%的社會意義來自非語言線索，以此為主題加以敍述。

超語言

與人體動作相對比的是超語言，或聲音學（vocalics）。人體動作和我們所見的肢體動作有關，超語言和我們所聽到的聲音有關。超語言所關心的是事物如何被說出來，而不是說什麼。我們已對人的聲音所釋出的線索有些敏感度。現在讓我們思考超語言的兩大範疇：聲音的特色和口語的干擾。

聲音的特色

聲音的四個主要特色是音調（聲音的高低）、音量（聲音的大小）、頻率（聲音的速度）和音質（聲音的音質）。這些特色單獨或共同作用，能補充、支持或抵觸由文字本身所傳達的意思。例如，人們放大聲音談話以便在遠處或吵鬧場合能被聽到，有些人在生氣時大聲講話，在充滿愛意時則輕聲細語。人們慣於隨著音量的改變而提高和降低音調。他們也可能在緊張時提高音調或想顯示強而有力時降低音調。人們於快樂、害怕或緊張時可能話講得比較快，而在不確定或強調重點時，話講得比較慢。

除了在音量、音調和頻率上的改變之外，每個人都會使用稍微不同質的聲音來傳達特別的心境。我們可能把抱怨和哀怨的鼻音聯想在一起；而誘人的邀請則和柔和的、帶有氣音的音質聯想在一起；把生氣和刺耳的、嚴厲的音質聯想在一起。對每一種音質，我們均賦予不同的感覺、想法或價值判斷。

要注意的是音質的差異並不一定有特別的涵義。有些人一直都是高音調或有氣音或有鼻音，或有著刺耳的聲音。也許有些人使用這些不同音質的理由不是我們所能理解的。無論如何，不論有意或無意，人們如何說出他們所說的話，的確是有其涵義。我們的目的是要你瞭解經由超語言所接收到的涵義，而不是建議你改變自己的聲音。如果你關心你的聲音特性，可以和你的教授討論。

口語的干擾

口語的干擾是中斷或介入流暢談話中的語音。有些干擾會使人分心，有時還會使溝通完全中斷。過度的口語干擾是一種不良的講話習慣，是長時期養成的。最常見的干擾是我們話中的「嗯」、「呃」、「這個嘛」、「好的」和那些幾乎普遍存在於美國人交談中的用語：「你知道的（you know）」和「如（like）」。

口語的干擾不易從我們的談話中除去，但是可以藉著不斷的提醒和練習而減少。口語的干擾常是因爲我們害怕一時的沈默而引起的。我們被教以打斷別人的談話是不禮貌的，必須等到一串話停止時才可以插嘴。所以當他們暫停講話，思索正確的用字或意見時，問題發生了，因爲他們擔心在思索下一個用字的時候，可能會使聽話的人覺得不耐煩。因此，他們用聲音塡補這個沈悶的等待時間，常常這個聲音是無意義的。有些說話者，常用來塡補的聲音爲「嗯」或「呃」，有些人則用「好的」或「哦」。雖然暫停談話眞的有可能被中斷（有些人會在任何談話暫停時中斷他人），但是過度使用干擾的聲音來塡補空隙，以免被打斷，是要付出高度代價的。

同樣常見的，也許比「嗯」和「哦」更具破壞性的是不斷使用「你知道」和「像」。「你知道」一語也許始於想要弄清楚對方是否已知道。「你知道」多少有些確認的作用；有些人則是爲了表示他們和對方有共同看法。然而對大多數人而言，多得氾濫的「你知道」是個壞習慣，會讓敍述顯得很不連貫，如，「你知道，Maxwell是，你知道，一位好的，你知道，演說者。」

同樣地，使用「像」也許爲了做比較，如：「他很出衆，他看起來像Tom Cruise。」後來變成簡化的用語，如：「他像，眞的很出衆！」最後，使用「像」的時候，已成爲無意義的字：「像，他眞的好酷，像我不能解釋，但是，我告訴你，他是像，哇！」

奇怪的是，不論話中的「你知道」或「像」可能對聽者造成多大的不適，說話者好像都看不出來。雖然你不能很自在的指出別人話中的贅語，但是你應該問問別人自己是否話中有這些干擾語。我們應謹記的是，在同儕間的日常談話中，這些干擾語或許能被接受，但是在較正式的場合，如應徵工作或解決問題的團體中，這些干擾語則是非常不適當的。雖然如此，這個習慣在各種場合中好像一直都存在著。

在正常的交談中，即使說話最流利的人也可能偶而使用「嗯」、「像」或「你知道」。當這些干擾太多，變得喧賓奪主，以致於干擾聽者對語意的專注時，這些干擾語便是有問題的。經過練習可以防止講話時口語的干擾。下面是一些你可以採取的步驟：

訓練聽自己的干擾語　即使問題很嚴重的人也都無法得知他們自己使用的干擾語。你可用下列兩種方式訓練你的耳朵：

1. 將你的任何一種談話錄音數分鐘——昨天看的比賽、下學期要修的課或者任何腦中所想的事。在聽錄音之前，估計一下你認為你講「嗯」、「你知道」和「像」的次數。然後比較實際發生的次數。當你訓練好耳朵之後，你的預估將會比較接近實際的數目。
2. 找一位好友聽你講話，每次當你使用「嗯」或「你知道」時他便舉手。你也許覺得這個練習令人痛苦緊張或焦躁，但是你的耳朵將和傾聽者一樣能很快地發現口語的干擾。

練習不使用口語干擾　從15秒鐘開始練習，然後增加時間到你能持續談2分鐘話而沒有任何口語干擾。傳達的意思可能因練習而受影響，而且你可能需要花相當的時間來練習避免干擾，但是仍值得練習。

交談時在心中注意口語干擾　當你能在正常交談中意識到自己的干擾而不影響談話的流暢時，你就進步了。達到這一境界時，你將發現自己已能避免或減少口語的干擾了。

去除這些習慣是不容易的——你必須訓練耳朵來監聽你的用語，但是這工作值得做。

練習——超語言

自我練習

1. 在有壓力的情況下，你的聲音如何變化？你的音調何時上揚？你何時大聲講話？輕聲說話？你何時話說得較快？何時說得較慢？你是否注意到這些改變，或者你需要別人對你使用超語言的情形給你回饋？

2. 你是否有常用的口語干擾？你是否注意到這些干擾？你將如何做以減少或除去這些口語干擾？

團體活動

1. 請團體中的兩個人角色扮演各種情況。例如，一位學生的作文得到低分的成績，這篇作文花了她好幾個小時，她想去問她的老師，而這位老師與學生談話時沒什麼耐性。其餘的成員傾聽超語言的部分且討論之。
2. 團體中的每個人要試著連續談話2分鐘。輪到你談話時，你可以選擇自己的主題——你最近看的電影、學校球隊的勝利、工作上的困難等等。每當說話者使用一次口語干擾，成員就舉一次手。2分鐘結束後，數一數舉手的次數。給每個人兩次機會，看看誰使用最少的口語干擾。

自我表現

人們從我們所選用的非語言行爲表現方式來認識我們。在自我表現中我們能掌控的要素，包括衣著的選擇、接觸的頻率和我們處理時間的方式。

衣著

雖然我們對別人外表的反應不一，但是我們的確會根據他們穿著的方式來對別人下定論。因爲衣著的選擇傳達出某種訊息，你需要決定自己要表達的是什麼，然後再據以裝扮自己。

辯護律師非常瞭解這個原則。他們知道一位被控攻擊和毆打的被告，在法院出庭時若穿著黑皮夾克、牛仔褲和靴子，那麼他是個傻子。同樣地，公司經理通常很清楚公司要表達的形象。公司經營若要成功，你的穿著就必須符合這些形象（註10）。因此，一位參加一流石油公

◆雖然我們對別人外表的反應不一，但是我們的確會依據人們穿著的方式來對他們下結論。

司面試的女士如果穿著運動褲和無袖上衣，她若想要在主試者面前有充分表達的機會，她必須有非常好的條件。至於錄取則別指望。

人有表現個性的權利。然而，別人通常會依我們的衣著來斷定我們的態度和行爲。一個人之所以爲有效能的溝通者，部分原因便是因爲他們瞭解衣著本身的溝通作用，以及他們所傳達的訊息能兼顧接收者的知覺和自己的意思。

接觸

接觸，也就是觸覺，常被認爲是溝通的最基本形式；它通常是非語言溝通的基本部分，特別是自我表現的基本部分。我們用手去輕拍、拍擊、捏、重擊、握、擁抱和撫摸。我們使用這些接觸行爲的理由相當多樣化，從無意的和不摻雜個人感情的到有意的和親密的。我們握手表示社交和禮貌，我們輕拍一個人的背部以示鼓勵，我們擁抱一個人以示愛。

不管人們接觸別人或喜歡被接觸，純是個人喜好和文化背景的問題。雖然美國文化比較傾向於不接觸，但是在我們的文化中，接觸行爲的種類和量的差異很大。對某人好像是不摻雜感情的行爲，對另一人而言，可能是非常親密或具威脅性的。而且，對接觸的適當性之知覺，因關係親疏而異，所以一位正常情況下有接觸傾向的人，可能在公共場合或與一大群人在一起時，表現得很不同。再次提醒，你透過接觸（或不接觸）進行的溝通，不要只顧自己的意願，而要視和你互動的人的期待而定。

由於接觸的複雜性，一位研究非語言行爲的研究者，Judee Burgoon和她的同事下結論說，接觸是最具刺激性，也是最不被瞭解的非語言行爲。雖然接觸常被認爲是肯定的行爲，但是最近一份檢視接觸反應的報告指出，在我們能預知何時和何種情況下的接觸在人際關係中是合理的之前，必須再做更多的研究（註11）。

時間行爲

時間行爲（chronemics）有關我們如何使用和組織時間。它對非語言行爲的重要性是，人們對動作和反應的知覺，以它們發生的時間爲依據（註12）。因此，我們如何經營時間及對別人使用和經營時間的反應，是自我表現的重要部分。

時間對自我表現的最重要的部分是非正式的時間（informal time），此觀點由一位非語言溝通研究的先驅者所提出（註13）。非正式時間是一種經由觀察和模仿所習得的時間運用。我們在這兒討論非正式時間的三個層面：期間、活動和準時。

期間指的是我們認爲做特定事件所需的適當的時間量。例如，人們期待的講道時間爲20分鐘～30分鐘，一般的課堂時間爲50分鐘，電影大約2小時。當一個事件的時間長度明顯不同於我們的期待時，時間變成溝通的障礙。我們對逾時不下課的教授不耐煩；當面談時間或談情說愛的時間縮短時，我們會覺得沮喪。我們對期間的敏感度是自我表現的重要部分。

活動指的是人們認爲在某時段內應該完成的事，如一天中某個時間被認爲適合進行某種特定的活動。我們大都白天工作、晚上睡覺、中午吃中餐等等。當某人在我們認爲不適當的時間做事時，我們可能會有負面的反應。例如，Kirsen通常十分樂意和她的員工討論人際問題，但是如果一位員工在她晚餐時刻來電話和她討論客戶的問題，她可能會顯得不耐煩。

準時指的是符合時間期待，可能是此三層面中最重要的，因爲我們大部分都依此來對人下結論。如果你的教授要你在上午10時去辦公室找她，而你却在9點45分、10點、10點10分或10點半敲她的門，將會影響她對你的觀點。同樣地，你對教授的知覺會隨著當你抵達時她在不在辦公室而改變。

任何有關時間的觀點都是以文化爲基礎的。在本章後面我們將討論幾個在分析非語言溝通時需要考量的文化觀點。

練習——分析自我表現

生活記事

1. 清點衣服。把衣服分成三組：特別場合穿的、日常活動穿的和做粗活時穿的。下個星期，注意你和別人的互動如何受你的穿著的影響。當你穿著不同衣服時，行動是否不同？別人看待你有何不同？把結果寫在記事中。
2. 下次進教室時，穿著和平常完全不同的衣服。注意，如果有的話，這對你和週遭的人的溝通有何影響，把結果寫在記事中。
3. 分析你對別人的時間行爲的反應。在記事中描述一件因某人的時間行爲擾亂了你而引起溝通問題的事件。

4. 觀察男士、女士和不同文化的人的交談。在記事中討論你對於他們的接觸行爲，你可以下什麼樣的結論。

環境的經營與溝通

除了使用肢體動作、超語言和自我表現的方法外，我們藉由經營物理環境來進行非語言溝通。我們能夠控制的主要環境要素爲空間、氣溫、燈光和顏色。

空間

我們對空間的控制全視我們所處理的是永久的結構、空間內可移動的物品或非正式的空間而定。

永久結構的經營

我們居住和工作的建築物及不能移動的建築部分都屬於永久結構的範疇。雖然我們可能對這些建築的建造沒有辦法掌控，但是我們在選擇它時則有主控權。當你租公寓或買一棟房子時，你會考慮它的結構是否和你的生活方式相調和。那些選擇住在四樓的人對自己的觀點將不同於那些選擇住在一樓的人。生意人、醫生和律師通常用心尋找適合他們形象的環境。除此之外，所選擇的建築物特質也會影響我們在那個環境內的溝通。例如，住在公寓的人和住在同一樓層的鄰居會比和住在其它樓層的人熟識。

空間內可移動物品的經營

我們可以安排和重新佈置物品來經營空間，以創造想要的氣氛。不論是宿舍的房間、客廳、研討室或教室，你可以移動周圍的陳設品，來達到你想要的效果。在客廳裏，你可以把家俱佈置成有利交談的方式，或擺設成有利觀看電視機的位置。在有維多利亞家具及有硬背椅子整齊排列的房間內的交談，將和在有厚沙發、枕頭、布袋椅、組合式的低沙發的房間內的交談完全不同。一般而言，環境安排愈正式，

◆不論是宿舍房間、客廳、研討室或是教室，你都能移動陳設品的擺設，來達成你想要的效果。

交談愈正式。

由上司辦公室的安排和訪客的坐位可看出其想建立的氣氛。上司隔著書桌指示你坐下，可能是說：「讓我們談談公事——我是老闆而你是員工。」讓桌子介於你和上司之間，本身有助於正式的會談。然而，請你坐在她桌旁椅子的上司，可能是說：「不要緊張——我們只是聊聊。」在這個情形中，你和上司之間沒有任何形式上的障礙，而且兩人之間的空間相當小，傾向於較不正式的交談。雖然有關空間物品安排的影響並不是絕對的，空間的運用仍然是人們如何看待你以及期待你如何對待他們的指標。

物品安排對溝通的影響可由各種教室來說明。好幾排椅子面對講台的教室，其溝通氣氛不同於椅子圍成一個大圓圈或圍成四個～五個小圓圈的教室。在第一種環境裏，大部分的學生期待演講式的上課模式。第二種安排，他們可能期待教師和學員之間有意見的討論。第三種情況，他們可能期待班級進行小團體討論。

非正式空間的經營

我們當前所佔有的空間被稱爲非正式的空間。關於非正式空間的研究稱爲近體學（proxemics），是一種研究人類與文化空間關係的一門學問。經營非正式空間需要瞭解我們對周遭空間和領域的態度。

溝通受人與人之間距離的影響。Edward T. Hall研究在我們的文化裡，被大家所認可的四種不同型態的交談距離（註14）。親密距離，約18吋，是親密朋友間私人交談的適當距離。個人距離，從18吋到4呎，是閒談的空間距離。社會距離，從4呎到12呎，是非個人事務的談話，如，工作面談的距離。公衆距離超過12呎。這四種距離不是隨意決定的，它們是許多人公認的在各種情況下的適當距離。當然，其中有個別差異的存在。

我們最關心的是親密距離，適宜和密友、雙親、小孩親密溝通的距離。人們通常在有外人侵入這個親密距離時，會覺得不舒服。例如，在坐滿不到四分之一座位的戲院裏，成雙成對的人傾向於和另一對的人隔開數個空位，如有陌生人在這情形下坐在你隔壁，你可能覺得不舒服，也許會換個位子。

當有關的人遵守不成文規則時，親密空間的侵犯才能被接受。在擁擠的電梯裏，可能碰觸到別人時，人們常僵硬地站著，看著地板或門上的樓號指示，假裝沒有身體接觸。有時會交換靦腆的微笑或者對侵犯親密距離而相互示意。

當一個人違反了另一個人的行爲期待時，將會產生人際問題。例如，Jaron可能來自和別人非正式交談的距離，比美國人的18吋親密距離還近的家庭。當他和同事談話的距離在18吋以內時，他的同事可能會後退。另外一種違反期待的例子發生在人們的非語言行爲被看成是性騷擾的時候。Dominic由於心情愉快，可能在舉手投足之間讓Daniela覺得對她具威脅性。爲了配合當前社會對性騷擾的看法，人們需要對別人的親密空間特別注意。

我們的親密或個人空間會隨著我們身體的移動而改變，因爲我們傾向於以當前的位置來定義這些空間。在許多情況下，我們都在尋找屬於自己的空間，不論現在是否擁有。也就是說，我們可能以某一空間作爲領域，並且據爲己有。例如，Cheyenne在公司販賣部吃中餐，她選擇的桌子座位便成爲她的領域。假定在用餐時，Cheyenne離開她的領域去拿塗麵包的奶油。她所離開的椅子，餐桌上所放的食物，以及食物周圍的空間都是「她的」，她會希望別人遠離她的座位。當她回來時，如果發現有人把玻璃杯或盤子移進她所認爲的領域，她可能會生氣。

許多人用標記佔有他們的領域。例如，Ramon想在販賣部吃東西，發現一張空桌子便把報紙放在桌上，大衣放在椅子上，然後去取食物。如果在Ramon走開時，有人進來，把報紙和大衣丟在地板上，佔去他的空間，那個人也就侵犯了Ramon所認爲的他的領域。

學習非語言溝通，你必須瞭解別人可能不用和你一樣的方式來看待周圍的空間或領域。雖然大部分美國人有相同的管理空間的基本原則，但不意味每個人都會遵從此原則。因此，敏銳的觀察力是重要的，你可以敏銳地知道別人對你的行爲之反應。

氣溫、燈光和顏色

人們比較敏感而且較能控制的其它的三個環境要素是：氣溫、燈光、和顏色。

氣溫是溝通的刺激物也是障礙物。要說明氣溫對溝通的負面效果，只要回想大熱天裡，在擁擠的教室中聽老師上課的辛苦情形，或者是突來的酷寒，那時要專心也很困難。

燈光也可以是溝通的刺激物或障礙物。在演講大廳或閱讀室裡，需要明亮的燈光——可以促進聽講和閱讀。相反地，在高雅的餐廳、音樂廳或交誼室裡，你期待柔和的和昏暗的燈光，舒適的氣氛有助於親密的交談（註15）。

顏色的差異對人們的行爲也有重要的影響：我們的情緒和生理對顏色都有反應。許多人視紅色爲興奮和刺激的，藍色爲舒服和平靜的，黃色爲愉悅和快活的。室內設計師若想創造平靜溫和的客廳氣氛時，會以藍色來裝飾，而當他們想創造活潑的遊戲空間氣氛時，他們會裝飾成紅色和黃色。

人們對顏色也有其它的聯想。我們描述膽小的人爲黃色，善妒的人爲綠色，生氣的人如同紅色；星期一，當然被視爲藍色。當顏色違反我們的期待時，顏色對我們的影響最爲明顯。將搗爛的馬鈴薯染成綠色以紀念聖派特瑞克節（Saint Patrick's Day），可能使非色盲者覺得噁心而不想吃它。

練習——分析環境的影響

自我練習

1. 你的領域是如何的呢？做一張你「擁有」的領域表。當那些領域被侵入時，你怎麼辦？
2. 分析你的個人空間運用，當你和教師談話時，你對空間的期待是什麼？和好朋友談話時？和陌生人談話時？它們有何差異？

兩人練習

1. 參觀市內六家不同的餐廳。選幾家速食店和幾家可以悠閒地進食的餐廳。寫下空間內物品的經營情形及其顏色和燈光。你的結論是什麼？
2. 設法取得朋友的協助。從房間的對角開始（至少分開20呎），兩人互相面對面走進，(1)在12呎的距離時，進行交談；(2)在7呎時，進行交談；(3)在1或2呎時，進行交談；(4)繼續一面移近，一面交談，直到你覺得不舒服爲止。再退後直到覺得舒服的距離。注意此時的距離是多少。和你的朋友比較你們的反應。

生活記事

1. 改變你宿舍房間或你家的一個房間的傢俱安排。觀察人們的反應。在記事中說明這些改變是否影響那些常在這個空間交談的人。
2. 想想你住的地方（宿舍、公寓、獨棟房子）。你和鄰居認識的程度如何？你的鄰居中有那一個你最認識？在記事中討論什麼在影響你和鄰居的互動。

增進對非語言溝通的瞭解

增進你對非語言溝通特質的瞭解，到底對你和別人的互動有何效果？從理論觀點來看，Robert Feldman, Pierre Philippot和Robert Custrini認爲，技巧相當不好的溝通者，增進他們非語言行爲的使用能力，應該能增進他們的社交能力（註16）。但是他們的研究分析顯示非語言行爲是如此的複雜，以致於因果關係仍然是不清楚的。我們能增進非語言行爲的能力嗎？讓我們看看編碼和譯碼如何影響我們對非語言溝通的瞭解。

編碼和譯碼

從編碼的觀點看，因爲非語言行爲是自發的，改變非語言行爲非常困難。只知道自己對語言訊息有著強烈非語言反應並無法使你改變反應。不過，瞭解你自己的典型非語言反應，可以讓你有向不認識你的人解釋的機會。當你對別人給的負面回饋有著過度的非語言反應時，你可以說類似這樣的話：「我的反應可能讓你認爲我不想聽你的批評，因爲我面對批評時常會蹙著眉頭，但是，我眞的要聽。」

從譯碼的觀點來看，你已研讀過考驗解釋非語言行爲的技巧——知覺檢核。想要確信你瞭解一個人的非語言反應，你必須把你的瞭解陳述出來。假設某人對建設性的批評做出負面的非語言反應。在你下結論說這個人不能面對批評時，你可以說：「從你的臉部表情和你的聲音看來，我覺得你好像不想聽批評，或者是你認爲批評是沒根據的——是嗎？」知覺檢核在解釋異性、不同文化或次文化的人的非語言行爲時更是重要。

文化和性別的考量

本章裏，我們著重在非語言行爲的分析上，以便你能使用非語言行爲來增進溝通能力。雖然所做的結論適用於一般情況，但是仍然需要考慮特定文化和性別的差異。

文化差異

大部分的文化在眼光接觸、肢體動作、接觸和對時間與空間的知覺方面都有差異。

雖然大部分美國和其它西方文化的人，希望和他們溝通的人能「看著他們的眼睛」，Larry Samovar和Richard Porter在他們的研究結論中說，直接的眼光接觸並不是全世界通行的習俗（註17）。在日本，人們被教導不可以直視別人的眼睛，要看喉結附近。中國人、印度人和鄉下墨西哥人也認爲視線放在低處是表示敬意——對他們來說，太多的眼光接觸是沒有禮貌的。阿拉伯人，相反地，在交談時眼光一直保持接觸——對他們而言，直接的眼光接觸表示感興趣。在美國次文化裏，眼光接觸的使用也有不同。美國黑人在講話時眼光有較多的持續接觸，但在傾聽時較少（註18）。

其它文化的人在使用手勢、動作和面部表情上，也呈現相當大的差異，特別是手勢，可以表現完全不同的意義。例如，用食指和拇指圍成一個圓圈，在美國表示一切順利（OK）；在法國意爲零或不值得；在日本表示金錢；在某些阿拉伯國家表示一種咒語；在德國、巴西和澳洲是一種猥褻的表示（註19）。除此之外，感情的表達方式也有很大的歧異。某些東方文化中，教導人們感情的表達要含蓄，而其它文化的人則被教以要開放的表達感情。面部表情在表達情感時，也有很大的文化差異（註20）。

William Gudykunst和Young Yun Kim指出接觸行爲和文化有高度的關係：「在高接觸文化中，『親近』是正向和好的行爲，而『疏遠』爲負向的和不好的行爲。在低接觸文化中的人則認爲『親近』爲負向和不好的行爲，而『疏遠』爲正向和好的行爲。」（註21）拉丁美洲和地中海國家是高度接觸，美國是中度接觸，而遠東是低度接觸的民族。

時間知覺的不同，是很重要的部分。一般而言，在西歐、美國和加拿大重視時間單位的單一性（monochronically）。也就是在區隔時間和行程時，一次一個事件，強調按照時間行事及準時。在美國，即使只遲了幾分鐘，也必須承認自己遲到了。遲到10分鐘～15分鐘通常需要道歉；遲到30分鐘時，則會令人不恥，需要有所解釋以獲得諒解（註22）。

來自其它文化背景的人，如，中東地區，傾向於視時間單位爲多重性（polychronically），反對區分時間，而在同一時間進行多種活動。持這種時間觀念，遲到是普通的事，不是不正常的，墨守時間表的概念是無意義的。在拉丁美洲或阿拉伯文化，遲到30分鐘是尋常的事，這種行爲可能只要幾句抱歉即沒事了（註23）。

雖然我們說明的是不同國家間的差異，但是這些差異也可能在美國國內不同文化間發生。例如，拉丁美洲血統或非洲血統的美國人在行爲上也可能表現多重性的時間觀。

因此，時間觀念並沒有通用的準則。一位北美白人在拉丁美洲有商務約會時，可能因對方在時間上的漫不經心而有挫折感；同樣地，一位和北美的人有商務約會的拉丁美洲人可能因對方時間表的嚴謹而感到挫折。

來自非歐洲或非北美洲背景的人對於互動的適當距離有不同的態度。前面說過美國白人一般認爲個人或親密空間的距離爲1呎或18吋，他們期待人們不要侵犯那個空間。中東人在和人談話時，距離則近得多。因此，當一位阿拉伯人和一位美國白人談話時，其中一位可能會不舒服。不是美國白人感到領域被侵略就是阿拉伯人覺得自己被隔得太遠。

有時和陌生人溝通時會產生困難，因爲我們不確定他們的非語言行爲的意義，我們會覺得不安。當陌生人的非語言行爲違反我們的期待時，我們也會出現負向的反應（註24）。

性別差異

雖然研究者試圖找出非語言行爲中的性別差異，但是這些性別差異可能比較是表面性而不是眞的如此。文獻中只有少數差異之記載，但是人們傾向於認爲有更多的差異存在。

一個可以確定的差異是眼光的接觸。女人比男人在交談時有較頻仍的眼光接觸（註25）。女人不管和她們互動的人是男人或女人，比男人保持較多的眼光接觸（註26）。

有些差異出現在面部表情和手勢中。女人比男人較多微笑，但是她們的微笑較難理解。男人的微笑通常表示正向的感覺，而女人的微笑通常表示親近和友善（註27）。關於手勢，Judy Pearson, Lynn Turner，和William Todd-Mancillas認爲女人和男人使用手勢的差異很大，人們可以光是依據手勢即能區分是男性或女性（註28）。例如，女人較喜歡把手臂貼近身體，較不喜歡把身體前傾，較常玩弄頭髮或衣著，而且比男人愛輕輕地拍打雙手。

最後，女人比男人喜歡主動接觸，對接觸也比較有反應。接觸被認爲是「女性的適當行爲」，但是爲「男性的不適當行爲」（註29）。

男人和女人的主要差異是在非語言的解釋上，而不是在於非語言行爲的使用。男女關係的最大困難通常在於無法正確地對非語言訊息加以編碼和譯碼。Patricia Noller建議男人特別需要接受溝通技巧的訓練，因爲他們對女人的非語言行爲的敏感度低於女人對男人的非語言行爲的敏感度（註30）。解釋非語言行爲的能力對人有長遠的影響。例如，Noller發現有高婚姻滿意度的夫婦較能正確地解析彼此的非語言訊息，也比較能正確的預測配偶對其非語言訊息的解析。

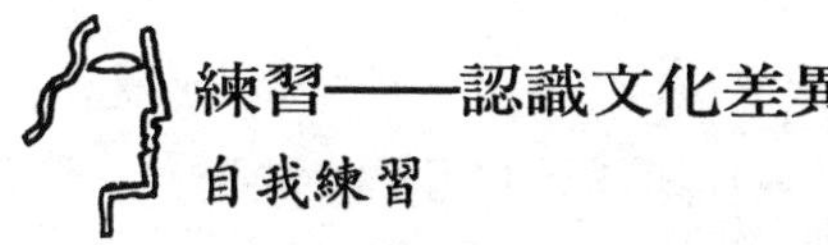

練習——認識文化差異

自我練習

以後幾天，記錄你與來自不同文化的人的溝通，他們文化中的非語言行爲和你有所不同。指出你用知覺檢核來澄清意思的次數。

摘要

非語言溝通指的是人們如何以非語言的行爲來溝通，也就是說，藉著使用肢體動作、超語言、自我表現和環境來溝通。非語言溝通的特質和語言溝通有所不同。非語言溝通比較模稜兩可，是持續的，多重管道的，且較能洞察感情狀態。除此之外，非語言溝通的意義受到文化影響。

非語言溝通最明顯的部分是肢體動作和超語言。眼光接觸、面部表情、手勢、姿勢和姿態是五種主要的肢體動作類型。眼光接觸特別重要，因爲人們將從你的眼光接觸量來判斷你和你的訊息。肢體動作的角色是象徵、解說者、感情的流露、管制者、適應者。一個人的聲音特質和口語干擾將影響所傳達的意思。

雖然語言和非語言的溝通在互補時能達到最好的效果，但是非語言線索可以取代或甚至和語言符號相抵觸。一般而言，非語言溝通在語言和非語言訊息衝突時較易被信任。

自我表現，表現於衣著、接觸行爲和時間的使用等，這些會進一步影響溝通。環境是常被忽略的非語言溝通。人們安排空間和對空間的反應方式。他們對氣溫、燈光和顏色的控制和反應方式，影響其溝通的特質。

對非語言溝通的瞭解通常需藉助編碼（大都用於描述感情）和譯碼（大都用於知覺檢核）。在面對文化和性別差異時，這些技巧特別重要。不同的文化在眼光接觸或凝視、手勢、碰觸行爲和對時間和空間的知覺等方面都有差異。這些差異是眞實的，有效的溝通者必須對這些差異保持敏感度。在凝視、面部表情、手勢和接觸上有些性別差異存在。男人和女人的最大不同不在非語言溝通的使用，而是在他們對非語言溝通的解釋上面。

目標陳述

如果你想增進目光接觸技巧，請依（第1章）第29頁的目標陳述原則，寫下你的目標。

建議讀物

Webbink, Patricia（1986）, *The Power of the Eyes,* New York: Springer Publishing.

註釋

1. Judee K. Burgoon, David B. Buller, and W. Gill Woodall, *Nonverbal Communication: The Unspoken Dialogue* (New York: Harper & Row, 1989), p. 155.

2. Ibid., p. 33.

3. Paul Ekman and H. Oster, "Facial Expression of Emotion," *Annual Review of Psychology* 30 (1979): 527–554.

4. Mark L. Knapp and Judith A. Hall, *Nonverbal Communication in Human Interaction*, 3rd ed. (New York: Holt, Rinehart & Winston, 1992), p. 298.

5. Paul Ekman and W. V. Friesen, *Unmasking the Face* (Englewood Cliffs, N.J.: Prentice-Hall, 1975), pp. 137–138.

6. Virginia P. Richmond and James C. McCroskey, *Communication: Apprehension, Avoidance, and Effectiveness*, 2nd ed. (Scottsdale, Ariz.: Gorsuch Scarisbrick, 1989), pp. 94–101.

7. Paul Ekman and W. V. Friesen, "The Repertoire of Nonverbal Behavior: Categories, Origins, Usage, and Coding," *Semiotica* I (1969): 49–98.

8. Ibid.

9. Dale Leathers, *Successful Nonverbal Communication: Principles and Applications* (New York: Macmillan, 1992), p. 75.

10. Two of the influential books that report the power of clothing are John T. Molloy's *New Dress for Success* (New York: Warner Books, 1988) and Pamela Satran's *Dress Smart: The Thinking Women's Guide to Style* (New York: Doubleday, 1989).

11. Judee K. Burgoon, Joseph B. Walther, and E. James Baesler, "Interpretations, Evaluations, and Consequences of Interpersonal Touch," *Human Communication Research* 19 (December 1992): 259.

12. Knapp and Hall, p. 59.

13. Edward T. Hall, *The Silent Language* (Greenwich, Conn.: Fawcett, 1959), p. 135.

14. Edward T. Hall, *The Hidden Dimension* (Garden City, N.Y.: Doubleday, 1969), pp. 116–125.

15. Knapp and Hall, p. 72.

16. Robert S. Feldman, Pierre Philippot, and Robert J. Custrini, "Social Competence and Nonverbal Behavior," in Robert S. Feldman and Bernard Rime, eds., *Fundamentals of Nonverbal Behavior* (New York: Cambridge University Press, 1991), p. 346.

17. Larry A. Samovar and Richard E. Porter, *Communication Between Cultures* (Belmont, Calif.: Wadsworth, 1991), p. 198.

18. Ibid., p. 199.

19. Roger E. Axtell, *Gestures: The Do's and Taboos of Body Language Around the World* (New York: Wiley, 1991), p. 47.

20. J. R. Davitz, *The Communication of Emotional Meaning* (New York: McGraw-Hill, 1964), p. 14.

21. William B. Gudykunst and Young Yun Kim, *Communicating with Strangers: An Approach to Intercultural Communication*, 2nd ed. (New York: McGraw-Hill, 1992), p. 178.

22. Samovar and Porter, p. 220.

23. Gudykunst and Kim, p. 129.

24. Ibid., p. 186.

25. Donald J. Cegala and Alan L. Sillars, "Further Examination of Nonverbal Manifestations of Interaction Involvement," *Communication Reports* 2 (1989): 45.

26. Julia T. Wood, *Gendered Lives: Communication, Gender, and Culture* (Belmont, Calif.: Wadsworth, 1994), p. 164.

27. Judy Cornelia Pearson, Lynn H. Turner, and William Todd-Mancillas, *Gender and Communication*, 2nd ed. (Dubuque, Iowa: Wm. C. Brown, 1991), p. 137.

28. Ibid., p. 139.

29. Ibid., p. 142.

30. Patricia Noller, "Nonverbal Communication in Marriage," in Daniel Perlman and Steve Duck, eds., *Intimate Relationships: Development, Dynamics, and Deterioration* (Newbury Park, Calif.: Sage, 1987), p. 173.

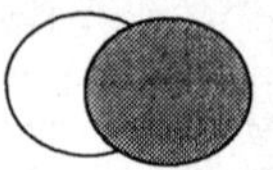

PART II

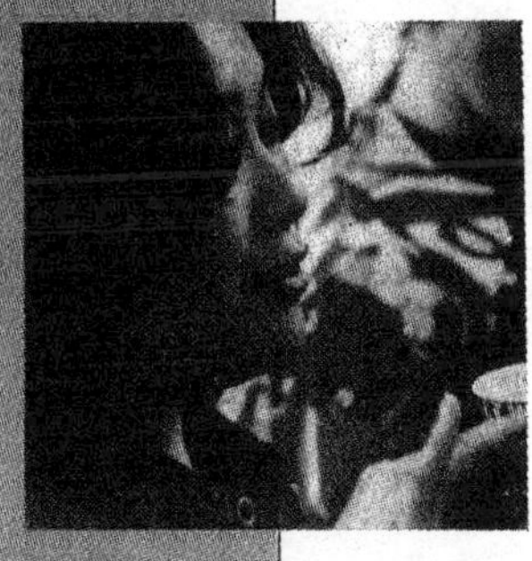

PART Ⅱ

發展人際關係技巧

大部分的人際溝通發生於關係情境內
在第二部分中
我們將爲您分析人際間的種種關係
另外在以下各章中
我們將繼續爲您探討發展良好人際關係中
所必須具備的溝通技巧
思想和感情的溝通，傾聽，反應，影響以
及衝突的處理
然而，隨著人際關係技巧的增加
你可選擇運用最適合某一特定情境的溝通技巧

各種人際關係中的溝通

☞ 目標

讀完本章之後，你應能解釋或說明下列各項：

1. 人際需求理論
2. 交換理論
3. 人際關係的類型
4. 開啓人際關係的方法
5. 經由敘述性，開放性，暫時性和平等性以維持關係
6. 結束關係的方法

「Yvonne，我又看到妳和Pauli在一起了，我以爲Lonnie是妳的男朋友。」

「他是啊！Pauli和我只是朋友而已——我們有非常穩固的關係。」

「朋友而已！算了吧，我常看到妳和他在一起。妳確定他不會另眼對待妳？」

「是的，我常和他在一塊兒，因爲我和他很談得來。我們只是彼此感覺在一起舒服罷了。別想太多，他和Leona在一起已經好幾個月了。」

「她不在意妳和她的男朋友在一起聊天？妳確定妳不是在欺騙自己？」

「嘿，我不知道她是否介意，但是Pauli和我之間就是沒有羅曼蒂克情事。事實上，他對我來說就像兄長一樣。我告訴他我的恐懼、焦慮以及得意的的事情。他也和我談論他的困難問題。如果我們的關係結束了，我眞的會想念他。」

Yvonne是幸運的，因爲她有眞正可以談話的對象，換句話說，她擁有相當良好的人際關係。我們使用這麼多的人際關係技巧就是爲了開啓、建立和維持與他人的人際關係，我們在〔第二部分〕中，將分析人際關係。人際關係可以定義爲「兩個互相熟識的個體間的一連串的互動關係」（註1）。良好的人際關係是參與的雙方都感到滿意的互動關係。

良好的人際關係不會自然地發生，也不會自動地成長和維持。在本章中，我們以人際關係發展的兩種理論爲基礎。然後，說明人際關係的本質和組成人際關係生命週期的各個時期，包括營造良好氣氛所需的技巧。

人際關係的理論

什麼因素決定我們是否要和別人建立人際關係？為什麼有些關係從未進展到較深的層次或關係一直惡化？兩個理論——人際需求理論（interpersonal needs theory）以及交換理論（exchange theory）——提供了這些問題的答案。

人際需求理論

人際關係和溝通一樣滿足了人類的基本需求。人際需求理論主張一種關係是否開始、建立或維持，全賴雙方所符合的人際需求程度。心理學家William Schutz指出三種我們都需要的人際需求：愛（affection）、歸屬（inclusion）和控制（control）（註2）。

愛的需求反映出一個人表達和接受愛的慾望。人們用語言和非語言表達感情的方式，可用一連續光譜來說明其間的差異。在光譜的一端是「缺乏人際關係（underpersonal）」的人，那些避免親密關係，很少對別人表示強烈的感情，並且逃避對他人表示感情的人。在光譜的另一端是「過度人際關係（overpersonal）」的人，這些人熱切地想和每個人建立親密的人際關係。他們把別人全當做密友，對於剛見面的人立刻信任他們，並且希望每個人都把他們當成親密的朋友。在這兩極端之間的是「適度人際關係（personal）」的人，這些人容易表達和接受感情，能從與他人的種種關係中獲得快樂。

歸屬的需求是希望存在於別人團體中的慾望。根據Schutz的說法，每個人有社會性需求。不過滿足這種需求的人際互動量有差異。一個極端是「缺乏社交（undersocial）」的人，那些通常希望獨處的人。偶而，他會尋求同伴，接受邀請時也能享受和別人在一起的快樂，但是他不需要很多的社會互動來獲得滿足。另一個極端是「過度社交（oversocial）」的人，他們經常須要同伴，當他們必須獨處時會覺得緊張；假如有宴會，他們一定出席；假如沒有宴會，他們會舉辦宴會。

◆ 語言和非語言行為顯露出我們當下的人際需求。當雙方的人際需求獲得滿足時，才能有持久的關係。

他們的門戶總是敞開的——歡迎每個人，也期待別人歡迎他們。當然，我們大都不屬於這兩種極端的類型，有時候我們喜歡獨處，有時候也需要，以及享受與別人的互動。

控制的需求是希望成功地影響周遭的人與事的慾望。和另兩種人際需求一樣，人們的控制需求有所差異。一個極端是沒有控制需求的人，他們會規避責任，不想主管任何事。Schutz稱這種人為「放棄者」，他們極端順從，不可能做決定或接受責任。另一極端的人是喜歡且覺得他們必須負責。這種人稱為「獨裁者（autocrats）」，需要時時駕馭他人，否則會焦慮不安。他們可能從有權控制局面的人手中奪取責任，他們盡量做每一個決定。同樣地，大部分的人落於此兩極端之間。這些「民主者（democrats）」在某些時候能居領導地位，但是有些時候，他們也能安於他人的領導。民主者會勇於表示意見，也能順從他人。

以上對於瞭解人際關係有何幫助？關係的增進和惡化部分是由於

人際需求的相容或相悖。經由語言和非語言的溝通，我們顯露出當下的人際需求。當你和他人互動時，你可以偵察他們的感情，歸屬與控制需求是否和你的相容。假設Emily和Isaac定期約會並且覺得彼此的關係爲親密的。當他們在看電視時，Isaac試圖挽著Emily的手臂，而Emily顯得有點僵硬時，則Emily和Isaac可能沒有相同的感情需求。必須強調的是，人的需求有差異，而且人的需求會隨著時間而改變。當別人的需求和我們的需求明顯不同，而我們又不能理解時，我們會不清楚溝通到底出了什麼問題。

Schutz的人際需求理論爲我們解釋了許多人際行爲（註3）。除此之外，對這個理論的研究大都支持它的主要論點（註4）。不過人際需求理論並沒有說明人們如何在關係中彼此互相適應。下一個理論將協助我們進一步對此有所瞭解。

交換理論

另外一個分析我們人際關係的方法是——運用交換率。John w. Thibaut和Harold H. Kelley首創交換理論，他們認爲關係可藉由互動所獲得的報酬（reward）和代價（cost）的互換來加以瞭解（註5）。報酬是接收訊息者所重視的結果。常見的報酬有好的感覺、聲譽、經濟收益和感情需求的滿足。代價是接收訊息者不想蒙受的損失，包括時間、精力和焦慮。如果Sharon預期和Jan談話是舒服的話，她將會花時間和Jan談話，如果談話的結果是令人沮喪的話，她可能不會浪費這種時間。

根據Thibaut和Kelley的說法，人們期待高報酬低代價的互動。如果Jill在校園遇到Keisha，有數個溝通方式可供Jill選擇：她可視而不見，她可面帶微笑，她可只說：「嗨！」或者她可和Keisha聊聊。Jill會如何做，將視她對互動結果的代價與報酬的分析而定。假如Jill曾經想打電話給Keishea請她安排一場網球賽，她可能會趁機尋問——她將願意付出時間和精力，期待得到適當的報酬——一場網球賽。假如Jill和Keisha談了話，互動將持續到一方或雙方覺得投資報酬率低於滿意爲止。對Jill來說，網球賽敲定之後，談話的交換率也就開始低於

◆ 人們尋找會產生高報酬、低投資結果的互動。當雙方都相信他們的報酬超過投資時，關係才會持續。

滿意度。對Keisha來說，當她發現Jill對談論其他話題不感興趣時，她會開始覺得談話低於滿意度。

這項分析可以從單一的互動延伸到關係之中。假如關係持續一段時間之後，淨利（報酬減去代價）低於某一水平時，人們將對這種關係感到不滿意或不愉快。假如淨利高於令人滿意的水平時，人們會認爲這種互動是愉快的且令人滿意的。

Thibaut和Kelley認爲最令人滿意的代價與報酬率因人而異，同一個人也因時而異。人們對代價與報酬的評估不一的原因是他們對滿意度有不同的定義。假如人們有許多高報酬率的關係時，他們將設定較高的滿意度水平，因此可能對低報酬的關係不滿意。相反的，有較少正面互動關係的人較能滿足於那些重視高報酬關係的人所不感興趣的人際互動。例如，Calvin可能繼續去找Erica，即使Er ica對他不好。因爲基於他在其它人際關係中的經驗，他認爲在他們的關係中的報酬是合理的。

投資報酬率決定了關係或互動的吸引力，但它並未指出關係或互動會維持多久。雖然人們在代價高於報酬時會終止關係或互動，但是環境有時候會令人繼續處於非常不滿意的關係中。

Thibaut和Kelley說明此情況時提到他們所謂的「替代性選擇之水準（comparison level of alternatives）」。他們認爲繼續維持關係與否取決於一個人覺得是否有其它的選擇。假如有一個替代性的選擇可保證讓人達到高水平的滿意度的話，對關係感到不滿意的人將會結束其關係或互動。但是假如沒有可以替代的選擇，那個人可能保持現況，雖然不滿意，但這個關係是目前最好的。因此，假如Golda有四個至五個處得來的男人，她可能較無法容忍惹她生氣的Charley。假如Golda認爲Charley是唯一能和她作伴的人，她將比較能容忍他那令人生氣的習性。

和Schutz的人際需求理論一樣，Thibaut和Kelley的交換理論闡明了關係發展的重要部分。不過批評此理論者指出一個重要的缺點。交換理論提出人們有意識地、故意地衡量任何關係的代價與報酬——換句話說，人們理性地選擇繼續或終止關係。所以這個理論假定人從經濟觀點進行理性的行爲，他們尋求有利的關係，避免付出太多（註6）。事實上，雖然人們可能在大部分的情況下是理性的，但是Thibaut和Kelley的理性模式並不能解釋複雜的人類行爲。不過從投資報酬觀點來檢視關係，仍然是有幫助的。特別是在關係停滯時，你可檢視雙方的代價和報酬，以便你可以在關係完全惡化前調整某些層面的關係。

你可能發現兩種理論都是有幫助的。你（或你的同伴）所謂的代價和報酬可能視你的需求是什麼而定。假如你們的需求不同，你可能不瞭解另一方的代價和報酬的意思。以此方法來看待雙方的關係可能有助於解決誤會並且減少我們的防衛。也就是說，假如瞭解對方的需求，考慮對方的代價與報酬，你可能較容易以不傷害自尊的方式看待雙方關係。這種分析人際關係的方法是否有幫助，可能要依賴你運用傾聽、分享感情和同理心技巧了。

練習——運用需求和交換理論

生活記事

想出一個你擁有的親密關係。依據需求理論，說明這個關係的發展和維持過程，並使用一個特定的互動情節當做證據來支持你的說明。然後使用交換理論說明這種關係的發展和維持過程。同樣地，針對某一個互動情節。從這些分析中你對人際關係有什麼領悟？這些領悟如何影響你未來的互動關係？

關係的特質

關係的強度會隨著兩人分享資訊的多寡，以及兩人的互動型態而改變。我們通常把和我們有關係的人分成：認識的人（acquaintances）、朋友（friends）以及親密朋友（close friends or inimates）。

認識的人

認識的人是指那些我們知道其姓名的人，有機會時會和他們談話，但是，和他們之間的互動在質和量方面都有限。我們認識居住在同一公寓或宿舍或鄰居的人、上課坐在一起的人、上同一教堂或屬於同一俱樂部的人，許多屬於認識的關係將止於某一特別情境。例如，Melinda和Paige在生物課堂上互相認識，但是他們沒有用心安排在課室外的見面；假如他們在其它情境碰面的話，也只是偶然。

朋友

日久之後，我們會和許多認識的人發展成較親近的關係。朋友是那些我們自願和他們建立更多個人關係的人（註7）。早期的朋友關係，在互動時比較沒有固定角色。也就是說Melinda和Paige在生物課堂上認識，可能由於在課室的交談，有天下午他們決定課後在一起繼續聊天。當他們繼續這樣有意的見面，他們開始視對方爲朋友。人們互相喜歡在一起時，也就開始建立友誼。他們會主動與對方約會，因爲他們喜歡彼此的陪伴。

有些友誼可能發展於某一情境中並停留在該特定的情境中。因此我們時常提到打網球的朋友、辦公室的朋友或鄰居的朋友。如果他們

◆ 良好的友誼具有高度的溫暖和深情。

在許多方面互相滿足，將變成朋友而不只是認識的關係。不過他們大部分的互動停留在網球、辦公室或鄰居的情境中。

好朋友的特色是溫暖的、有感情的、有信任感、能自我表露、有所承諾且期待關係的增進和持久（註8）。

友誼的第一個特色是溫暖和感情。朋友在相處的時間裏會表達溫暖和感情。相處的歡樂使得他們渴望在一起，他們喜歡彼此交談與交換經驗。

友誼的第二個特色是信任。信任是對另一方有信心。信任幾乎總帶點冒險。信任是指你預期當你把自己交在朋友的手中時，好處將多於壞處。朋友因符合對方的期待而贏得信任。如果一個人能實現承諾、保密、在需要時提供感情的支持，友誼將比較濃密。

第三，友誼可能包括相當多的自我表露。我們將在（第6章）說明自我表露。藉由自我表露和分享感情，人們更能彼此瞭解。不過即使是親密關係，自我表露仍有其限制。

友誼的第四點特色是承諾的程度。朋友在必要時將會花時間和精力對朋友提供協助。好朋友在需要時會想辦法彼此協助。就像當朋友的車子故障時載他去上班，當朋友生病或公出時代爲照顧小孩，或者在緊急時協助朋友修理房屋等。

最後，朋友相信他們的關係是持久的。換工作、離婚或搬離城市都不會破壞友誼。有些朋友一年只見一、兩次面，却仍然是朋友，因爲當他們在一起時，他們自在地分享想法和感情，並且能彼此給予忠告。

親密朋友

親密朋友是那些和我們分享深度感情者。人可能會有無數的認識的人和許多朋友，但他們可能只有少數眞正親密的朋友。

親密朋友在親密度方面不同於普通的朋友。雖然朋友之間有某種程度的自我表露，但是他們並沒有分享生活的每一個層面。親密的朋友則能瞭解同伴內心最深的感受。許多人覺得和同性的親密朋友分享內心的祕密比和情人或配偶來得自在。當這種自我表露日增，親密朋友將增加對關係的投注而發展出「我們是一體」的感覺。

同樣地，朋友之間的親密度也表現在一個人願意放棄與其他人的關係，以投入更多的時間和精力在這個親密關係上。特別是當兩個人在考驗持久關係的適當性時——住一起，訂婚或結婚——他們會花很長的時間在一起。

親密的量和親密的質在家人關係、男性關係、女性關係和男女關係間皆不相同。

家人關係

一般而言，家人的定義爲「一群親密的人對家和家人有認同感，擁有強烈的忠誠和感情的聯結，而且共享過去的歲月和未來」（註9）。家庭可能來自生物的關係、婚姻關係或自由意願的心理關係。

一個人最初的親密關係是和家人的關係。小孩子最初依賴他們的父母，然後可能依賴兄姊。家人關係可能一直維持親密的關係。許多家庭的兄弟姊妹終生視彼此爲最親密的朋友。在十多歲以後，許多人也和家人以外的人發展較親密的友誼。

家庭生活的親密性表現在家庭的凝聚性（cohesion）、適應性（adaptability）和溝通上（註10）。凝聚性和適應性是兩種不同的溝通歷程。

凝聚性的意思爲「相聚在一起」，是指家人的親密度和結合的程度。家庭協助家人彼此凝聚在一起是其重要的功能之一。不論家庭成員間有多大差異，凝聚力可結合家庭份子並且將家庭成員和外人區格開來。你可能記得和手足之間的許多衝突，你們的關係也可能很緊張，然而只要有外人攻擊你的手足，你們會團結在一起共同防禦外人的攻擊。家人的凝聚力藉由溝通而發展與表現出來。家人花了很多精力和時間在發展和維持家庭的凝聚力。

不論家庭的凝聚力如何，家庭和個別成員時常因時間而改變。第二個家庭的重要功能是適應性——家人對改變的反應方式。家人經常在角色關係、權力結構和決策規則上必須有所改變。一個家庭可能會有長時期的穩定，但會突然因小孩在學校方面的改變、父母換新工作、家人死亡或母親重回工作崗位而使穩定性受到威脅。

家庭的改變可能使家人更團結或更疏離。家人的死亡可能導致家人前所未有的凝聚力，或可能需幾個月或幾年的時間使家庭從混亂中再回復團結。如果家人無法適應如此的變故，家庭的凝聚性（和親密度）可能受到無法復原的傷害。

男性關係

有史以來，男性關係一直被視爲是友愛（camaraderie）的縮影。大量的書、電影和電視節目都描繪男性友情，而且把男性友誼浪漫化。但是，以男性行爲來界定親密性的標準則受到質疑。性別角色專家Joseph Pleck認爲男性的關係「可能是友善的表示（sociability），未必是親密關係」（註11）。最近幾年的研究顯示男性之間的親密行爲比較沒有所謂的「高度自我表露」。Julia Wood和Christo-

◆許多男性的友誼以喝酒、足球、玩牌和釣魚的活動爲主。

pher Inman在其最近的論述摘要裏也指出，男人「以實際的幫助，互相的協助和作伴來表示關心」（註12）。

許多關係可由交談內容顯示出來。談話大致上可分類爲主題性的（政治、工作、事件），關係性的（友誼本身）和個人性的（個人的思想和感情）。大部分的男性的交談通常侷限在主題性上（註13）。同樣地，男性的友誼傾向於集中在，如，喝酒、足球、玩牌和嗜好方面的活動。男性最常談論的、談得最深的主題是運動。其次，年輕男性最常談論的主題是性（註14）。很少男性彼此談論關係性的和個人性的問題。經十年研究五千位男人和女人之後，Michael McGill發現只有十分之一的男人有談工作、金錢和婚姻的朋友，而只有二十分之一的男人有表露感情或性感覺的朋友（註15）。從這些資料得到的結論是男人之間的關係有樂趣和忠誠，但少有被認爲是理想的那種親密性。

那麼，什麼是男性友誼的主要本質呢？男人視其他男人爲塡補的角色（filling roles）（註16）。因此男性的友誼只與關係中的特定層面有關，而非把關係視爲整體。爲何男人間傳統的親密度是低的？阻礙男性達到高親密度的因素是由於男性的競爭、討厭感情的脆弱與傾訴、同性相斥和缺乏角色典範等（註17）。

女性關係

女性關係似乎和男性友誼相反。雖然男性友誼缺乏親密性，以及男性的對話大部分爲主題性的，然而J. W. Hodgson和J. L. Fischer指出女性經驗高度親密性的能力比男性強（註18）。而且，女人的交談大部分涵蓋三方面：主題性的（政治、工作、事件）、關係性的（友誼本身）和個人性的（個人的思想和感情），而且以關係性和個人性的交談爲主。女性的友誼發展得比男性快且深。

雖然女性的關係從人際溝通的標準來看是富足的，但是女性對她們的女性關係並非都是滿意的。因爲女性非常在乎別人，他們易於把親近的人的困難當成是自己的困難（註19）。女性重感情的結果便是要付出代價，會影響健康，也會導致過度依賴的關係。

男女關係

男女關係可以是親密而沒有性關係的友誼，也可以是以婚姻爲結果的愛情關係。親密是這兩種關係的重要部分。

友誼和愛情關係常因男性和女性在追求親密性上的差異而受挫。當男女雙方瞭解並重視彼此的差異時，男女關係可能經營得較順利。男人需要瞭解的是，對女人而言，親密意爲分享訊息、感情、祕密和想法。因此自我表露式的敍述，如，「我眞的需要你來——你使我覺得好溫暖」是女性表示親密的方式。女人需要瞭解的是，對男人來說，親密的定義是實際的幫助，互相協助和作伴。因此一個男人說：「當你開會時，我幫你洗車和清潔廚房」是男性表示親密的方式。所以，女性的親密是表達式（expressive）的，男性則是實際行動式（instrumental）的。過去我們的社會對女性以口語表達親密，有較高的評價；近來對男性以實際行動表示親密，有比較多的重視，顯示男性的方式和女性的方式同樣重要（註20）。

男人和女人在區別親密的友誼關係和羅曼蒂克的性關係方面都有困難。對許多人而言，很自然的會認定男人和女人之間的親密關係一定會變成羅曼蒂克的關係，包括性關係。事實上，愛情和性防礙了良好的男女友誼關係，雖然愛情和性是友誼的延伸，但是友誼常因愛情和性而消失。性是一種親密的行爲，但是常發生於缺乏親密的關係之中——或是以性關係來代替親密關係。也就是說，愛情和性可能不是爲了兩人共同的利益，而是在於追逐個人的歡樂。雖然親密性很難達到，然而親密關係是穩固的，它不會像愛情和性愛那麼善變。我們需要可靠的親密關係，就像強風大浪中的錨一樣（註21）。

男人和女人都追求有愛情的男女關係。雖然我們都能憑直覺感受到愛情，但是愛的概念很不容易定義。

R. J. Sternberg提出一個愛情的定義，它包括三個層面：親密感（intimacy）（交心和信任）、承諾（commitment）（期待維持關係）和激情（passion）（性吸引和愛的感覺）（註22）。在Sternberg的定義中，愛情關係包涵上述一個、兩個或所有的三個要素。

Ellen Berscheid和Elaine Walster提出一個具爭議性的愛情關

係分析，他們的分析指出愛情包括激情的愛（passionate love）和友愛（companionate love）（註23）。他們說激情的愛是非常羅曼蒂克和強烈的——激情中的人有高度的歡樂和悲傷。激情的愛是耗神的，有頻仍的性接觸，另一人成爲其生活的重心——所有的心思和精力都放在那個人身上。當它持續時，激情的愛是令人興奮的，但是，Berscheid和Walster指出，激情的愛很少持續著。伴侶可能持續愛著對方，但那份愛通常以不同的方式顯示出來——一種比較像友情的愛。

Berscheid和Walster指出友情的愛比較不強烈，比較平靜和緩。友情的愛可以接納其他的人，其它的關係，和擁有不同於浪漫愛之歡愉。友情的愛侶的性接觸雖然沒有激情的愛侶多與強烈，但他們十分滿足於他們的性接觸。信任通常是友情愛的基礎，友情的愛侶也比較忠誠於他們的承諾。從這個分析，我們可以知道Berscheid和Walster主張友情的愛較穩定，也較不易碎。

社會學家J. A. Lee認爲愛有六種典型（註24）。Lee說「性愛型（eros）」是激情的愛的典型，重點放在身體的吸引和感官的滿足。「分享型（storge）」是友誼愛的典型，它的特徵是互相關心和有相同的興趣與理想——以互相信任爲基礎的長期關係。「狂愛型（mania）」是一種佔有和強迫式的愛，其特徵是缺乏安全感和依賴性——佔有愛侶，而且容易嫉妒。「無私型（agape）」是無我的愛，願爲伴侶犧牲個人的利益——無我的愛只管付出不求回報，他們將傾其所有和愛侶分享，並且致力於使伴侶快樂。「實際型（pragma）」是一種講求實際的愛，其特點是重視回報，「遊戲型（ludus）」是遊戲的愛，將愛情看成是一種樂趣，以遊戲人間的態度對待愛情，遊戲型的愛喜歡玩弄感情，伴侶不知其是否眞心，關係不穩，沒有眞實的承諾。

以上三種分析的共同觀點是，激情的愛最能促動關係的建立，而友情的愛則比較能維持長遠的關係。

事實上，大部分的分析均對年輕愛侶提出一個忠告，那就是不要讓性阻礙愛情關係的發展。有些人——特別是在激情關係的早期

——會將性行當成是一種愛情關係，以致於混淆了性和持久的關係。雖然好的性關係是持續關係的重要部分，但是許多不良的關係發生在激情消失之後。

一樁美好的婚姻是最理想的親密關係。在美好的婚姻中，伴侶彼此的相處十分滿意。心理學家J. D. Bloch對兩千位以上的美國人做調查，指出有40%的已婚者認為他們的配偶是他們最好的朋友（註25）。在另一樣本中，有88%的已婚男人和78%的已婚女人認為他們的配偶是他們最親近的人（註26）。

美滿的婚姻在於能保持蜜月時期的快樂，能認清現實，並且能有所調適。蜜月時期的快樂包括結婚時所有令人興奮的事以及持續數星期到數個月的「諸事皆完美」的日子。但是很快地，「現實」侵入了。幾乎所有的婚姻關係在第一年變得較不熱情和不美好（註27）。在此現實的時期，許多理想一一幻滅。他們發現伴侶並不完美。從生活小事，如，打鼾、咬指甲、堆積髒衣服，到比較大的事，如，不願妥協、太過於沒有意見或太武斷等等，使得他們懷疑如何能和這個人生活一輩子。美滿的婚姻在於能互相調適。人不只要學習包容配偶的錯誤，也需學習尊重彼此的差異，雖然這些差異令人不舒服。在此時期，夫妻愛取替或伴隨羅曼蒂克的愛。

縱使在調適良好的婚姻中，夫妻彼此獲得的東西仍然是不平衡的。男性和女性的親密需求不同。雖然已婚婦女認為配偶是他們最親密的朋友，但是女人仍需要親密的女性朋友來滿足他們的需求。相對地，男人則認為在他們生活中的所有關係，太太給予他們的滿足和感情的支持，遠勝於鄰居、同事、老闆、父母親、手足或同性、異性朋友（註28）。

練習——關係的分析

自我練習

列出這一、兩天來和你談過話的人的名單。把名單分類，那些是陌生人？認識的人？朋友？親密朋友？那些是以角色為基礎的關係，那些是由你主動引起的關係？

團體練習

1. 討論你如何界定一個人是認識的人、朋友或親密朋友。什麼因素使得一位認識者成爲朋友以及使得朋友變爲親密朋友？
2. 比較你和認識者、朋友溝通的特質。注意在這兩種情境中，閒談和分享感情時有什麼不同？

關係的生命週期與溝通

雖然沒有兩種關係完全以相同的方式發展，不過研究人際關係的學者發現，關係的發展有其「生命週期（life cycle）」的階段性。Mark Knapp, Steve Duck, Dalman A. Taylor, Irwin Altman和Leslie Baxter都是研究關係生命週期的著名學者。雖然他們使用的術語不同，他們的研究均指出人際關係的發展階段，包括開始或建立階段、穩定階段和瓦解階段（註29）。

關係的開始或建立

開始或建立關係最主要的是必須提供資訊。我們提供自己的資訊使別人能較正確的認識我們，我們尋求別人的資訊以便決定是否要和他們發展關係。Charles Berger和James Brada稱此分享資訊需求的理論爲「不確定性縮減」理論（註30）。

所有的關係以不確定性開始。如果我們對他人一無所知，我們會不知如何對待他，因爲無法預知他或她的行爲。當我們獲得資訊時，可以理性的判斷如何對待他們。我們使用的策略有被動的、主動的和互動的。觀察一個人如何和他人產生關係是被動策略（passive strategy）、向別人打聽你所感興趣的人是主動策略（active strategy）、和這人交談並和他分享有關自己的資訊是互動的策略（interactive strategy）。

在所有文化中，減少不確定性對早期關係的發展似乎都是重要的。某些文化中的人可能使用被動策略獲取資訊；有些文化中的人可

人們被有相似社會興趣、工作興趣、相同背景、態度和價值觀以及個性的人所吸引。

能使用主動或互動策略（註31）。

大部分的人依賴資訊以預測溝通的可能結果。我們關心溝通的結果是正面或負面的。不只是一個人對另一個人瞭解有多少，更重要的是那個人想知道多少（註32）。

依據Knapp和Taylor和Altman所提出的分類（註33），我們將從吸引、開始交談、持續交談和邁向親密朋友的角度檢視開始或建立關係時的溝通技巧。

吸引

上大學、在公司上班、在教堂作禮拜或聚會和參加俱樂部等，均是有利於認識別人的情境。然而，不管你是在二十五個學生的課堂上，還是在十五個人的教室，亦或是在祈禱團體中，甚至是在好幾百人的場所，你可能只被少數的人所吸引（attraction）。人們互相吸引的第一眼常常以身聽特徵爲基礎。

但是身體的吸引只是進入關係的一扇門。人們也被有相似的社會興趣、工作興趣、相同背景、態度和價值觀及個性的人所吸引。有愈多相同的興趣愈容易彼此吸引。但是一般人所認爲的共通點（基於初步的知覺）可能不是正確的。即使對於共同興趣的初步判斷是正確的，其它因素也可能影響關係。當這些吸引的因素逐漸消失或發現不符實之後，關係將受阻。

關係也可以建立在個性的不同上。「異性相吸」和「物以類聚」的說法一樣有道理。從理論上來說，關係有賴彼此需求的滿足，人們可能被完全不同的人和相似的人所吸引以滿足他們的需求。因此，當兩個人的差異被視爲是互補（complementary）的時候，他們會互相吸引。如果一個人的每一種個性特質和另一個人都不一樣，但每一個特質都能滿足另一人的需求，這兩個人就是互補的。一個非常外向的人和一個非常內向的人，雖然個性上相反，也可能互相吸引，因爲他們「適合」在一起——每個人都能滿足另一人的需求。然而，除了這些互補的需求，或不同點之外，也必須有一些相似性，關係才能發展。

開始交談

不論你覺得某人多麼吸引你，直到你和那人談話，關係才開始建立。對許多人而言最困難的是最初的互動，因爲那人雖然吸引你，但他是個陌生人。許多人非常害羞，雖然就在吸引他們的人旁邊，他們不願或害怕說出任何話。因此，建立關係的第一步是鼓起勇氣找話說。

最初幾分鐘的交談對於關係的發展有相當大的影響。你很少有第二次的機會來製造第一印象。你如何和陌生人開始交談以建立正面的第一印象？雖然去認識一個人聽起來是容易的，但是許多人在與人見面時，舌頭就幾乎打結了，結果呢，製造了一個糟糕的第一印象。對那些和陌生人開始交談有困難的人來說，下列四個策略可能有用。每一個策略都是以問題的形式出現，以便能邀請他人有所反應。當對方愉快的回答你的問題時表示他願意繼續交談。拒絕回答或冷淡的回答可能表示這人現在並不想談話。

正式或非正式地介紹你自己　最簡單的開始交談方式是介紹你自己。例如，「嗨！我叫Gordon。你呢？」這種方式可能顯得陳腐但有效。假如你覺得自我介紹不自在，你可以請朋友介紹你。

談談物理情境　一個常見的開始交談的方式是談談物理情境。一個最古老也最有效的策略是談天氣，例如，「這種天氣眞不適合比賽，不是嗎？」其它提及情境的有「這個地方裝飾得眞漂亮，不是嗎？」「我很驚訝他們在這種氣候還能把花園維持得這麼漂亮。」和「Darlene和Verne把這個家重新整理得太好了。你在重修前看過嗎？」

談談你的想法或感覺　另一個直接接觸的方式是談談你的想法和感覺，如，「我好喜歡宴會，你呢？」、「我也住這一層樓——這些樓梯對我有些困擾，你覺得呢？」和「這兒好像空氣不流通？」

談談另一人　「Pia是位盡責的女主人，你認識她久不久？」、「以前好像沒見過你——你從事銷售業嗎？」

持續交談

一旦兩人開始交談，他們可能談些不具威脅性的話，也就是，「閒聊（small talk）」。閒聊是早期關係的典型談話型態，能滿足社會需求，這種談話冒險性低，自我和感情的表露均低。閒聊同時提供進行到下一階段關係的基礎。

第一種閒聊只是單純的交換意見。在意見交換的溝通（idea-exchange communication）中，人們分享事實、意見和信念，這些常常反映出個人的價值觀。意見交換是新認識的人或朋友間常見的溝通形式。在辦公室裏，Pete可能問Walt昨晚的運動比賽得分的情形，Gabrielle可能和Louise談論新車，而Jamal可能和Teresa討論選舉。或者，更嚴肅一點的話題，Pierre可能和Gloria談論美國在中東所扮演的角色，或Dave可能尋問Bill有關墮胎的看法。雖然談論外交政策和墮胎比談論運動比賽得分或車子有「深度」，這兩種交談都是意見交換。這種溝通在早期的關係是重要的，因爲你藉此瞭解別人的思想，重估自己的吸引力，且決定是否要讓關係成長。

第二種閒聊是道人長短（gossip）——談論兩人都認識的人，但是談論的內容未必正確。如，「你認識Joel嗎？聽說他有個好棒的工作」、「你能相信Mary Simmons和Tom Leavitt在一起嗎？他們過去好像一直相處得不好」和「我姊姊眞的好認眞地在減肥。我前幾天看到她，而她談的都是節食的問題」等都是閒聊的例子。這種閒聊發生於各種關係之間，但是最常見於早期關係，因爲這種閒聊相當安全。你可以和另一人閒談很久，而沒有談到自己也不瞭解對方。閒聊可能是一種和你認識但不想也不需與之深交的人愉快地消磨時間的方式。這也是探索是否要繼續交往的安全方式，因爲經由閒聊能知道雙方的觀點是否類似。

當然閒聊可能懷有惡意。如果交換的資訊是錯誤的，閒聊可能傷害當下的關係和其它的關係。不過閒聊是一種和別人親切地互動而不必有個人情感涉入的方式。這就是爲何宴會裏的交談大多是閒聊了。

邁向親密

除了閒聊，那些希望發展親密關係的人將會談比較深入的想法和分享感覺。經由分享感覺和自我表露的過程，你可以對另一個人有所瞭解。雖然希望和許多人分享感覺是不切實際，也不適當，但是能和一些人分享感覺是非常有益的。當人們能從和別人相處中獲得滿足，能分享看法和感情時，他們的友誼也就成長了。

關係逐漸親密時，人們開始分享感情和談論非常私密性的問題。在此階段，人們會向對方尋求協助。他們能在一起談好幾個小時，分享生活中的喜悅和悲傷。在（第6章）〈思想與情感的溝通〉中，我們將討論自我表露、感情的描述和自我肯定。

隨著關係的發展，需要有不同的溝通型態，這些溝通型態從非個人的——表面的（impersonal-superficial）」一直到「個人的深層的（personal-deep）」的連續尺度上。親密關係需要付出時間與相互的信任，很不容易達到。因此人們在任何時候通常只能有一到兩位眞正親密的朋友。

關係的穩定

當兩個人有了滿意的關係，不論是認識的人、朋友或親密朋友，他們將期待穩定：讓某種程度的關係維持一段時間。當兩個人能互取所需且互相滿足，則能夠有穩定的關係。例如，你可能有一位工作上認識的朋友，當你在企劃案上需要協助時，你能信賴他，而那人也認為你十分可靠。雖然你們偶而在工作上一起用午餐或者在公務場合交談，但你們沒有其它關係。

人們常常在和另一人相處久了之後，會忘了原本用來建立關係的行為。我們常聽到夫婦說：「當初我們在一起時，他（或她）常送禮物給我——現在他（或她）再也不送了。」當然，正處於關係發展中的人會有一些不合現實的行為。但是當這些行為完全都消失時，關係

◆經由感情的分享和自我表露的過程，你能認識和瞭解另外一個人。

可能會受到傷害，特別是沒有其它愛的表示時。就像我們最常聽到的：「他（或她）再也不說我愛你了。」

一旦關係建立之後，使關係持續的重要方法是營造正向的溝通氣氛，特別是在溝通重要的或敏感的問題時。所謂「正向的溝通氣氛」，是指能促進雙方成功地進行討論的氣氛。Daniel Canary和Laura Stafford的研究指出維持策略（maintenance strategies）和平等的溝通是相連的（註34）。描述性的、坦誠的、有保留的和平等的溝通，有助於形成正向氣氛。

描述性的陳述

人際關係在描述性而非評價性的溝通氣氛下成長（註35）。描述性的陳述（speaking descriptively）是指以客觀的言語說出你所看到的或聽到的，不過在技巧上很難做到。當你認爲自己是在描述時，很可能被認爲是在評價或在批判。假如Hayley和Juan一起走出銷售策略會議時說：「Juan，每個人都知道那是差勁的構想。」那麼她便是在做評價性的陳述。用「差勁的」來形容Juan的構想，並不是描述性的說法。那麼什麼是描述性的說法呢？如果Hayley說：「Juan，你的構想我們幾週前談過，每個人都認爲這個構想沒有考慮經濟的現實性——那也是爲什麼Doreen和Ivan不重視這個構想的原因。」她說明了Juan所做的和爲什麼他受到否定。

評價如何影響關係呢？首先，評價沒有提供訊息，它只是對所說或所做的進行批判。資訊不足易產生誤解。人必須依據資料來瞭解別人所做的評論。在交談時，人們傾向於省略資訊（即描述性資料）。例如，在緊張時刻，教練可能把Arnold叫下場並且告訴他：「再繼續逞英雄，你就得永遠坐冷板凳。」Arnold也許知道他在攻擊或防禦上犯了一些錯誤，但是「逞英雄」的說法則無法讓他瞭解什麼行爲令教練生氣。如果教練說：「Arnold，你沒有遵守計劃。你最後兩次拿到球，你有機會傳給別人——但是兩次你都在沒有把握下逕自射籃。這種自私的逞英雄式的打法將叫你永遠坐冷板凳。」如此一來Arnold將比較瞭解教練的批評。

其次，評價性敍述易引起他人的防衛行爲，特別是針對個人的評價，或對他人意見的否定。防衛（defensiveness）是個人感受到威脅時所產生的負向感覺與行爲。例如，當Henry和Susan看完一齣音樂喜劇，Henry說：「這個表演眞令人感到愉快。」Susan不以爲然的答道：「令人愉快？你的品味眞沒水準——我好久沒看過這麼差勁的專業表演了。」Henry喜歡這齣歌劇，而Susan那不懷好意的評價，對

基本溝通技巧

技巧	用途	步驟	範例
描述性陳述			
以客觀語言陳述你所看到的或所聽到的	創造或促進支持性的氣氛	1. 思考即將要說的話 2. 思考用詞中是否含明顯的或暗示性的評價 3. 重新使用沒有評論性的句子	不可以說：「你對Maye講的話笨極了。」應該說：「你告訴Maye說可搬來一起住。你是否想過如果她答應的話，床要擺那兒？」
平等			
視每個人都是和自己一樣有價值的人	創造或促進支持性氣氛	1. 思考即將要說的話 2. 思考用詞中是否有明顯的或暗示你比對方優越 3. 重新使用不同聲調的句子	不可以說：「等你成熟些，你將知道如何處理這些情況了。」而應該說：「那很難處理，但是處理困境幫助你汲取經驗——我們都需要經驗來處理特別的情況。」

Henry既否定又攻擊，必然會引起Henry的防衛反應。Henry可能強烈地反駁，或生氣地不再和她溝通。不論何者，溝通的氣氛均被破壞，至少暫時是如此。

描述性陳述有兩種：(1)行爲的描述（「你知道當你快樂時，眼睛會發亮嗎？」或「你知道當你指出我犯的錯時，你的音量增加了多少嗎？」）；和(2)感情的描述（「當你像那樣看我時，我覺得內心好溫暖」或「當你使用那種聲調時，我覺得非常生氣。」）在（第6章）中將再說明情感的描述，在（第8章）中也有更多關於描述行爲的說明。

以平等的態度陳述

當人們彼此平等對待，而不是顯露出高人一等的姿態時，關係才能成長。很多時候，人們爲了滿足控制需求，而製造互補的關係。有些人以爲他們的地位比周遭的人優越。部門主管或家庭的長者可能認爲他們有權力用對待下屬的方式與人說話。不論他們憑什麼而覺得優越，這種姿態時常導致負向的溝通氣氛，特別是當對方不認爲他們有權優越的時候。以平等的態度溝通，是對他人的一種尊重。

平等的溝通中不會在語言或非語言上顯現出對立。避免優越性敍述的方法是想想有什麼理由要別人順從於你。在工作中，老闆是比秘書優越。但是優越並不表示老闆是比較好的一個人，也不表示高的職位有權將屬下視爲卑下的，而不尊重他們的感情和需求。所以，不能說：「Bethany，馬上寫這封信——我要你20分鐘內完成。」老闆應該說：「Bethany，這封信來不及寫了，它應該在3點寄出。你能在2點半前打好給我嗎？」即使說話者是老闆，第二種敍述說明了理由，同時老闆也自己承擔來不及寫的責任。

除了要小心選擇語言外，也要小心音調、面部表情、衣著和態度的影響。透過語言和動作顯示我們是平等的人類——沒有好壞之別——也才可以營造出正向的溝通氣氛。傾聽他人的意見與尊重別人所說的話，便是一種平等的態度。

坦誠地陳述

坦誠地陳述（speaking openly）是指分享眞正的思想和感情而沒有任何心機或隱含的訴求。人際關係在訴求（agenda）明白的狀況下，即溝通的主題或目的相當明朗時能有較佳的成長。假如Rosa正和Brent在說話，她要謝謝Brent提供她完成報告所需的資料。談話的明顯理由——即訴求——是謝謝Brent。在我們的人際溝通中，有時候我們在談話之前便已預設訴求，有時候訴求則是在談話中才形成。

談話者的訴求有時候隱藏在動機之下，稱之爲「隱藏的訴求（hidden agenda）」。假定Rosa一直在找Brent，想知道他如何策劃公司的音樂，Rosa和Brent談話的眞正理由便是隱藏的訴求。

溝通雙方都能互相瞭解他們的談話內容時，才能建立好的關係。當人們的談話理由不坦白時，將會產生溝通的障礙。有些情況中，將訴求隱藏起來，可能是一種策略、禮貌或爲了減少緊張。例如，Rosa可能覺得直接問Brent關於宴會的事太窘，所以她假藉謝謝Brent的機會，希望他會透露負責宴會的事。這個隱藏的訴求顯然對Rosa有利。但是當眞的訴求洩露時，她這種繞圈子的溝通可能會傷害到他們的關係。他將氣她不夠坦誠，並且氣她不信任他。

當隱藏的訴求被發現時，信任關係可能就此受損或斷喪，建立良好關係的機會也因此喪失了。因此，直接地面對難題通常是最好的策略。假如Rosa眞的需要知道Brent對宴會音樂的準備情形，她可以有兩個訴求，這兩者都需公開。例如，在謝謝他的協助後，Rosa可以說：「Brent，我尚未聽說你在宴會時將準備什麼音樂。有任何進展嗎？」處理問題可能是困難的，但是至少困難僅止於問題本身而不會衍生其它的問題。

隱藏的訴求也可能變成心理遊戲（psychological games），他是破壞性的。心理遊戲是指一人企圖操縱另一人的行爲，直到操縱者得到他所想要的爲止，這通常是操縱者預料中的結果。在下列二例中，注意隱藏的訴求：

Glen知道當他在臥室抽煙時Judy會生氣，所以他在臥室抽煙，然後在Judy氣得情緒失控時再故意裝出一副無辜的驚訝狀。

* * * * *

Urie知道在提及他的前任女友Kyoka時，Ming會很不自在。所以當Ming在場時，Urie「無邪地」問：「最近有沒有誰看到Kyoka？」

上述例子，個人隱藏的訴求是要讓另一人覺得痛苦。如果引起意料中的反應，那麼就「贏」了。這種輸贏的成份即是心理遊戲的本質。

有所保留的陳述

人際關係在人們願意表明信念時成長得最快，但是有保留地陳述和武斷地陳述是不同的。「有所保留的陳述（speaking provisionally）」是指表達的意見可能是正確的，也可能是不正確的，有討論的餘地；獨斷的陳述則沒有討論的餘地。有保留的言辭有助於維持良好的溝通氣氛，武斷的陳述會中斷討論且易於製造衝突。

比較下述成對的兩個句子的差異：

「如果我沒記錯的話，Dalton上個月是銷售冠軍。」

「我告訴你Dalton上個月賣得最多。」

*　*　*　*　*

「我想你應該考慮在自己做任何事之前和Glenna談談。」

「在做任何事之前，不和Glenna談談的話，你就是白癡。」

你注意到什麼差異了嗎？每一對句子的第一個句子是有保留的陳述；第二句是武斷的陳述。爲什麼第一個句子能有較好的人際溝通？首先，暫時性的語辭比較不會招致敵意。其次，這種說法讓聽話的人知道說話者可能是錯誤的。「我告訴你」——沒有預留可能錯誤的空間；「如果我沒記錯的話」——不只預留錯誤空間，也表示只是說話者的記憶，而不是絕對正確的。

保留地說話好像顯得不肯定與不果斷，如果過度保留的話，的確是不肯定和不果斷。但是將你認爲是眞實的事陳述出來，和用可能引起敵意的方式來表達觀點是完全不同的。保留地說話允許不同的意見，也允許意見可以有不是正確的可能性。

我們已說明了四個相關的技巧——描述性的陳述、平等的陳述、坦誠的陳述和有保留的陳述，讓我們來複習應有的步驟：(1)考慮你將

基本溝通技巧

技巧	用途	步驟	範例
坦誠			
和人分享眞正的思想和感情，不操縱和隱藏訴求	創造或維持正向的溝通氣氛	1. 思考即將要說的話 2. 用詞是否會使問題模糊或提供錯誤的目標訊息 3. 供給清晰且誠實的訊息	不可以說：「Tom 我考慮調你到行銷部一陣子，以擴展你的經驗。」（不是坦誠的陳述），而應該說：「Tom 你在財務部不如我期望的好，所以我要調你去行銷部，你將能夠更直接地發揮你的才能。」
有保留的陳述			
陳述中指出你所表達的意見只是個人的觀點，有可能不完全是眞的	你能表達意見，但是知道別人可能有不同想法；有助於創造或維持正向的溝通氣氛	1. 思考即將要說的話 2. 思考是否含有表示斷言的言詞 3. 使用正確的陳述：(a)此陳述是你的意見或(b)此陳述可能不完全是眞實的或只有在某些情況下才是眞實的	不說：「賣給消費者這種產品的方式是錯誤的。」而應該說：「我不認爲那是賣給消費者產品的最好的方法。」或「我認爲在這種情況下，有更好的方法來強調產品的特點。」

說什麼；(2)檢視所說的話是否含有評價性、優越性或武斷性；和(3)如果有的話，重新組織句子。我們常常因爲不加思考而說出破壞溝通氣氛的話。記住俗話所說的「三思而後言」。千萬提醒自己，一句不經大腦的話需花好幾分鐘，好幾小時，或好幾天來修復——如果可修復的話。

關係的瓦解

有些時候不論一方多麼盼望關係能更穩定或更強化，有些關係仍然走上結束之路。有時候當關係結束時，我們會傷心；但是有時候則是一種解脫。不管感覺如何，人們應該知道如何來結束關係。運用好的人際溝通技巧可使關係破裂的傷害性減輕。

如同關係的發展有不同的階段一樣，學者們也指出關係的惡化有不同的階段（註36）。關係的瓦解（relationship disintegration）可從三個階段來看：開始覺得不滿意，感情變淡和結束。

開始覺得不滿意

關係變弱的第一個徵兆是偶而有不滿意的感覺。開始對另一方的意見和感覺失去興趣並且開始不說「我們」而說「我」。過去能自由坦誠討論的話題，現在變成衝突的來源。關係中有與日俱增的「易怒的」話題，開始累積沒有解決的衝突。

爲什麼會這樣呢？有時候是因爲太急於發展更進一步的關係，而雙方還沒準備好承擔較深的關係。年輕人常常爲了嘗試長期的親密關係，而疏忽一些訊息。例如，Giselle和Leroy相遇並且發現彼此都喜歡饒舌音樂和舞蹈。當他們發展關係時，他們發現其它的相似點，於是認爲「他們是天造地設的一對」。很快地，他們在一起了，且相信他們會終生厮守在一起。

然而不久，他們都發現一些以前似乎未注意到的地方。例如：Giselle喜歡有很多朋友——她常常安排他們和另外的人一同外出；她也喜歡宴會。Leroy呢，喜歡單獨和Giselle在一起。突然他們發現彼此不喜歡另一人的享樂方式。當兩次、三次、四次或更多次這種差異發生後，他們便會知道他們其實不像所想的那麼步調一致。當他們發現無法解決這些差異時，他們開始不滿意對方。

通常差異的發生是因爲人改變了。例如，Leroy說：「Giselle，你過去總喜歡和我去看比賽的——過去，我們常常一起看足球和籃球賽。」Giselle答道：「沒錯，我以前是喜歡，但現在不喜歡了。我並沒有騙你，只是我改變了。」或者Giselle說：「Leroy，你以前總是喜歡和我的家人去渡假的。」Leroy答道：「沒錯。我以前眞的喜歡，但現在不喜歡了。」

感情變淡

當關係日漸惡化，感情就開始變淡（drifting apart）。他們的溝通從深層的思想和感情的分享轉變成閒談，談「安全的」話題，以及變成完全無意義的溝通。從曾經有那麼多可以分享轉變成完全無話可說好像很奇怪。但是在此階段，人們不覺得有努力營造或維持關係的必要。他們不只不再對交換思想感興趣，他們可能開始避免在一起，另找他人去分享興趣和活動。此階段沒有敵意，只是漠不關心。

有些已婚夫婦長久處於這種關係。爲什麼有人會處於這種關係呢？有些人是爲了孩子，有些人維持這種關係則是因爲經濟上的好處，更有其他的人是因爲宗教信念。換句話說，關係繼續提供個人一些需求的滿足，即使這種關係並不能滿足親密的人際需求。

結束

關係惡化的最終結果是結束（ending）。當人們不再互動時，關係就已結束了。C. R. Cupach和S. Metts表示，人們有很多理由結束關係，包括不良的溝通、缺乏成就感、不同的生活型態和興趣、拒絕在一起、外界的干預、付出沒有收穫和厭煩等（註37）。

不幸地，當人們決定結束關係時，他們總是找理由來責備對方，而不是尋找公正的方法讓關係有個合宜的結束。當這種情形發生時，其它的關係通常也受到影響。根據Leslie Baxter的觀點，在結束關係的階段，人們可能會使用操縱的策略、退縮／逃避、正向的溝通或坦誠面對來處理關係（註38）。

操縱策略（manipulative strategies）　故意顯現嚴重不忠實的證據，使對方不得不對關係的結束採取行動。這些策略是操縱性的，因爲他或她害怕對自己的行動負責並讓自己成爲「受害」的一方。假定Paul想終止婚姻，但是不願意對提出分手負責任。在未來的幾個月之中，他有意的讓他的太太聽到他和另外的女人的外遇，並且故意在他的襯衫上留下別的女人的口紅印和香水味。總有一天，他太太可能就會「踢他出門」。這是一種不好的策略，是極端不誠實的。

退縮／逃避策略（withdrawal／avoidance strategies）（不知道就不會有傷害） 是一種達到目標的間接方法。假設Judy和她的父母關係惡劣，特別是她母親，即使Judy已25歲而且已經大學畢業，她仍繼續想左右Judy的生活。爲了終止這惱人的關係（你不能完全和父母脫離關係），Judy接受一份在別州的工作，在那兒她可以避免和她的父母（母親）見面，除了一年或許見一次面。雖然退縮／逃避好像是一種人際問題的解決方法，但是並沒有眞正地處理引起人際困擾的問題。

正向溝通策略（positive tone strategies）（我／我們都受益，但是時間沖淡了一切） 是指刻意地使用正向的溝通策略。下面的例子是以坦誠與尊重對方的態度，來進行關係的結束：「Geoff，我們在一起很久了。我想我們都喜歡我們的關係。我珍惜我們的友誼，但是我覺得對你不再有浪漫的感覺。雖然這是令人難過的，但是我很尊重你，我也必須面對我的感覺，我希望我們的友誼能繼續存在。」

坦誠面對策略（open confrontation strategies）（誠實評估） 是直接而肯定的處理關係的方法。和正向溝通策略一樣，坦誠面對問題也是誠實的方法。誠實需要勇氣，但是這對人際關係是重要的，它讓別人知道自己的立場。假定Jennifer想要終止和Marshall一對一的關係，但是她希望他們仍然有良好的關係。有一天晚上她對Marshall說：「我想要你知道我很喜歡我們的關係，幾個星期以來，我覺得雖然我很喜歡你，但是我不認爲我們有足夠的條件來保證成功的婚姻。我想我們應該重新看看我們的關係。」

練習——關係發展階段的分析

自我練習

1. 將下列敍述予以分類：(1)評價的(E)；(2)武斷的(D)；(3)優越的(S)；(4)操縱或具隱藏的訴求(M)。重寫每一個敍述使成爲描述性的、平等的、坦誠的或有保留的陳述。第一題是範例，當你完成後，把你修正的部分和班上同學分享。

D (a)「Shana，關掉收音機！沒有人可以邊讀書邊聽收音機的！」

重寫：「Shana，我建議把收音機聲音關小或關掉。你會發現沒有干擾時書會讀得比較好。」

_ (b)「你曾聽過這麼寒酸的點子嗎？它就像在一場正式的婚禮中使用紙盤子。」

_ (c)「那個廣告案將永遠賣不掉。」

_ (d)「噢，Jack——格子配條紋，這樣搭配眞滑稽，我想你就是這種人！」

_ (e)「Malcolm，你做事像小孩。你要學著用腦袋。」

_ (f)在去見Gavin前只剩很短的時間，Tori說：「Lydia，我想這兒沒有你適用的東西。我們下週再找個時間去Northgate商場試試。」

_ (g)「你可能認爲你知道如何處理情況，但是你不夠成熟，我知道什麼事對你好。」

答案：(b)E (c)D (d)S (e)E (f)M (g)S

2. 想想上一次你和別人所進行的長時間的討論。什麼樣的論點幫助或阻礙那個討論的效果？

3. 以你的五個朋友做例子。你們在那種情境初識？是什麼吸引你去認識他們？當關係發展時，那方面的特質最具吸引力？

4. 以你認識的五個人爲例。列出和認識的人的溝通方式及和朋友的溝通方式不同的地方。

5. 想想最近惡化的人際關係。你何時注意到關係開始惡化？在惡化的階段，有什麼樣的溝通行爲？

生活記事

1. 想想最近的兩次互動。其中一次有正向的溝通氣氛，一次爲負向的溝通氣氛。盡量回想每一次的對話，逐字寫下來並予以分析。計算屬於描述性陳述和屬於評價性陳述的句子。是否有隱藏的訴求。數一數有保留的話和武斷的話。有那些平等的互動和顯示優越感的話語。討論所得結果。想想你運用本節說明的四種技巧的情形，對於你所經驗到的溝通氣氛，有何影響？
2. 想想你曾結束的人際關係。本節所討論的四種策略，那一種是你用來結束關係的方法？是否能以互相尊重的方式進行？或者那種情況，使你覺得不舒服？在記事中寫下你用來終止關係的方式的感覺。如果你認爲你的方式是正向的，討論是什麼使你有那種感覺。如果你認爲你的方式是負向的，討論你可以有什麼不同的方式。寫出比較有效的人際溝通對話。

摘要

人際溝通的主要目的是發展和維持關係。好的關係是指和另一人有彼此滿意的互動。

關係可以建立、維持穩定和瓦解，視溝通的性質而定。有兩個人際關係理論可用來解釋關係的動力。Schutz從感情需求，歸屬需求和控制需求的觀點來說明人際關係。Thibaut和Kelley 的交換理論指出人們根據投資報酬分析來衡量精力、時間和金錢的投資與所獲得的滿足來評價人際關係。

人與人之間有三種關係。認識的人是我們知道姓名和談過話的人，但是互動的質與量有限。朋友是我們自願花時間相處的人。友誼的特質爲溫暖、感情、信任、自我表露、承諾和期待關係的持久。親密朋友是我們與之分享內心情感，花大量的時間和他們相處的人。親密的關係包括家人關係、男性關係、女性關係及男女關係。

關係有生命週期，包括關係的開始或建立，關係的穩定和關係的結束。在開始或建立時期，人們互相吸引，開始談話，談話持續，和邁向親密。人們藉由描述、平等、坦誠和有保留的技巧來培養良好的人際關係。很多人際關係會走向結束；我們可能以正確的人際關係技巧來終止關係或以破壞性的方式來終止關係，以致於失去了維持某種關係的機會。

目標陳述

就描述性、公平性、坦誠、有所保留的陳述等技巧中，選擇你想增進的技巧，請依（第1章）第29頁的目標陳述原則，寫下你的目標。

建議讀物

Huseman, Richard C. and Hatfield, John D. (1989), *Managing the Equity Factor: Or 〝After All I've Done for you ……〞*, Boston. Houghton Mifflin Company.

註釋

1. Steve Duck and Robin Gilmour, eds., *Personal Relationships* (London: Academic Press, 1981), p. 2.

2. William Schutz, *The Interpersonal Underworld* (Palo Alto, Calif.: Science and Behavior Books, 1966), pp. 18–20.

3. Sarah Trenholm, *Human Communication Theory*, 2nd ed. (Englewood Cliffs, N.J.: Prentice Hall, 1991), p. 191.

4. Marvin Shaw, *Group Dynamics: The Psychology of Small Group Behavior*, 3rd ed. (New York: McGraw-Hill, 1981), pp. 228–231.

5. John W. Thibaut and Harold H. Kelley, *The Social Psychology of Groups*, 2nd ed. (New Brunswick, N.J.: Transaction Books, 1986), pp. 9–30.

6. Trenholm, p. 72.

7. Brian R. Patterson, Lorraine Bettini, and Jon F. Nussbaum, "The Meaning of Friendship Across the Life-span: Two Studies," *Communication Quarterly* 41 (Spring 1993): 145.

8. See M. Prisbell and J. F. Andersen, "The Importance of Perceived Homophily, Level of Uncertainty, Feeling Good, Safety, and Self-Disclosure in Interpersonal Relationships," *Communication Quarterly* 28 (Summer 1980): 22–33. They reinforce the importance of many of the characteristics we have listed.

9. Patricia Noller and Mary Anne Fitzpatrick, *Communication in Family Relationships* (Englewood Cliffs, N. J.: Prentice Hall, 1993), p. 19.

10. This "circumplex model" of family life, developed by David Olson and colleagues, explains specific aspects of the family functioning process. D. H. Olson, D. Sprenkle, and C. Russell, "Circumplex Model of Marital and Family Systems, I," *Family Process* 18 (1979): 3–28. Update: D. H. Olson, C. Russell, and D. Sprenkle, "Circumplex Model of Marital and Family Systems, VI," *Family Process* 22 (1983): 69–83.

11. J. H. Pleck, "Man to Man: Is Brotherhood Possible?" in N. Glazer-Malbin, ed., *Old Family/New Family: Interpersonal Relationships* (New York: Van Nostrand, 1975).

12. Julia T. Wood and Christopher C. Inman, "In a Different Mode: Masculine Styles of Communicating Closeness," *Journal of Applied Communication Research* 21 (August 1993): 291.

13. L. R. Davidson and L. Duberman, "Friendship: Communication and Interactional Patterns in Same-Sex Dyads," *Sex Roles* (August 1982): 820.

14. E. J. Aries and F. L. Johnson, "Close Friendship in Adulthood: Conversational Content Between Same-Sex Friends," *Sex Roles* (December 1983): 1189.

15. Michael E. McGill, *The McGill Report on Male Intimacy* (New York: Holt,

Rinehart and Winston, 1985).

16. R. R. Bell, "Friendships of Women and Men," *Psychology of Women Quarterly* (Spring 1981): 404.

17. R. A. Lewis, "Emotional Intimacy Among Men," *Journal of Social Issues* 34 (1978): 108–121.

18. J. W. Hodgson and J. L. Fischer, "Sex Differences in Identity and Intimacy Development," *Journal of Youth and Adolescence* 8 (1979): 47.

19. "Psychology Revising Its View of Women," *New York Times*, March 20, 1984.

20. Wood and Inman, p. 280.

21. Letty Cotin Pogrebin, *Among Friends: Who We Like, Why We Like Them, and What We Do With Them* (New York: McGraw-Hill, 1987), p. 17.

22. R. J. Sternberg, "A Triangular Theory of Love," *Psychological Review* 93 (1986): 119–135.

23. Ellen Berscheid and Elaine Walster, *Interpersonal Attraction*, 2nd ed. (Reading, Mass.: Addison-Wesley, 1985).

24. J. A. Lee, *The Colors of Love: An Exploration of the Ways of Loving* (Don Mills, Ont.: New Press, 1973).

25. J. D. Bloch, *Friendship* (New York: Macmillan, 1980).

26. J. L. Fischer and L. R. Narus, Jr., "Sex Roles and Intimacy in Same Sex and Other Sex Relationships," *Psychology of Women Quarterly* (Spring 1981): 449.

27. Noller and Fitzpatrick, p. 178.

28. M. Argyle and A. Furnham, "Sources of Satisfaction and Conflict in Long-Term Relationships," *Journal of Marriage and the Family* 45 (August 1983): 490.

29. See Mark L. Knapp, *Interpersonal Communication and Human Relationships* (Boston: Allyn & Bacon, 1984); Dalman A. Taylor and Irwin Altman, "Communication in Interpersonal Relationships," in Michael E. Roloff and Gerald R. Miller, eds., *Interpersonal Processes: New Directions in Communication Research* (Beverly Hills, Calif.: Sage, 1987), p. 259; and Steve Duck, "How to Lose Friends Without Influencing People," in Roloff and Miller, eds., *Interpersonal Processes: New Directions in Communication Research*, pp. 290–291.

30. See Charles R. Berger and James J. Brada, *Language and Social Knowledge: Uncertainty in Interpersonal Relations* (London: Arnold, 1982).

31. William B. Gudykunst and Young Yun Kim, *Communicating with Strangers: An Approach to Intercultural Communication*, 2nd ed. (New York: McGraw-Hill, 1992), p. 194.

32. Kathy Kellermann and Rodney Reynolds, "When Ignorance Is Bliss: The Role of Motivation to Reduce Uncertainty in Uncertain Reduction Theory," *Human Communication Research* 17 (Fall 1990): 67.

33. For instance, whereas Mark Knapp, one of the first communication researchers to study building and deteriorating relationships, describes the development of a relationship as having five stages (which he labels initiating, experimenting, intensifying, integrating, and bonding), Dalman A. Taylor and Irwin Altman describe the

development of a relationship as having four stages—orientation, exploratory, effective exchange, and stable exchange.

34. Daniel J. Canary and Laura Stafford, "Relational Maintenance Strategies and Equity in Marriage," *Communication Monographs* 59 (September 1992): 259.

35. A good background of descriptive versus evaluative, provisional versus dogmatic, and equal versus superior is laid in Jack R. Gibb, "Defensive Communication," *Journal of Communication* 11 (September 1961): 141–148.

36. Although both Knapp and Duck describe deteriorating relationships in four or five steps, they use different labels. Knapp calls them circumscribing, stagnating, avoiding, and terminating; Duck calls them breakdown phase, intrapsychic phase, diadic phase, social phase, and grave-dressing phase. See Mark L. Knapp, *Interpersonal Communication and Human Relationships* (Boston: Allyn & Bacon, 1984), and Steve Duck, "A Topography of Relationship Disengagement and Dissolution," in Steve Duck, ed., *Personal Relationships 4: Dissolving Personal Relationships* (London: Academic Press, 1982), pp. 1–30.

37. C. R. Cupach and S. Metts, "Accounts of Relational Dissolution: A comparison of Marital and Non-marital Relationships," *Communication Monographs* 53 (1986): 319–321.

38. Leslie Baxter, "Strategies for Ending Relationships: Two Studies," *Western Journal of Speech Communication* 46 (1982): 223–241.

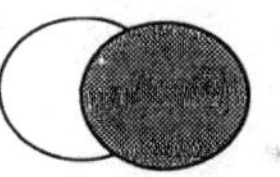

思想與情感的溝通

☞ 目 標

讀完本章之後，你應能解釋或說明下列各項：

1. 有效對話的特質
2. 交談的連貫性
3. 輪流說話
4. 自我表露
5. 文化和性別的考量
6. 自我表露的原則
7. 描述感情
8. 流露感情和描述感情的差異
9. 擁有感情

Iris剛看完學位授予所需條件的變更項目。她担心這些改變將會影響她和其它低年級學生。在和幾個同學午餐時她開始談論這個主題：

她說……。

Luther剛被交往幾個月的女人拋棄了。關係的結束使他深感痛苦，因為他感情投入己深。那晚他和朋友Phil談到他悲傷的感覺。

他說……。

Iris和Luther正要開始談話。但是他們的訊息性質完全不相同。爲什麼？Iris將就學位授予條件的改變結果和同學分享意見，所以溝通的效果將視她所呈現的資訊品質而定。Luther將和朋友分享分手的感覺，所以溝通的效果視他表露自己和描述感情的能力而定。

雖然溝通是動力的，是雙方互動的歷程，但是仍然依賴其中一位參與者引導談話的主題。即使在取與予的互動狀態下，還是會有其中一個人以表達思想和感情爲主，而非回應別人的訊息。因此從資訊傳遞者和接收技巧的角度來思考，比較易於說明。本章，我們將討論思想的溝通、自我表露和感情的描述等溝通技巧。

思想的溝通：會話和分享資訊

我們比較尊重有效的交談者。然而我們並未能瞭解如何來改善自己的會話能力。此階段，我們檢視引發和維持交談的技巧。首先，說明有效交談者的特質，然後討論維持交談連貫性（conversational coherence）的原則。

有效交談者的特質

要成爲一位有效的交談者不是憑空而來。雖然有些人似乎具備有效交談的天賦本質，但是每個人都可以學會成爲比較有效的交談者。有效的交談者可能具有如下的特徵：

有效的交談者有豐富的資訊

雖然我們有時候認爲交談只是爲了消磨時間，但是對大部分人而言交談是獲得資訊的主要來源。John F. Kennedy是令人懷念的哈佛畢業生，他時常說他從交談中獲得許多寶貴的知識。要使交談持續而吸引人的關鍵是擁有別人所重視的資訊。曾想過當有更多的人將知識或專長與我們分享時，交談對生活的影響會有多大嗎？最近，有一群人在談論無殼蝸牛的苦境。當某人分享她歷年所蒐集的資料時，交談變得認眞起來。她仔細談到她從政府官員處學到的東西，她談到市內有心人士的倡導。因爲她的知識，整個交談必定會有意義得多。

◆有效的交談者能享受閒談中的「取與予」之過程。

你不必是某個問題的專家，才能進行有價值的交談。不過，一般而言，你知道得愈多，你成爲吸引人的交談者的機會愈大。你每天看報嗎（不只是看漫畫或運動新聞）？你是否定期閱讀至少一種報紙或特定的雜誌？有時候，你是否也看電視記錄片和新聞特別報導及娛樂、運動節目？（當然，運動和娛樂也是交談中最受喜愛的主題——但不適用於每個人。）你常去電影院、音樂會、博物館或紀念館嗎？如果大部分的答案是「是」的話，你可能有豐富的資訊可在交談時派上用場。如答案是「否」時，你可能在參與社交談話時感到茫然，廣泛吸收資訊和增加經驗，能使你發展出吸引人的見解及提供有利交談的資訊。

有效的交談者喜歡取與予的過程

最好的交談通常發生於人們享受互動時。你是否因傾聽別人的想法而興奮呢？雖然有些人認爲當他們主導談話時，是成功的交談，但是其它的人可能會覺得沒趣。眞正的交談不是單方面的傳達，而是分享意義的互動過程。在有效的交談中，你應該至少有一半的時間是個傾聽者。你曾在和人說話時提出觀點、討論，或表示不同的意見嗎？如是的話，你便能享受這個交談。而和你談話的人可以經由你傳出的非語言訊息感受到你的愉悅。傾聽和反應需要特定的技巧，在（第7章）和（第8章）中，我們再討論。

有效的交談者問有意義的問題

許多時候談話的內容決定於你如何引導另一人談話。即使你是交談中的主要資訊來源，當對方對於所討論的問題有回應時，互動才令人滿意。爲了鼓勵交換意見，你需要培養詢問的技巧。在（第8章）和（第14章）中，我們將討論發問的類型和方法。

有效的交談者有交談的計劃

雖然很多談話的主題是隨興的，但是我們的談話大都有預設的目的，只是我們未覺察而已。例如，你可能正和家人談假日旅行計劃，和教授談如何準備考試，或請朋友支持你向教會委員會提出的計劃。這些有目的地交談，需有交談計劃才能有好結果，即「先設想爲了達到目的所應該採取的行動」（註1）。因爲交談是動力的過程，你不能事先計劃每一個可能的反應，計劃通常包括開場的方法和設想如何得到傾聽者最大的回應。如果你的目標是要獲得朋友對你的計劃案的支持，你應該先預期可能的回應，並提供清楚的理由和支持性資料。

有效的交談者願意嘗試

沒有人一夜之間就變成吸引人的、機智的、具影響力的及有趣的交談者。要成爲好的交談者需要練習和冒點險。不要忽略培養交談技巧的機會——每天都能習得這些技巧。

維持交談連貫性的原則

有效交談的指標是連貫性（coherence），以及人們交談時雙方的關係程度（註2），如Stephen Littlejohn所說的「交談的關聯性和意義」影響交談進行的順暢（註3）。這個部分，我們將說明合作原則、歸功別人、輪流談話。

合作原則

爲了達到交談的連貫性，H. Paul Grice提出四個交談準則，組成他所稱的合作原則（the cooperative principle）——使談話內容符合交談的目的（註4）。Grice的準則如下：

提供足夠或需要的資訊，但不要太過量（量的準則——the quantity maxim）　資訊太簡短或太多可能造成錯誤的判斷。假如有人問爲什麼你認爲這個廣告無效，你不會含糊不清地輕易下評語，也不會因此發表了7分鐘的演講。

提供眞實的資訊（質的準則——the quality maxim）　眞實的意義不只是避免故意撒謊或扭曲事實，也要小心避免錯誤的表達。如果有人問你是否知道公司爲什麼會產生財務危機，你不會只因爲想說話而編造理由來說明。

提供切合討論內容的資訊（切題準則——the relevancy maxim）　不相關的資訊破壞交談的連貫性。如果有人問及老闆對部門的計畫時，你不會述說你和老闆相處的難題。

談話具體及有組織（方法準則——the manner maxim）　當我們提供傾聽者模糊的、矛盾的或無組織的資訊時，連貫性將受到破壞。

如果有人請你說明如何使用新的複印機，你會直接說明使用步驟，而不是令人困惑的漫談機器的特徵。

當我們察覺到人們不是依這些準則交談時，我們自己會檢視交談的狀況。例如，假定Rob和Julia站在冷水器旁，閒聊員工的待遇，當Rob說：「你知道，我們對必須捐助25元來買會議室的燈有點氣惱。」如果Julia接著說：「水沒有預期的冷。」Rob將對她的反應做如下的推論「她一定是不想談這個話題，所以她委婉地告訴我那不關我的事」。這個推論是根據她的回應所進行的意識的或無意識的分析，諸如，「Julia的回答是不相關的，但一定有其意義在，我確定她聽到我的話了，但不說出她的想法，她選擇說一些不相關的，所以我需要換個主題談」。

K. Bach和R. M. Harnish增添兩個準則，禮貌準則（the politeness maxim）和道德準則（the morality maxim）（註5）。要符合禮貌準則，說話者不能說令人不愉快或粗魯的話；爲了符合道德準則，說話者應避免洩露機密性的資訊、要求特權的資訊、要求聽者說或做不該說或不該做的或做聽者不感興趣的事。

歸功別人

與這套準則一致的溝通技巧是歸功別人（crediting others）。歸功別人意指將你的想法的出處用言辭加以註解。在學期報告中，你會對你所引用或改述的內容，加上註解或標明出處。同樣的，當你在口語溝通中若借用別人的話或想法時，你也要歸功於原來的出處。人在思想和情感被他人認可時，比較能相處得好。然而有時出於疏忽或不在意，我們會失去想要建立或維持的關係。

想想下述的情況：Jorge向Tina說：「如果他們的機構打折買進產品，然後加上抽獎卷賣出可能會賺錢。」Tina回道：「這是個好主意」。第二天，在募款委員會上，Tina說：「在打折時把電視買進，然後加上抽獎卷賣出的主意如何？我們可以賺進好幾百元呢！」整個機構立即回以「好主意，Tina！」和「Tina，你總是有好主意。」之類的評語回應。此時，Jorge，該主意的原創者，可能會覺得受傷害或不滿Tina因他的主意而受讚美。但是假如他說：「那是我的主意。」

該機構可能不會聽他的，因爲不淸楚到底是誰的主意。

在此例子中，Tina應該把功勞歸於Jorge，因爲是他想出這個主意的。如果Tina說：「Jorge有個好主意——在電視打折時買進，然後附抽獎卷賣出的主意如何？」這個機構的反應可能同樣熱烈，而且Jorge將覺得欣慰，因爲他的主意得到讚美。如果你曾因爲你的主意沒有受到尊重而受過傷害，你就能瞭解歸功於別人的重要了。

輪流談話

第三個交談連貫性的層面是精通「輪流技巧（turn taking）」——依適當的順序進行交談。Robert Nofsinger認爲輪流技巧是「參與者爲了使一個人說話轉換成另一個人說話時所用的方法」（註6）。讓我們討論一些運用輪流技巧的原則。

避免常常說話　自覺有學問的人常認爲有需要多講一些。然而由一個人操縱整個交談通常是不適當的。如果有四個人在交談，最好的方法是讓四個人有大約同樣多的談話機會。如果你發現你談話的次數是別人的兩、三倍時，你就談太多了。爲了管制自己，要先在心裏想著是否每個人都談過話了，你才可以談第二輪迴。如果你發現有人破壞這個規則，你可以幫助還沒開始說話的人，你說：「Donna，我覺得你對此點好像有話要說。」

避免輪一次的時間太長　此原則符合Grice的量的準則。人們總是對那些喜歡長篇大論的人有反感，而比較不會對取與予（give-and-take）平衡的談話有反感。當你的敍述長度超過別人的敍述甚多時，你可能就是談話的時間太長了。

注意輪流和替換的線索　S. Duncan和D. W. Fiske指出一些和順利的輪流談話有關的線索。這些包括語氣（vocal tone）的型態，像放低聲音、降低音調和表示一個觀點結束的明顯姿勢（註7）。當你觀察人們談話時，注意那些線索；然後，當你進行交談時，看你是否仍能指出那些線索。

不要流露出無意的錯誤線索　例如，你習慣於在還沒說完話時，放低聲音或在還想繼續說下去時，做稍長的停頓。這兩種情況，你都可能被打斷話，因爲放低聲音和停頓是輪流談話的線索，所以別人可能

◆有效的溝通者注意音調的變化，例如，放低聲音或降低音調，並用手勢表示一個觀點的結束。

會接話。如果你發現自己時常被打斷話時，你最好問別人是否你有流露出錯誤的線索。同樣的情況，你可能發現別人有流露出這種線索的習慣，當和這人交談時，不要打斷他的話。

注意引導交談的行為　雖然交談原則常被打破，但是一般而言，輪到講話的人，如果放棄不講，也等於是表明了應該由別人來繼續發言。例如，當Leo結束他的話說：「April，你明白他的意思嗎？」April有權發言。當然，如果沒有人主導交談行為，那麼就回到第一個人講話。

在適當情況下中斷談話　中斷談話在交談中常發生。你可能懷疑為什麼有人可以毫無困難地中斷別人的談話，而有的人不行。這跟使用的方法有關。一般而言，為了「澄清」和表示「同意」（確認）而打斷談話，是大家都能接受的（註8）。提相關的問題或澄清意思是能被

基本溝通技巧

技巧	用途	步驟	範例
輪流談話			
遵守適當的交談順序	決定說話者何時可以說話	1. 避免太常發言 2. 避免一次的輪話時間太長 3. 傾聽且注意輪流說話和交換的暗示 4. 注意不要在無意交換時，流露出輪流的暗示 5. 傾聽主導交談的行爲 6. 適當時才可打斷談話 7. 敏感察覺別人的非語言行爲	當John在結束陳述時，放低聲音說著：「我眞的覺得他們在最後幾秒鐘會往前走。」Melissa 回答說：「我也這麼想。」
歸功於別人			
指明你所說的意見的來源	歸功別人以肯定他們，避免可能的難堪，要澄清來源	說出歸功對象的名字	「開課情形需做一些調整。Laura建議開有關態度改變的課，我同意。」

接受的中斷方式，如，「你的『冒昧的』是什麼意思？」或「我覺得你認爲冒昧的行爲是不好的」；以及強調性的敍述，如，「說得好，Max」或「我懂了，Rachel」。改變話題或輕視被中斷的人的談話是

破壞性的中斷。

敏於察覺別人的非語言回應　當你中斷別人談話時，如發現他們瞪著你或有不滿的聲音，你要表示道歉。

練習——交談和資訊分享

自我練習

1. 寫出五個你最熟悉的主題。你的知識範疇是否具多樣性？在交談時，你的知識範疇如何幫助你或阻礙你？
2. 和別人交談時刻意讓話題多樣化。你能發展和維持這種交談到什麼程度？它們比談天氣、運動和日常生活較令人滿意或不滿意？爲什麼？

生活記事

往後幾天記下和別人的一段交談。每晚記下你交談的對象和談到的主題。考慮下列問題：

1. 你的輪流談話行爲適當嗎？你怎麼知道的？
2. 你的談話和本章所討論的六種準則一致嗎？
3. 你是否注意直接溝通和資訊的歸屬？

自我表露

有效的人際溝通需要某些程度上的「自我表露（self－disclosure）」。廣義來說，自我表露意爲分享個人生長的資料，個人的思想和感情。如，「我在七年級時5呎半」表露生長的資訊——有關你生長的事實。表露生長資料是很容易做到的，因爲這些資料就某方面來說，是公開的；又「我不認爲監獄眞的能使罪犯改過自新」表露的是個人的思想；另外「每當我要演講的時候都很害怕」則表露感情。大部分的人認爲最後一句敍述才是自我表露，換句話說，表露個人未爲人知的自我，最能讓人正確的瞭解自己和他人。

自我表露是「社會滲透理論（social penetration theory）」。

的核心概念。這個理論說明人愈互相瞭解彼此，他們的溝通愈是人際（interpersonal）導向，彼此瞭解的愈少，則他們的溝通愈是個人（impersonal）導向的。研究人際關係的主導學者G. R. Miller相信人們經由溝通，對別人的認識將從文化訊息層次（cultural information level）（一般社交對話表露的資訊）發展到社會學層次（sociological level）（和個人在團體中的角色有關的資訊），再到心理資訊層次（psychological information level）（瞭解一個人的特性、感情、態度等）（註9）。因此，溝通的功能是把人從不親密的層次推向較親密的層次（註10）。

通常，對一個人的認識愈深，喜歡那個人的機會就愈大。但是自我表露具冒險性；因爲對一個人有較多的認識，雖然可能建立較親密的人際關係，但是瞭解太深卻可能導致疏離。「近之則不遜（familiarity breeds contempt）」意爲時日一久，人可能因獲悉某件事而導致關係疏離。因此有些人擔心他們的表露會產生負面的結果，寧願

◆經由自我表露人們的關係從不親密層次到較深的、較個人性的層次。

不要表露自我。

自我表露幫助人相處得更好，但是毫無保留的自我表露却可能有負面的效果。如同Arthur Bochner所說的：「並沒有實證研究支持無條件的坦白。有關證據對自我表露的功效持保留態度。」（註11）到目前爲止，比較一致的發現是自我表露在對方有同樣的回報時最有正面效果（註12）。

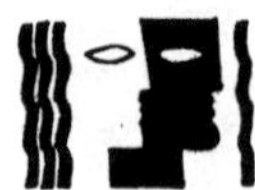

文化和性別的考量

如所預期的，自我表露的層次和表露的適當性因文化差異而不同。例如，美國人比西歐人和遠東地區的人較易有高層次的表露。

特別在友誼初期，若沒有察覺這種文化差異，容易產生誤解和不自在。例如，美國人可能覺得來自東方文化的人是保守的或較沒興趣追求「眞正的」友誼，而東方人可能覺得美國人過度自我肯定或過度表露他們的感情和私事。瞭解文化差異可幫助我們知道何時需要去檢視我們的知覺，而不是認爲每個人都和我們自己文化的人一樣擁有共同的行爲標準，以及相同的語言和非語言行爲。

在這些差異之下，適當的自我表露能增進關係的說法，是否適用於不同的文化之中。William Gudykunst和Young Yun Kim發現在不同文化中都一樣，關係愈親密，社會滲透——自我表露也愈多。除此之外，他們發現親密的兩個人彼此自我表露愈多，吸引力愈大且對彼此的不確定感也會隨著降低（註13）。

和傳說中的說法一致的是，女人比男人易於表露自己，表露得比男人多，而且比男人更能察覺影響其自我表露的線索（註14）。當然，這種推論並不適用於所有的情況（註15），Judy Pearson、Lynn Turner和William Todd－Mancillas在討論表露的差異時，指出幾個女人傾向自我表露的理由。女人表露得多是因爲他們被期待如此（一種自我應驗預言），因爲自我表露對女人來說較重要，以及因爲身心發展上的差異（註16）。

自我表露模式的差異可能產生男人與女人之間的誤解，特別是在親密關係中。在《你就是不懂》（*You Just Don't Understand*）一書中，Deborah Tannen 主張要掌握住男人和女人語言表達方式不同的方法是區分報告式談話（report-talk）和親善式談話（rapport－talk）。她的意思是說我們社會中的男人較可能把交談視爲報告式談話——分享資訊、炫耀知識、協商和保持獨立的方式。相對地，女人較可能使用親善式的談話——分享經驗和建立關係的方式。當男人和女人不明瞭這些差異時，他們將會誤解另一方是否坦誠和是否願意維持親密關係，「瞭解型態的差異並不會使這個差異消失，但能排除互相的困惑和指責」（註17）。

自我表露的原則

雖然沒有冒險性的生活（或許不可能存在）可能是安全的，但是冒險對於滿足人際關係則是必須的。然而冒太多的險可能代價太高，不是我們願意付出的。下述的原則有助於知道如何在人際場合中做適當的自我表露：

表露那些你希望別人也向你表露的資訊　當人們漸漸互相熟悉後，他們尋找能自由分享的資訊，如，有關嗜好、運動、學校和時事觀點的資訊。這些是在早期關係時就應表露的。

只有在你能接受所冒的險時，才表露較親密的資訊　自我表露時總有某些程度的冒險，但是當你信任另一人時，你會覺得表露更多的資訊，可能不會產生負面的結果。這個原則也說明了爲什麼人們有時和酒保或和旅遊中遇見的人從事親密的自我表露。他們覺得表露是安全的（合理的冒險），因爲那個人不認識他們或沒理由利用這些資訊來對抗他們。不幸地，有些人顯然和家人、朋友之間缺乏這種讓他們可以放心自我表露的關係。

漸進式地將自我表露推向較深的層次　因爲接受他人自我表露和表露自己一樣具威脅性，大部分的人當他人表露的層次超越他們的期待時，會感到不自在。隨著關係的進展，表露的深度才可慢慢增加。

保留親密的或非常個人化的自我表露於穩定的關係中　在親密的關係中，表露內心的害怕、愛和其內心深處或親密的事情才是適當的。

基本溝通枝巧

技巧	用途	步驟	範例
自我表露			
和別人分享自己的傳記式資料，個人的意見以及感覺	用於開啓關係與發展關係時	1.從你希望別人知道的訊息開始 2.決定你願意冒多少險。每個人對自我表露的態度是不一樣的 3.逐漸分享比較深一層的資訊 4.只有在長期關係中才做親密的自我表露 5.當對方有對等的表露時，才可持續自我表露	May告訴她的現任男友：「我曾訂過三次婚」

當人們表露深層的秘密予初識的人時，他們做的是相當冒險的行爲。在建立信任的關係前做如此的表露，可能使得別人離你而去。想利用別人因知道其個人隱私，就必須與之維持關係的人，通常會令人感到侷促不安與討厭。

當有回報時才繼續親密的自我表露　人們期待有對等的自我表露。當自我表露很明顯地沒有回報時，你應該減少自我表露。沒有回報表示那個人不覺得你們的關係適宜做那麼多的自我表露。當別人的回應顯示你的表露是不適當的時候，要問問自己是什麼原因導致這個結果。你可以由錯誤中學習且避免以後犯同樣的錯誤。

練習——自我表露的原則

自我練習

下列的練習將幫助你瞭解人們所能接受的自我表露之差異，做爲你的參考。標示下列敍述：(1)低冒險（L）：你相信向任何人表露這一份資訊都是適當的；(2)適度的冒險（M）：你相信向你熟識的人和已建立友誼關係的人表露這份資訊是適當的；(3)高冒險（H）：你只向少數十分信任的朋友或你最親密的朋友表露這一份資訊；(4)不能接受的冒險（X）：意爲你不向任何人表露：

_1.你的嗜好，如何打發多餘的時間。

_2.你喜愛和討厭的音樂。

_3.你的教育背景和你對它的感覺。

_4.你對政治、總統職位、外交和內政政策的個人觀點。

_5.你的個人宗教觀點和信仰的宗教的特質。

_6.目前困擾你的習慣和反應。

_7.使你自傲和滿足的特質。

_8.仔細說出你生命中不快樂的事。

_9.仔細說出你生命中最快樂的事。

_10.你生命中最後悔的事和其原因。

_11.你生命中未完成的主要願望和夢想。

_12.你最感罪惡的秘密。

_13.你認爲夫妻應該如何過婚姻生活的觀點。

_14.爲了保持身材，要怎麼做，如果可以的話。

_15.你對身體最滿意的部位。

_16.你對外表最不滿意的部分，是你想改變的。

_17.你生命中最憎恨的人和原因。

_18.你飲用或濫用酒和違禁藥品。

_19.和你有親密的性關係的人及你們的關係情況。

團體活動

分組討論你對上列敍述的標示情形。此討論的目標不是要做任何自我表露，只是討論爲何你如此標示和在何種情況下做此標示。討論的目的是要看人們認為可接受的表露的差異有多大。

情感表露

自我表露中極重要的部分是分享感情。我們都經歷過各種情感，如收到意外禮物時的快樂，關係破裂時的悲傷，被佔便宜時的憤怒。問題是要不要揭示這些情感，如要的話，該如何做。一般而言，處理這些情感的最有效方法不是壓抑它們，也不是毫無選擇地表示出來，而是描述它們。讓我們來討論這些處理情感的方式。

壓抑或偽裝感情

大部分西方文化認為壓抑情感——也就是保留在內心，在語言或非語言方面沒有顯出任何跡象，這是不正當的情感處理方法。壓抑情感的最好例證是高明的撲克牌玩家所裝出的「撲克臉（poker face）」，是一種中性的表情，深不可測。不論玩家的牌是好是壞，都是一個表情。不幸地，許多人使用撲克臉於人際關係中，沒有人知道他們是否受傷、興奮或悲傷。例如，Doris在寫報告時，Anitra站了過來使她覺得好緊張。當Anitra說：「第一段寫得不好。」Doris內心開始激動，然而她沒說話——她壓抑內心的情感。

心理學家相信習慣性地壓抑情感會導致生理問題，如，胃潰瘍、心臟疾病；也會形成心理問題，如，壓力和沮喪。而且，壓抑情感的人常令人覺得冷漠、沒有感情和沒什麼樂趣。

壓抑情感也可以是適當的嗎？在不重要的情況下，你最好選擇壓抑你的情感。例如，在宴會上一位陌生人的自私行為可能困擾你，但向他表露你的感覺並不會有什麼用處。你不會和那人有進一步的關係，而且你可以離開他到屋內的其它地方。然而在Doris的例子中，壓抑對兩人的代價可能都太大，因為Doris的憤怒和緊張情緒可能影響他們的工作關係，也會影響Doris的健康。

流露感情

流露感情（displaying feelings）意爲經由面部、肢體或超語言的反應來表達感情。在運動競賽上對精彩表現大聲歡呼，當頭撞上車門框時的哀叫，當同事表現良好時輕拍他的背部等都是感情的流露。

當你所經驗的感情是正面的，流露感情通常都是適當的。當你的朋友Simone爲你做了一件值得高興的事，而你覺得很愉悅，此時給她一個擁抱是合適的；當你的上司給你一份你一直想要的工作，一個微笑和說聲「謝謝你」是適當表達感激的方式。事實上，許多人需要多表示些正向的感情，而不要像以往那樣。貼在汽車保險槓上的長條形貼紙上寫著「今天擁抱你的小孩了沒？」，便是強調我們所關心的人

◆ 如果你的朋
爲你做了一
令你高興
事，可以給
一個大擁抱

需要我們向他們展示愛和深情。

如果你所經驗的感情是負面的，則流露出來會有害溝通——特別是當所流露的負面感情過度誇大時。當Anitra說：「第一段寫得不好。」而Doris以大聲喊叫來表示她的憤怒：「誰要你提供意見的？」這樣的表達毫無疑問地將使Anitra難堪及受傷害，因而阻礙了他們的溝通。流露負面的感情可能使你暫時覺得舒服，但是它們將有害你的人際關係。

如果壓抑或流露感情都是無效時，最適宜的感情處理方式是什麼呢？就是去「描述它們」。

描述感情

描述感情（describing feelings）——以平靜、非批判的方式敘述情感的本質——是最有效的表露情感的方法。描述感情能增加正面互動和減少溝通的阻礙。而且，描述感情能讓他人知道如何對待我們，因爲在描述感情時我們向他們解釋行爲的後果。這個資訊讓他們知道什麼行爲是適當的。如果你告訴Ira他的拜訪使你受寵若驚，這種感覺的描述將使他再度造訪。同樣地，如果你告訴Tony當他沒有問一聲就借走外套時，你感覺生氣，他下次很可能就會先徵求你的同意。描述你的感情，讓別人知道他們的行動對你的影響，你便能對別人的行爲有些影響。

常常人們認爲他們在描述感情，事實上他們是在流露感情或評價別人的行爲。例如，當被質疑時，Doris可能會認爲她的憤怒，「誰要你提供意見的？」是在描述感情。在這一節的溝通練習將先著重在分辨描述感情和流露感情或表達評價的差異。

假如描述感情對有效的溝通如此重要，爲什麼沒有更多的人在這麼做呢？至少有五個理由：

許多人字彙不夠多，無法描述他們所經驗的種種情感　人們可以感覺到自己在生氣，然而，不知如何區分：被干擾、被出賣、被欺騙、被打擊、被打擾、嫉妒、狂怒、被激怒、憤怒或震驚。上述這些用語描述一般人統稱生氣的感覺，它們之間有些微差異。可用來描述情感的形容詞數目多得驚人，如（表6.1）所示。在本節的溝通練習中，我們使用此圖表來增進你的字彙，使你可以較明確地描述感情。

許多人相信描述他們的眞實感情會過度表露自己 如果你告訴別人什麼會傷害你，你便冒著他們會利用這點來傷害你的危險。然而，表露眞情的潛在好處遠超過冒險。例如，如果Pete給你一個你不喜歡的綽號，你告訴Pete說你不喜歡他叫你那個綽號。Pete可能會在想傷害你時，叫你那個綽號，但是更可能的情況是他不再叫你那個綽號。如果你不向Pete描述你的感覺，他可能會一直叫你那個綽號，只因他不知道有更好的稱呼法。如果什麼也不說，便是在增強他的行爲。冒險的程度依各種情況而異，但是描述感情對關係的增進將大於對關係的傷害。

許多人相信如果他們描述感情，他們將因具有這種感情而產生罪惡感 在年幼時，我們都學會「機智的」行爲。在「說實話有時會造成傷害」的前提下，我們都學會以不說任何話或撒點小謊來避免說出眞實的話。也許當你年輕時，你母親說過：「不要忘了給奶奶一個親吻。」當時你可能脫口而出：「呃！——親吻奶奶讓我作嘔，她長鬍子。」如果你的母親接著說：「怎可如此說——奶奶愛你呀！現在去親她，不許再這麼說！」你可能因自己有這種「錯誤的」感覺而心生罪惡感。但是想到親吻奶奶眞的讓你「作嘔」，不論該不該有這種感覺。在此例中，問題不在你有這樣的感覺，而是在於你說話的方式不對。（第8章）將介紹適當回應別人的感情的技巧。

許多人相信描述感情對別人或關係造成傷害 如果Fyodor眞的爲他女友Heather咬指甲的習慣而感到困擾，Fyodor可能認爲把他的感覺說出來會嚴重傷害她以致於破壞兩人的關係。所以Fyodor最好什麼也別說，事實上這是錯誤的，如果Fyodor什麼話都不說，他仍因Heather的行爲而困擾著。事實上，時日一久，Fyodor的困擾可能會使他爲了別的事而對Heather惡言相向，因爲他沒有辦法說出眞的困擾他的因素。Heather將因Fyodor的行爲而受傷害，但是她不會瞭解原因。由於沒能描述他的眞正感覺，Fyodor到頭來可能也會面臨感情的分裂。如果Fyodor以非批判式的方法向Heather描述他的感覺，她

◆ 描述感情是一種教導人們如何對待你的方法。

可能會試著不咬她的指甲；他們可能一同討論，他會發現她也不想咬指甲，但就是改不了，而他可幫助她努力改掉這習慣；或者Fyodor可能會覺得眞的也沒什麼嚴重，也就不再那麼困擾他了。簡而言之，描述感情比不描述感情有較大的機會產生較好的結果。

許多人的文化教育他們隱藏感情　有些文化中認爲團體關係的和諧比個人的感情來得重要。來自如此文化的人可能爲了團體的和諧而不願描述他們的感情。

描述感情的步驟如下：(1)清楚地確認你的感覺。這聽起來比實際的簡單。就像一般人在有某種感覺時，常常毫不思索地便表達出來。然而要描述一種感覺，你必須先明確地知道你的感覺；(2)把所感覺到的情緒以文字表達出來——必須具體。（表6.1）所提供的有關情感的字彙可以幫你培養描述感情的能力；(3)指出什麼是這種感覺的起因。感覺來自某一行為，所以應確認該行為；(4)承認那感覺是你的。

下列是兩個描述感情的例子：(1)「感謝你的讚美（起因）；我（擁有這感覺的人）覺得感激（特定的感情），你注意到我的努

表6.1 用來描述感情的形容詞

和寂寞有關的形容詞			
被遺棄的	獨自一人的	無聊的	荒涼的
孤獨的	拋棄的	空洞的	被排除的
無倚靠的	被原諒的	被忽略的	孤單的
遺棄的	寂寞的	喪失的	被拒絕的
斷絕的	輕蔑的	輕視的	冷落的
和悲傷有關的形容詞			
憂鬱的	垂頭喪氣的	意志消沈的	沮喪的
苦悶的	冷峻的	氣餒的	情緒低落的
心情沈重的	沒樂趣的	低落的	鬱悶的
陰沈的	痛苦不堪的	心情不好的	難取悅的
痛苦的	哀傷的	有麻煩的	疲憊的
和精力充沛有關的形容詞			
有生氣的	大膽的	輕快的	動力的
渴望的	有力量的	敏捷的	吃苦耐勞的
精神奕奕的	活動的	有活力的	精神飽滿的
有潛力的	健全的	有精神的	快活的
有活潑的	強壯的	精力充沛的	爽朗的

表6.1

和害怕有關的形容詞			
害怕的	心亂的	警告的	憂慮的
理解的	欺凌的	侷限的	受驚嚇的
可怕的	神經過敏的	易興奮的	緊張的
嚇呆的	擔心的	搖動的	受驚的
威脅的	有麻煩的	不安的	擔憂的
和厭惡有關的形容詞			
苦惱的	困擾的	極感厭惡的	憤怒的
厭惡的	被擊倒的	背叛的	噁心的
和傷害有關的形容詞			
虐待的	可怕的	欺騙的	剝奪權利的
拋棄的	失望的	陰暗的	令人害怕的
原諒的	激烈爭辯的	忽視的	孤立的
處理不當的	觸怒的	壓迫的	痛苦的
傷害自尊的	拒絕的	憎恨的	脆弱的
嘲笑的	被輕視的	冷落的	受傷的
和輕視有關的形容詞			
出賣的	被擊倒的	意志消沈的	貶低的
喪氣的	毀謗的	降格的	愚笨的
無助的	不成熟的	無能的	低級的
受辱的	迫害的	無權力的	被低估的
輕視的	沒資格的	無價值的	無用的
和快樂有關的形容詞			
光亮的	迷人的	喜悅的	滿足的
愉快的	欣喜若狂的	興高采烈的	狂喜的
奇異的	暈眩的	高興的	感動的
高昂的	欣喜的	喜洋洋的	快樂的
愉悅的	滿意的	顫抖的	歡喜的

和生氣有關的形容詞			
焦慮的	困擾的	痛苦的	古怪的
震怒的	惱怒的	極怒的	有敵意的
大怒的	氣憤的	激怒的	厭煩的
急躁的	發狂的	冒犯的	憤慨的
焦躁的	憎惡的	煩躁的	發火的

和求助有關的形容詞			
同意的	和藹可親的	有益的	關心的
協同的	有感情的	有建設性的	合作的
眞誠的	溫和的	和善的	和睦的
熱心助人的	支持的	有用的	溫暖的

和愛情有關的形容詞			
崇拜的	摯愛的	好色的	激情的
關心的	迷人的	強烈的	溫和的
神聖的	有感情的	敏感的	溫柔的

和難爲情有關的形容詞			
困窘的	焦慮的	悔恨的	困擾的
顯眼的	狼狽的	不名譽的	苦惱的
慌亂的	謙遜的	羞辱的	神經過敏的
受打擊的	浮躁的	豈有此理的	丟臉的
內向的	愚蠢的	有麻煩的	不舒服的

和驚訝有關的形容詞			
震驚的	驚駭的	迷惑的	疑惑的
困惑的	心煩意亂的	驚慌的	刺激的
震盪的	神秘的	感到困惑的	困擾的
浮躁的	驚嚇的	吃驚的	目瞪口呆的

力。」；(2)「我和你上班的時間一樣長，而你還批評我煮的飯菜（起因），我（擁有這感覺的人）覺得非常氣憤（特定的感情）。」

起初你可能覺得描述正面的感情較容易：「你知道的，你帶我去看那部電影眞的令我愉快」或「當你提出幫我做家事時，我眞的覺得好高興。」當你能順利的做正面描述時，可試著描述和環境因素有關的負面感情：「天氣陰沈沈的；我覺得好鬱悶」或「當強風穿過隙縫時，我眞的覺得驚嚇。」最後，你可以試著對人們所說或所做的事做負面的描述：「當你像那樣過來站在我面前，我相當惱怒」或「你的音調使我覺得困惑。」

練習——描述感情

自我練習

1. 下列各組敍述中，在描述感情的句子前寫——D：

(a)_ a. 那部電影好棒！
_ b. 那故事眞令我振奮。
_ c. 我覺得這部電影該得一座金像獎。
_ d. 太棒了！

(b)_ a. 我覺得你是好作家。
_ b. 你的文章賺我熱淚。
_ c. （你輕拍作家的背）寫得好。
_ d. 每個人都喜歡你的作品。

(c)_ a. 噁心！
_ b. 如果情況沒有改善，我要搬家。
_ c. 你看過這麼大的洞嗎？
_ d. 黑暗的走廊使我覺得沮喪。

(d)_ a. 我不適合擔任這個團體的領導者。
_ b. 該死——我弄糟了！
_ c. 對於領導這個團體，我覺得有困難。
_ d. 我對我的領導效能感到沮喪。

(e)_ a. 我是勝利者。

_ b. 我認爲我勝了，因爲我是最符合資格的。

_ c. 我做到了！我贏了！

_ d. 我對贏得那個獎感到欣喜若狂。

答案：(a)b　(b)b　(c)d　(d)c、d　(e)d

針對上述各組敘述分別說明如下：

1.(a)組敘述中：

a：是流露的／評價的

c：是在描述外衣下的評價——「覺得」，並非眞的在描述感覺。「這電影該得一座金像獎」是一種評價，不是感覺

d：是感情的流露

2.(b)組敘述中：

a：是流露的／評價的（又是「覺得」這個字）

c：是流露的

d：是流露的／評價的

3.(c)組敘述中：

a：是流露的

b：是感覺的結果，但不是描述感覺

c：是問句方式的評價

4.(d)組敘述中：

a：是流露的／評價的

b：是流露

c 和 d：二者相似，但是在此感覺被描述出來了，而不是評價性敘述

5.(e)組敘述中：

a：是評價的

b：是評價的

c：是流露的

看（表6.1）的每一個字且說「我覺得…」。試著去認這個字所描

述的情感。那些字對你較有意義，可用來幫你做較精確的感情溝通？

團體練習

至少和另一人合作，角色扮演具代表性的狀況，例如，Cody的室友未經許可借了他的車，這位室友後來進了房間，還鑰匙給Cody說：「謝謝你的車。」然後描述你的感情。完成後，請另一人或多人描述相同情況時他們的感情。持續進行著直到團體中的每個份子有二到三次機會練習描述感情。

生活記事

回想一天發生的事件。在一天中的什麼時刻你特別快樂、生氣、失望、興奮或悲傷？你如何和別人溝通你的感情？在何情況下，你會描述你的感情？什麼是你常用的流露感情的方式？要怎麼做以便你在與人分享感情時較有效。

擁有感情和意見

擁有感情是一種和自我表露有關的技巧。人們傾向於把感情和意見包裝在非關個人的或一般化的語言文字裏，或者把它們歸於未知的或普遍性的來源，而不是擁有自己的感情和意見。擁有感情或意見（或者相信自己有某種感情）的意思是指用「我」爲首的敍述，來確定自己是某種意見思想或感情的來源。

以「我」爲首的敍述是任何使用第一人稱代名詞的敍述，如，我（I）、我的（my）、我（me）或我的（mine）。「我」的敍述幫助傾聽者完整而且正確的瞭解訊息的本質。想想下列成對的敍述：

敍述1	敍述2
「廣告是公司最弱的部門。」	「我相信廣告是公司最弱的部門。」
「每個人都認爲Collins的評論是不公平的。」	「對我來說好像Collins的評論是不公平的。」

「大家都知道老闆欣賞Bernardo所做的任何事。」	「我認爲老闆欣賞Bernardo所做的任何事。」
「沒有人喜歡被嘲笑。」	「被嘲笑令我感到很難堪。」

以上是一般化或非個人化的叙述句和「我」的敍述句之比照。爲什麼人們要含糊其詞的歸到別人身上，而不擁有他們的思想和感情呢？基本理由有二：

爲了加強他們的敍述的影响力　「每個人都認爲Collins的評論是

基本溝通技巧

技巧	用途	步驟	範例
描述感情			
用語言說出感情狀態	爲了自我表露；教導別人如何對待你	1. 確認你的感情，如，恨、生氣、愉悅 2. 用語言說出你的感情 3. 指明引起感情的原因 4. 擁有你自己的感情	「我覺得沮喪和洩氣，因爲找不到工作」或「當我被Leah制止的時候，你出面爲我講話，讓我覺得很溫暖。」
擁有感情			
用「我……」的敍述句來表明你自己是思想或感覺的來源	幫助傾聽者瞭解這些思想或感覺是你的	當意見或感覺屬於你自己的時候，把他說出來	不說：「Maury餐廳是鎮上最好的餐廳。」而是說：「我相信Maury餐廳是鎮上最好的。」

不公平的」的說法意爲如果傾聽者懷疑這個敍述，他們就是在對抗無數人的共同評價。當然，不是每個人都知道Collins是不公平的。在這個例子中該敍述的只是個人的信念。對自己的感覺或信念不夠堅定的人，可能需要引用未知的或普遍的來源，以強化那些感覺或信念。

爲了逃避責任　同樣地，人使用共同性的敍述，如，「每個人都同意」和「任何有感覺的人」來逃避自己的感情和思想應負的責任。要說「我不喜歡Herb」比說「沒有人喜歡Herb」困難得多。

一般化的敍述可能誇大其詞，而更糟糕的則是一種欺騙。要既正確又誠實，我們需要爲自己的感情和意見負起責任。我們都有反應的權利。如果你所說的眞的是自己的意見或表達的是自己眞正的感覺，讓別人知道，並負起責任。否則你可能會疏遠了那些，即使不同意你的意見或感覺，但是還是會尊重你的意見或感覺的人。

練習——擁有感情和意見

自我練習

1. 你會擁有你自己的意見嗎？在何情況下呢？
2. 寫下你的五個意見、信念或感情。確定每一句都是「我」的敍述。如果不是，改正之。例如，「沒有人喜歡悲傷的失敗者」變成「我不喜歡悲傷的失敗者」。

摘要

本章我們討論思想和感情的溝通。思想的溝通始於交談。人們被有知識的人、喜歡互動的人、問有意義的問題的人、有計劃的人和樂意交談的人所吸引。

稱職的交談者知道什麼該做，什麼不該做以便維持成功的交談。他們遵守合作原則，如量的準則，質的準則，切題性的準則，態度的準則，禮貌準則，和道德準則等。他們尊重別人的思想；他們熟悉輪流談話原則，如敏於察覺說話的長短和說話的時機，主導會話的行爲，不適當的介入和非語言的反應等。

感情的分享始於自我表露，說出有關自己不爲人知的資訊。描述感情是一種幫助別人如何對待你的技巧。雖然流露感情可能在心理上對流露感情的人有益，但是描述感情才是處理感情的妥當方法，特別是負面的感情。擁有感情可以澄清主意和意見是來自你自己。

目標陳述

從歸功他人、輪流談話、描述感情或擁有感情等技巧中，選擇你最想增進的技巧，依（第1章）第29頁的目標陳述原則，寫下你的目標。

建議讀物

Nofsinger, Robert E. (1991), *Everyday Conversation,* Newbury Park, Calif.: Sage.

註釋

1. J. R. Hobbs and D. A. Evans, "Conversation as Planned Behavior," *Cognitive Science* 4 (1980): 349–377.

2. Mary L. McLaughlin, *Conversation: How Talk Is Organized* (Newbury Park, Calif.: Sage, 1984), pp. 88–89.

3. Stephen W. Littlejohn, *Theories of Human Communication*, 4th ed. (Belmont, Calif.: Wadsworth, 1992), p. 91.

4. H. P. Grice, "Logic and Conversation," in Peter Cole and Jerry L. Morgan, eds., *Syntax and Semantics*, Vol. 3: *Speech Acts* (New York: Academic Press, 1975), pp. 44–46.

5. K. Bach and R. M. Harnish, *Linguistic Communication and Speech Acts* (Cambridge, Mass.: MIT Press, 1979), p. 64.

6. Robert E. Nofsinger, *Everyday Conversation* (Newbury Park, Calif.: Sage, 1991), p. 81.

7. S. Duncan, Jr., and D. W. Fiske, *Face-to-Face Interaction: Research, Methods, and Theory* (Hillsdale, N.J.: Erlbaum, 1977), pp. 184–196.

8. C. W. Kennedy and C. T. Camden, "A New Look at Interruptions," *Western Journal of Speech Communication* 47 (1983): 55.

9. Littlejohn, pp. 274–275.

10. See Irwin Altman and Donald Taylor, *Social Penetration: The Development of Interpersonal Relationships* (New York: Holt, Rinehart and Winston, 1973). Altman and Taylor coined the phrase *social penetration*.

11. Arthur P. Bochner, "The Functions of Human Communicating in Interpersonal Bonding," in Carroll C. Arnold and John Waite Bowers, eds., *Handbook of Rhetorical and Communication Theory* (Needham Heights, Mass.: Allyn & Bacon, 1984), p. 608.

12. John H. Berg and Valerian J. Derlega, "Themes in the Study of Self-Disclosure," in John H. Berg and Valerian J. Derlega, eds., *Self-Disclosure: Theory, Research, and Therapy* (New York: Plenum Press, 1987), p. 4.

13. William B. Gudykunst and Young Yun Kim, *Communicating with Strangers: An Approach to Intercultural Communication*, 2nd ed. (New York: McGraw-Hill, 1992), p. 202.

14. Judy Cornelia Pearson, Lynn H. Turner, and William Todd-Mancillas, *Gender and Communication*, 2nd ed. (Dubuque, Iowa: Wm. C. Brown, 1991), p. 177.

15. Charles T. Hill and Donald E. Stull, "Gender and Self-Disclosure: Strategies for Exploring the Issues," in John H. Berg and Valerian J. Derlega, eds., *Self-Disclosure: Theory, Research, and Therapy* (New York: Plenum Press, 1987), p. 95.

16. Pearson, Turner, and Todd-Mancillas, p. 177.

17. Deborah Tannen, *You Just Don't Understand* (New York: Morrow, 1990), p. 48.

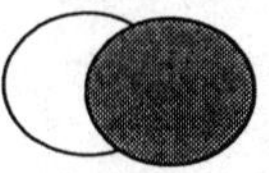

7

傾聽技巧

☞ 目標

讀完本章之後，你應能解釋或說明下列各項:

1. 集中注意
2. 積極傾聽
3. 三種記憶訊息的方法
4. 評估推論

「Stella——能有個人談談話眞好，一個眞正瞭解我的人。」

「我瞭解妳的意思，Carl。」

「Sally在昨晚回家時看起來很累的樣子，我不知我應該做些什麼。」

「很累——我知道妳的意思，我自己最近也是很累。」

「妳知道的，Sally在Yoshi生病的這幾個星期，都在替他工作。如果只是幾天還好，但是幾個星期下來就令她不能消受了。因爲她自己的工作對一個女人來說是相當吃力的。」

「也難怪我會這麼累，我每天早上要送Kim上幼稚園，中午再接他回家。星期一又要在Jill放學時接他去看醫生，星期二要送Jill和Ian兩人參加手藝班……。」

「我想Sally應該放慢脚步，今早我告訴她：『Sally，跟Schulman說妳做不了那麼多。』但是Sally說：『我能做得來，而且Yoshi也會同樣對待我。』」

「現在，還有一件必須做的事，祖母在復原期間將和我們住幾個星期。Geez，我的人生好像都花在等待別人。」

「我知道她想幫Yoshi，但是她在體力透支以前只能做這麼多。」

「不論是否會體力透支，我都得繼續這麼做，Carl，這就像旋轉木馬一樣。」

Stella心想，「謝謝上帝，我有個像Carl這樣的朋友——一個能眞正聽我說話的人」。

你是否能仔細傾聽（listen）別人說話？或者你的交談比較像Stella和Carl的情形？雖然Stella和Carl可能有很好的關係，但是在上面的例子裡，這兩個人都不是很好的傾聽者。不良的傾聽對人際溝通會有什麼影响呢？

首先是不良的傾聽會破壞溝通。例如，Chantelle對Don說：「我和拍片的人出外景，無法在3點半時去接LeKendra，所以你必須去接她。」Don只抓到出外景的訊息，然後點頭說「好」。當Don在4點15

分接到Lekendra的電話問說：「爸爸，你不來接我嗎？」，才警覺到他聽錯了。像這種誤會可能使家庭關係變得緊張，而不知事情是怎麼發生的。

其次，不良傾聽將浪費時間、精力、金錢。例如，Margot告訴Jack：「我需要你幫我帶25張的藍色封面的一般大小的紙，和75張黃色封面的法定大小的紙。」Margot發現Jack帶來的紙却是25張藍色封面法定大小的紙，其餘的是黃色封面一般大小的紙。Margot說：「Jack，我說的是25張一般大小的紙和75張法定大小的紙。」，Jack回答：「哦！眞抱歉，我聽錯了。」這種錯誤常常發生。

當傾聽在溝通中只是一小部分時，也許問題比數不大。然而事實上，日常生活中的溝通，你花在聽的時間比你說話、閱讀和寫字合起來的時間還多。有個研究發現：大專學生花16%的時間說話、17%閱讀、14%寫字、53%傾聽（註1）。然而，大多數聽的人在48小時之後只能記得所聽到的25%（註2）。傾聽這麼重要，我們卻很少去注意它，可見傾聽是所有溝通技巧中最被忽略的。

什麼是傾聽？Andrew Wolvin和Carolyn Coakley研究發現有關傾聽的字詞和片語超過25種以上（註3）。本書將傾聽界定爲五個階段的歷程，包括注意、瞭解、記憶、評估、反應。因爲每個階段都需一些特殊的技巧，所以我們將分別討論之——本章先討論前四個階段，下章再討論第五個階段。

注意——集中注意力

傾聽歷程的第一個階段是注意（attending）——集中我們的注意力，不受其它聲音的干擾，以便能聽清楚他人所說的話。

注意是一種從我們所感覺到的無數刺激中，選擇某種刺激的知覺歷程。現在不妨暫停閱讀，試著去察覺你周遭的聲音。也許你知覺到電子器材的嗡嗡聲、街上的車子來往的聲音、鳥兒唱歌的聲音、走廊上的脚步聲、隔壁傳來的咳嗽聲。當你在閱讀時，也許你未察覺到這些聲音，而覺得周遭是安靜的。事實上，我們的環境很少是完全無聲的，只是有些聲音特別讓我們意識到，有些聲音則完全不被知覺到。爲什麼我們會聽到或注意到某些聲音，而有些不被聽到呢？

雖然我們能聽到任何在聽覺範圍之內的聲音，但是我們對聲音的注意則受到心理的控制。例如，當你和朋友邊走向教室邊聊天時，你們彼此都接收到並注意到對方的話，在此同時，你可能在生理上也「聽到」了學校的鐘聲、鳥叫聲，但你卻能把這些聲音隔離。事實上，你可能未意識到這些噪音，而以爲周遭是安靜的。

不良的傾聽者，不能有效的注意應該聽的部分。爲了增進傾聽能力，首先必須學習抓取應聽的聲音，而把不必要的聲音置於背景。具備這種能力的人，當其集中注意時，只有火警的警鈴、車子的撞擊聲或小孩子的哭叫聲才能打斷其注意。

底下是五種集中注意力的技巧：

減少阻礙傾聽的生理因素　首先，我們必須保持一個能傾聽的條件。如果收音機的聲音太大，以致於你無法聽到室友的話，便要把收音機關小聲些。其次，我們要察覺自己生理的限制。約一千五百萬美國人的聽力有障礙，而影響了傾聽的能力（註4）。如果你有聽力障礙，可能需要戴助聽器，或用別的方法克服此問題。如果你常常漏聽，或常要別人再說一遍，你可能有了聽力障礙而不自知。若你懷疑自己是否有聽力問題，應進行聽力檢查。大部分大專學校有聽力測試的設備。這種測試不會痛苦，花費對學生而言也不高。

生理上與心理上的準備　不良的傾聽常是因尚未準備好去聽所致。每個人都有一套注意聽的行爲方式。例如，上課不久，教授說：「底下我要講的部分非常重要，考試時一定會考到。」你將有什麼反應？也許不是每個人的反應都一樣，但我們可能會豎直了背，身體略往前傾，並停止其它動作。這便是生理上準備去聽。我們也可能直視教授，若目光未看著教授，可能會漏失一些訊息（註5）。

心理上，我們會全神貫注於教授的話，不再有雜念。我們常常在與人談話時，腦中同時有各種雜音在與之對抗——籃球賽、微積分考試、你所期待的一個約會、你剛看過的電影，這些你所想的事可能比

◆當我們準備好要傾聽時，我們會坐直身子、略微前傾、並且停止其它的身體活動。

對方所談的內容還吸引你。像這樣把注意力放在其它的想法和感覺時，將導致不良的傾聽。

聽與說之間的順利轉換　在教室中你持續的聽課，很容易形成「聽的態度」。但是在交談中，你必須常常在聽和說之間轉換，有可能轉換得不順。假如你花了時間練習想說的話，當你要說話時，你的傾聽必然很差，而只顧著說話。我們常看到兩個人的談話沒有交集的情形——兩個人好像各自在廣播，而沒有在接收對方的話。當你談得正起勁時，應問問自己：你是否打算一直說而不做傾聽？從說者轉換到聽者，需要經常且持續的練習。

先聽完再反應　我們常常在對方話還沒說完之前就不再傾聽，因爲我們認爲自己已經知道對方將說些什麼。然而，這只是猜測而已，我們總須等人們把話說完，才能有足夠的資料來形成適當的反應。縱使我們的猜測是正確的，也會讓對方覺得我們並沒有在傾聽，而使得溝通受阻。所以，我們要培養傾聽對方把意思表達完畢再給予反應的習慣。有時候，專注的傾聽也許是最佳的反應。沉默能讓說話者自由的去想、去感受以及去表達自己。誠如舊約之箴言：「智慧始於沉默。」

除了自己過早停止傾聽，我們也常被某些說話方式或字眼上的因素干擾，而不願去傾聽。當說話的人喃喃自語、口吃或語音單調時，我們常顯得不耐煩。在這種情形中，我們更應努力的專注於傾聽對方所說的話。

同樣的，當說話者的語言本身或所說的觀點讓我們不悅時，我們也可能不聽。有那些字眼或觀點會引起你不悅而不去傾聽？例如，當別人說到同性戀權利、理平頭的男人、福利制度弊端、爲黑人及婦女爭取自由，你是否會有負向反應或乾脆不聽？當別人引起你情緒反應時，試著提醒自己，不要不聽，也不要準備反擊，應更努力與更客觀的去傾聽，聽到正確而完整的訊息後再做反應。

傾聽要配合情境的目的　傾聽和閱讀一樣，都需要因目的及所欲吸收的材料之困難度而調整專注程度。你對訊息的注意程度在下列情況將有不同：娛樂、學習或瞭解、評估或批判、助人情境。

當目的在於娛樂，則不太需要專注，就像許多人常在「地下鐵前閒聊」。很多時候，人們「聽」一齣喜劇時，是一種愉快的消磨時間的方法。不幸的是許多人把任何情境都當成是在消磨時間。我們必須因訊息的困難度而調整聽的專注程度。

當你不是在觀看喜劇，而是在看公共電視的知性節目，你的目的可能就不是消磨時間，而是在於學習或瞭解。在聽有關方向（如何到達餐館）、有關指導（如何操作外國車的排檔）以及有關解釋（詳述新的辦公室規則）時，爲了瞭解清楚，聽的時候就必須付出較多的專注，以及更積極的去聽。本章的下兩個小節將說明在以瞭解或記憶爲目的之情境中，如何去聽的技巧。

有些時候你可能需要批判性的傾聽。每天我們都面臨無數來自朋友、家人、同事、廣告、候選人等的言論，這些訊息都想要影響我們。爲了能明智的選擇訊息，我們不但必須積極的去傾聽，還需能辨識事實、權衡其輕重、分辨情感訴求及其可靠性。本章最後將說明批判性的傾聽技巧。

助人情境中的傾聽是比較具挑戰性的。幾乎每天都會有人來向我們訴苦或談他們的困擾。有時候他們只是想找個人傾聽，有時則是向我們求助。（第8章）將說明在助人情境中的反應技巧。

練習

自我練習

選擇一個知性的電視節目，觀看至少20分鐘。觀看的時候讓自己悠閒的躺在舒服的椅子裡或地板上，並且一邊用收音機放著音樂，一邊觀看。20分鐘後，馬上把所學到的記下來。接著坐直身子，關掉收音機，去除會分心的因素，並提高專注的程度，認眞的傾聽該知性節目20分鐘。隨後也迅速的寫下你所記得的內容。

比較兩次的筆記，看看所記的內容在量及質方面是否有差異？和同學們討論結果，同學之間互相比較結果是否相似？爲什麼？

瞭解——積極傾聽

傾聽歷程的第二階段是瞭解我們所聽到的。「瞭解（understanding）」意指對訊息賦予正確意義的解碼能力。當他人使用的語句不在自己的字彙庫中時，我們便無法瞭解。假設有人用法語問你，而你不懂法語，雖然你能聽到聲音，但是你卻不能瞭解他的意思。有時候人們雖然用相同的母語交談，但也有可能別人用了你所不懂的字彙。當人們說話快速、語言咬在一起或發音走調，你也會有解碼的困擾。

瞭解訊息必須積極傾聽。「積極傾聽（listening actively）」意指運用特殊的技巧去聽，以確保瞭解訊息。由於我們的思考速度比說話者說的速度快，所以我們能邊聽邊處理所得到的訊息。積極傾聽技巧即包含了確認訊息的組織、注意非語言線索、詢問必要的訊息以及在心中組合所瞭解到的意義。這四個步驟說明如下：

確認訊息的組織

有效的說話者能組織所欲傳達的訊息，包括說話的目的、主要觀點、能說明或支持主要觀點的細節。積極的傾聽則是用心去確認訊息的組織。例如，在父母座談會上，Helen談論著青少年犯罪的問題。Helen的重點放在貧窮與破碎家庭的影響因素上。對於每一個論點，她都會提供她讀過或聽過的資料。當Helen結束談話時，聽衆如果能區辨Helen對青少年犯罪因素所持的看法（目的），她所提出的兩個特殊影響因素（主要觀點），以及用以支持其看法的證據（細節），那麼聽衆便能瞭解Helen所傳達的訊息。

有時候人們組織訊息的方式很容易讓聽者瞭解其目的、主要觀點和細節。有時候則需靠聽者自己從複雜的訊息中，找出其目的、主要觀點及細節，以便瞭解訊息。「當我在傾聽這個的時候，我必須瞭解的是什麼？」此一問話能幫助你確認目的；「訊息的類別是什麼？」與「我爲什麼要做（想）這個？」有助於確認主要觀點；而「支持的訊息是什麼？」能用以確認細節。

注意非語言線索

觀察伴隨語言的非語言行爲，能更正確的解釋訊息，因爲非語言行爲所顯示的意義與語言本身的意義相當。在〈非語言溝通〉一章中，我們曾指出約有65%的社會性訊息是透過非語言方式顯現出來。當Franco說：「你眞的讓Grant教授瞭解那件事了。」你將此話解釋成是在恭維或是在嘲笑，必須依Franco的聲調而定。同樣的，當Deborah說：「走吧，我能從這裡走回家。」我們必須根據她的語調、身體姿態、表情等，以判斷她是否眞的想走路或她其實想坐車回家。

不論你在聽同事解釋其對問題的看法，或聽朋友說明掛壁紙的過程，或聽情人說明對你生氣的理由，你都必須同時注意對方如何說以及說些什麼。在（第8章）討論同理心時，我們將對非語言線索再做說明。

◆積極傾聽者觀察說話者的非語言訊息，以便正確的解釋訊息，因爲非語言訊息傳遞的意思和口語內容一樣的重要。

詢問

積極傾聽者會詢問以便得到更多的訊息來瞭解對方的意思。然而很多人縱使不瞭解對方的意思，也不發問，寧可什麼都不說。有時候人們可能是害羞或不願承認自己不瞭解對方的話。但是假裝聽懂了也是不明智的，如果教授說你的學期報告已到〝Nadir〞，而你在不知她說些什麼的情況下，微笑著回答：「謝謝。」這種行爲是不智的。〝Nadir〞的意思是分數的最低點——爛透了。雖然我們聽不懂別人

基本溝通技巧

技巧	用途	步驟	範例
注意			
從我們所聽到的刺激中選擇某種刺激的知覺歷程	集中傾聽的焦點	1. 分析並盡可能消除生理上障礙 2. 準備好去傾聽 3. 在傾聽者和說話者間順利轉換 4. 在反應之前先聽完對方說話 5. 配合傾聽目標調整注意力	當Amanda察覺到她必須很注意地去傾聽Yvonne說話時，她關掉收音機全神貫注於Yvonne說的話
瞭解(積極傾聽)			
對訊息賦予意義加以解碼的能力	對別人的話充分瞭解	1. 區分訊息中的目的、主要概念、細節以充分瞭解訊息 2. 專注於語言和非語言線索 3. 提醒自己以提昇對訊息的期待 4. 在心中默默複述以增進瞭解	當Hannah說明其嬰兒的作息時間時，褓姆Tanya專注於她的話，默默複述，並在心中區分主要重點和細節

所用的字彙會覺得尷尬，但是若不問清楚則我們的行爲可能會出醜。如果有禮貌的問道：「我不瞭解〝Nadir〞的意思，可否請您告訴我它的意思？」不見得會讓人覺得你是沒有知識的。相反的，發問表示你很認眞的想去瞭解訊息。

有時候聽不懂訊息不是因爲字義的關係，而是因爲敍述模糊、語意不完全、含糊其詞、沒有組織而不易理解，你必須請對方加以澄清。假設祕書說：「把你要用的紙放在盤上，機器會處理它們，收集好並訂好它們。」你可能瞭解個大概，但你仍不知要怎麼放，才能做得正確，弄清楚的唯一方法就是詢問。你可能需要問：「我知道紙必須依序排好，面朝下，但是我不知道那一端要對著我？」（第8章）將說明如何適當的詢問。

簡述語意

積極傾聽者熟練簡述語意（paraphrase）的技巧。簡述語意是將所瞭解到的訊息用自己的話重新敘述，可以在心中默述，也可以說出聲音來。例如，在聽了數分鐘朋友說明如何做一道菜之後，你可在心中對自己說：「換句話說，如何把材料拌在一起，比用什麼材料重要。」簡述語意時要重視正確性，尤其訊息中含有情緒色彩時，必須同時注意語言和非語言線索。如果你無法予以簡述，表示你尚未瞭解訊息，或語言和非語言訊息有矛盾，或你沒有仔細聽。在（第8章）你會有機會練習簡述語意技巧，以增進分享和反應的能力。

練習

團體練習

團體成員輪流就自己熟悉的主題發表1至2分鐘的意見，其餘成員當聽眾積極的傾聽發言者。發言者結束談話後，傾聽者馬上記下所瞭解到的目的和主要概念，然後互相分享、比較、討論，看看說話者所傳達的和傾聽者所接收的訊息有何不同，成員間又有何相似與相異。

記憶——訊息的保留

傾聽的第三階段，也就是緊隨「瞭解」的階段，就是「記憶歷程（remembering）」——將訊息保留在記憶中。如果並未將所學的記住，則所瞭解的都是白費。我們發現自己很難決定何者該記住，何者該忘掉。有時候，我們希望記住的事物常常很快的就給忘記了。你曾

◆當你想把這個月的銷售數據背下來時，如果你對自己複述幾次，將比較容易記得。

有多少次在別人才剛介紹完幾十秒之後，你已不記得對方的名字了？另一方面，有些事情或感覺對你的印象卻又深刻到讓你終生記得，想忘都忘不掉。例如，一首音樂的歌詞在你心中縈繞數日，或情人的一句惡言會在你心中縈繞數年。雖然如此，我們對於記憶仍有很大的主控力。有效的傾聽者能運用三個技巧來增加記憶：重複（rehearsal）、建構口訣（constructing mnemonics）以及做筆記（note taking）。

重複

記憶的運作是將訊息從短期記憶（short－term memory）移至長期記憶（long－term memory）中（註6），達此目標最簡單的方法是重複——接到訊息後立即在心中重複之。將訊息重複二次、三次或四次，則日後比較可能記得。重複訊息可增強訊息存放在記憶中的可能性，若訊息未獲增強，則只會在短期記憶中存放約20秒鐘，然後就忘了。所以當你被介紹一個叫Jack McNeil的人時，在心裡默唸：「Jack McNeil、Jack McNeil、Jack McNeil、Jack McNeil。」則比較有可能記住那個名字。同樣的，若向人問路後得知：「朝東走兩條街，然後左轉到下一個路燈處再右轉，再往前走到下一個街口便是。」你必須趕緊在心裡複述一遍：「朝東走過兩條街，然後左轉到下一個路燈處再右轉，再往前走到下一個街口。」

建構口訣

建構口訣的技巧是指將訊息轉換成容易記憶的形式。口訣設計（mnemonic device）是幫助記憶的人工技巧。最通行的口訣記憶方式是取串聯在一起的字詞之頭一個英文字母，予以建構成一個字。例如，背誦「五大湖（the five Great Lakes）」的簡易方法是記住HOMES（Huron, Ontario, Michigan, Erie, Superior）。

你若想依序記住一些項目，可用本身的字去建構成一個句子，或依序抽取每個字的第一個字母去組成容易記憶的形式。例如，你初學音樂時，你想記住高音譜線上的符號（EGBDF），你可用（every good boy does fine）的口訣來幫助記憶。對於高音譜線間的符號（FACE），則可用（face）此字來協助記憶。

做筆記

做筆記雖然不適用於日常的人際對話，但它在電話中、簡報中、訪談或商務會議中，則是增進記憶的有力工具。做筆記是將資料記錄下來，供我們回頭去看。文獻指出做筆記的行動本身比所記錄的內容重要，因爲在做筆記的過程，我們處於主動傾聽的角色（註7）。所以，你若要準備考試，花點時間把要背的內容用做筆記的方式記下來，則有強化記憶的功能。

筆記內容應視情境而異。有效的內容應包括主要概念或重點及部分最重要的細節。它也可以是訊息的摘要（簡述語意的一種方式），好的摘要內容應涵蓋訊息的大綱和主要的資料，但不需太長，就像大多數的上課內容都可濃縮成簡短的大綱。

假設一位督導員向工作人員說明將報告寫得清楚的重要性。在她的說明中若提到以計算模糊指數（fog index）的方式來檢驗報告的可讀性，那麼爲了記得細節，積極的傾聽者將會做筆記。督導員的說明如下：

老板很重視各重要部門所寫的報告之品質。有很多報告寫得不清楚，不好唸，因此，在未來每篇報告上都要附上模糊指數表格，以顯示計算的結果。

模糊指數是最常用來檢驗可讀性的方法，簡易而有效。它主要是計算句子的長度和字的長度。理論上，是句子和字的長度愈短，愈容易閱讀。

計算模糊指數的方法有六個步驟：

第一　隨機抽取五個段落，每個段落至少包含100個字。若報告共五頁，則每頁各抽一段落。抽取時均從每一段文字的開頭算起，算到第100個字時，把那個字的句子完整納入。所以抽取的段落可能是100個字，或超過100個字。

第二　計算每個段落中的句子之平均長度。例如，在一個有116個字的段落中，共有五個句子，則句子的平均長度為23.2個字。

第三　計算每百個字中的難字數目。超過兩個音節的字便是難字，不過專有名詞和字末加上－es，－ed或－ing而變成三音節的字不算在內。如果116個字的段落中有12個難字，用12除以116，得到每百字中有10.3個難字。第二步驟和第三步驟中所得數字均除去小數點，用整數表示之。

第四　將句子平均長度和難字百分位數相加，例如，23和10相加

表7.1

筆記示例

筆記 計算模糊指數（FI） 1.未來的報告要附模糊指數： 模糊指數：以句子和字的長度所呈現的可讀性指標。短的句子和字，容易閱讀。 2.計算的六個步驟： (1)選五個段落，每個段落至少含有100個字。 (2)計算每個段落的句子平均長度。 (3)計算每百個字中的難字數目： • 三個音節以上的字，不包括專有名詞和加上-ed，-es或-ing的字 • 捨小數點 (4)兩個數字相加。 (5)乘以0.4得（FI）。能輕鬆的閱讀此段落所需教育年數。 (6)計算五個段落的平均(FI)，將結果及計算過程寫在末頁。 3.重新寫報告，直到(FI)介於10～13之間。

起來。

第五　將第四步驟所得數字乘以0.4，所得便是模糊指數。此數字表示要能輕易的閱讀此段文字，所需接受的教育年數。

第六　若有五個段落，則計算五個段落的平均指數。將計算過程和所得數字寫在報告的結尾處。

我們要重寫報告，直到模糊指數介於10和13之間。

上面這段文字包括很多具體的細節，是口語說明中所少見的。不過這段說明可寫成如（表7.1）所示的簡短大綱。好的筆記所用的字數約只是原有資料的10％到30％。不過重點不在於字數，而是筆記內容是否正確。

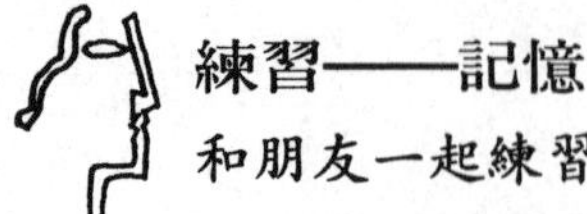

練習——記憶

和朋友一起練習

請一位朋友扮演你的同事，在你上班的第一天，以平常的速度爲你讀下列資料，只讀一遍。當他在朗讀時，你做筆記。然後塡答隨後的問題。第一次塡答時不看筆記，第二次則參考筆記做答。比較第二次進步了多少？請不要自己閱讀下列資料，用聽的，你才能享受此練習的樂趣和價值：

「由於你是新手，我想先告訴你一些細節。老闆可能會告訴你打字和分發信件是你的主要任務。也許是的，但是讓我告訴你，接電話將會佔去你大部分的時間。至於打字，Goodwin會給你最多，但他要你打的資料可能和本部門無關——我會避免把我的所有時間用在做他的私事。Mason不會給太多工作，但你最好做好它——她是個講求精確的人。我會至少在前兩天事先檢查。Bernstein通常都在最後1分鐘才把文件丟到桌上。

信件不易處理，不過你會習慣它。信件每天來兩趟——早上10點和下午2點。你必須把桌上剩餘的信件拿到Charles Hall去招領。如果有比較急的信件，則直接拿到Harper Hall的學校郵局。走到那裡有點遠，但急件最好送過去。當你在McDaniel Hall取信件時要分類，你必須確定收件人是這裡的人。若有不屬於此處的信件，把它們包捆起來，註明退回學校郵局。

現在談談你的休息時間。早上你有10分鐘，中午有40分鐘，下午有15分鐘。如果你夠聰明，你將在10點半下課前離開。時間通常很趕。有三位老師接著會來辦公，他們如果沒有留住學生，學生會防礙你的工作。如果你在11點45分用午餐，你可以在大部分員工用餐前回到辨公室。

還有一件事。你必須每天8點15分時打電話叫醒Jeno。如果你忘了，他會非常生氣。好啦！祝好運。」

請根據上列敍述回答下列問題：

看筆記　不看筆記

______　______1.不屬於此的信件應送至那裡？

______　______2.信件多久來一次？

______　______3.你應於幾點結束午餐返回？

______　______4.Bernstein交待的工作有何問題？

______　______5.誰給的工作量最多？

______　______6.Goodwin給的工作有什麼問題？

______　______7.依老闆所言，你的主要工作是什麼？

______　______8.你應將外面的信件送至那裡？

______　______9.郵局在那裡？

______　______10.你早上有幾分鐘休息時間？

______　______11.你最好在幾點用午餐？

______　______12.你必須用電話叫醒誰？

答案：1. Harper Hall

2. 每天兩次

3. 12點半

4. 最後1分鐘

5. Goodwin

6. 與工作無關

7. 打字／處理信件

8. Charles Hall

9. Harper Hall

10. 10分鐘

11. 11點45分

12. Jeno

團體練習

每一位同學各自選一篇報章上的文章，做2分鐘的朗讀。當同學朗讀時，其餘同學做筆記。然後同學之間比較一下所做的筆記，討論彼此之間的異同。

評價——批判性傾聽

第四階段的傾聽是評價歷程。在積極傾聽與記憶之後，必須加上評價歷程，以判斷我們所瞭解的訊息有多少眞實性與可信度。例如，有人想說服你投某一位候選人或支持RU 486（墮胎藥丸）的合法化。你必須具批判性的傾聽，以決定你同意與否以及你將如何反應。如果你不能對訊息有所批判，你可能會在無意中做了違反自己價值觀或與你的目標相違的決定，或對別人有錯誤的引導。

批判性傾聽包括：(1)區辨事實與推論；(2)對推論進行評價。

◆積極傾聽技巧有助於瞭解。

區辨事實與推論

批判性的傾聽能區辨事實（facts）與推論（inferences）。事實是訊息的詳細內容，能藉直接觀察而證明其正確性。推論則是根據觀察結果所做的結論或歸納。所以區分事實與推論意指能區別所觀察的事項及觀察之後形成的意見之不同。

例如，Ellen告訴朋友說她在附近的道路上看到Bob的電視修護車，近兩星期來已是第十五次了。Ellen只說出她所看到的，她說的屬於事實。如果她又說：「他們買的新電視機眞不值得。」便屬於推論。她所說的是在未知眞實情況下所做的結論——停在鄰近的修護車是爲了修理某戶人家的電視機。不妨想想，我們還可從修護車這兒做不少推論。如，修護車的司機可能是Ellen鄰居的朋友；或是在架設電視網線；或是一台舊電視機爆了。修護車的存在是事實，而對修護車存在的解釋則是推論。

必須對事實和推論做區分，主要是因爲推論可能是錯的，縱使它是基於事實所做的推論。合理的評斷是指我們根據事實或正確的推論所提出的意見。所以當我們聽到下列敍述：「最好小心點，Steve今天心情很差——你沒看到他滿臉怒容的樣子嗎？」；或「我知道你隱瞞了一些事情，我們從你的聲音中聽得出來」；或「Olga和Kurt互相傳情——我看他們幾乎每天晚上一起離開辦公室」；這些敍述都是推論，可能是眞實的，但不必然都是眞的。

評估推論

批判性傾聽不只是要確認推論，也必須知道如何評估其有效性。因爲推論都是根據事實所衍生出來的結論，所以推論常以論證（argument）的形式出現，亦即在推論之後，再加以說明以支持其推論。例如，Joyce說：「明年會比去年好過很多，我每月薪水加了＄200元，而我先生也不必再額外工作，他們正在找人替代Ed。」在她的聲明中「明年會比去年好過很多」是一種推論，須有說明予以支持。「我每月加薪＄200元，而我先生也不必再額外工作，他們正在找人替代Ed」的敍述是可以證實的事實。Joyce在其論證中把推論和事實做一聯結。

她的論證基礎是每個月有較多的錢，而她的先生工作量也減少了，將使他們明年好過很多，因爲壓力少了。

在評估推論時，須考慮三個問題：(1)是否有事實來支持推論？也許根本沒有事實資料予以支持，或資料不足，或支持的資料是不正確

基本溝通技巧

技巧	用途	步驟	範例
評價(批判性傾聽)			
分析所瞭解的訊息	判斷我們所接收的訊息之眞實性與可信度	1. 思考支持推論的敍述是否有意義 2. 思考支持性敍述和推論之間的適切性 3. 思考是否有其他訊息在減弱推論的適切性	Julius 說：「Fernando你必須多貼一些宣傳單，才比較有機會被選上。」Fernando針對此建議，判斷宣傳單的多寡和當選間的關聯。
記憶			
保留訊息於記憶中	貯存訊息以備回憶	1. 重述訊息 2. 運用口訣 3. 做筆記	Chris被介紹給了Aileen Stewart(一位議員後選人)，Chris在心中一直重複默唸著：「Aileen Stewart——議員候選人、Aileen Stewart——議員候選人……。」

的；(2)支持性資料是否切合所做的推論？也許其關係不合邏輯；(3)是否有其它資料使原來的支持性說明失去其效力？在Joyce的例子中，她提出了一些支持性事實：她加薪了，而且她的先生工作量也減少了。再者，加薪與日子好過些是相切合的。至此，Joyce似乎做了一個合理的論證。然而，如果我們知道一個月加薪＄200元，Joyce的任務也相對增加了，明年是否會更好則令人懷疑。

再舉一例。Daniel說：「這正是買車的好時機，利率是三年來的最低點。」推論部分是「這正是買車的好時機」。首先，Daniel是否提出了支持性說明？有的。其次，此支持性說明是否切合推論？是的——利率是一個決定買車的因素。最後，是否有另外的訊息影響此結論？如果有其它指標顯示經濟正處於不景氣時期，此筆資料將比穩定的利率還重要。

對大多數人而言，最難的是第二個問題：「支持性說明是否切合推論？」它的困難在於傾聽的人必須能找出敍述中切合推論的部分。在多數的情況下，這部分在論證中都是隱含性的，並未被明白的說出。例如，Joyce並沒說：「加薪和減少工作量是明年日子會好過些的指標。」我們必須能指得出來。

在評估支持性資料是否適當時，應思考的是「我如何知道這些支持性資料切合推論？」例如，Hal說：「我看到草上有霜，我想我們的花完蛋了。」我們要怎樣才知道此支持性事實「草上有霜」對「我們的花完蛋了」此推論是適切的？如果我是Hal，我會想：「有霜表示氣溫低得足以讓草上的濕氣凝結——若氣溫能使濕氣凝結，表示也足以凍死我的花。」這樣的推論似乎合理，因為我們能在霜和花的凍死之間找出關聯。再舉另一個例子，Gina說：「第一次考試時，我研讀了通宵，才得丁等。這次我大概不能讀得更好了。」這句話顯示Gina看到研讀時間和成績間的關係。換句話說：「因為研讀的時間影響成績，而Gina不可能有更多時間研讀，所以她的成績沒有辦法提高」，這種推論的適切性值得懷疑。她的推論中好像只有考試前的研讀時間是決定成績的唯一因素，但是許多其它因素也是很重要的，如，平時的研讀及專心程度等。

表7.2

傾聽的四個歷程

	良好的傾聽者	不良的傾聽者
注意	注意重要訊息	沒有聽到對方所說的內容
	生理及心理的準備度	坐立不安、眼光晃動、心思亂飄
	客觀而沒有情緒介入	情緒化的語言
	依情境的不同而改變傾聽	不論何情境，均不改變傾聽的方法
瞭解	對所聽到的內容做適當的解釋	聽到內容，但不瞭解或解釋失當
	區分目的、重點和支持性訊息	忽視訊息內容的組織性
	在內心思考預期中的訊息	內心對訊息毫無預期
	默述訊息以加強瞭解	很少或從不在內心重述訊息
	察覺非語言訊息的意義	忽略非語言訊息的意義
記憶	保留訊息	雖解釋訊息正確，但忘記了
	複述訊息中的重點	自以爲能記得住
	運用口訣	很少解析訊息中的重點
	做筆記	只憑記憶
評價	批判性傾聽	瞭解訊息，但無法評價
	區分事實與推論	不能區分事實與推論
	對推論進行評價	只看訊息的表面意思

簡言之，當你做到下列三者時，便是批判性的傾聽：(1)你會思考支持性的敍述是否爲有意義的事實性陳述；(2)你會思考支持性敍述和推論之間的適切性；(3)你會思考是否有其它訊息在減弱推論的適切性。

（表7-2）簡要地描述了良好的傾聽者以及不良的傾聽者，運用「注意」、「瞭解」、「記憶」及「評價」四個歷程的情形。

練習——評價

自我練習

1.讀完下面的故事，然後評價每位證人的敍述屬於事實（fact）

或者是推論（inference）。

兩個人帶著幾個大包裹，匆匆離開銀行，跳進一部長型黑色的車內，急駛而去。數秒鐘之後，一個男人衝出銀行，揮舞著手臂，看起來很沮喪的樣子。你聽到兩個人在討論他們所看到的。

____(a)這家銀行遭搶劫了！
____(b)眞的！我看到搶匪匆匆離開銀行，跳進一部車子，急駛而去。
____(c)那是一部長型的黑色車子。
____(d)那兩個男人帶著幾個大包裹。
____(e)他們離開數秒後，一個男人隨後從銀行出來——但是太遲了，他們已逃走。

答案：(a)推論　(b)推論　(c)事實　(d)推論（是男人嗎？）　(e)推論

2. 就下列各個問題，分別從三方面來加以討論：(1)支持推論的敍述是否爲有意義的事實性陳述？(2)支持性訊息和推論之間是否有適切的關聯？(3)是否有其它訊息減弱了推論的適切性？思考這些問題時，應注意支持性訊息和推論間的聯結是否合理：
(a)這家西洋棋俱樂部用賣對號券的方式，賺了很多錢。我想我們也應售賣對號券。
(b)Chad是一個主動、有風度、又有高度動機的人——他應能成爲好的銷售員。
(c)去年有三個學生在這個測驗上的得分爲甲，在那之前有五位學生得甲，再往前有三位學生得甲。今年一定也會有幾位學生得甲。
(d)我在孕婦裝的店裡看到Kali——她必定是懷孕了。
(e)仔細聽，我喜歡Darren的想法，Solomon是一位傑出的數學天才，Marco和Ethan是我最好的兩位朋友。他們四位都是Alphas的成員。就我所知，Alphas是校園中學業成績優異的一群。

(f)如果Greg沒有闖過來，我也不會打翻這杯冰茶。

(g)也許這是你的看法，但是對我而言，當官員貪污，而警察視而不見時，這就形同舞弊。

(h)Krista梳那種髮型，吸引了許多男生——我也要梳像她那樣的髮型。

摘要

傾聽是一種主動的歷程，包括注意、瞭解、記憶、評價和反應等歷程。有效的傾聽是溝通的要素。

注意是有意識地選擇聲音之歷程。我們可藉下列方法來增進注意的效能：(1)瞭解及減少生理的阻礙；(2)身心都做好準備；(3)聽與說之間的順利轉換；(4)仔細聽完對方的話再予以反應；(5)配合目標，調整注意力。

瞭解是對訊息賦予意義而加以解碼的歷程。練習積極傾聽是增進瞭解能力所必須：找出訊息中的組織型態、注意非語言線索、要求對方說明、在內心默述。

記憶是將接收的訊息貯存起來以備回憶之歷程。增進記憶的方法：複習所得訊息，運用口訣技巧，以及內容太多時，要做筆記。

評價或批判性的傾聽，是區分事實與推論，並判斷推論的正確性之歷程。事實是一種可予以驗證的敍述，推論是根據事實而下的結論。批判性傾聽的方法爲：(1)思考支持性的敍述是否爲有意義的事實性陳述；(2)思考支持性敍述和推論之間的適切性；(3)思考是否有其它訊息在減弱推論的適切性。

目標陳述

你知道自己何時有在傾聽，何時沒有嗎？今晚，記錄一下你今天有「傾聽」的五種情境。你的行爲在這五種情境中有何相似或相異？在這些情境中什麼因素使得你採取不同的傾聽技巧？而在那一個情境中，你的傾聽效果最好？你依什麼來評斷你的傾聽效果？你的行爲中，有那些是有效的傾聽，那些是無效的傾聽？

底下的傾聽行爲，那些是你常有的？

1. 我會依娛樂、瞭解或評價等目的來改變傾聽的方式。
2. 我會因對於他人的談話內容沒興趣，而不再傾聽。
3. 我能清楚的瞭解說話者的目的。
4. 當我在想著其它事情時，我也會假裝傾聽他人的談話。
5. 當人們談話時，我能區分其主要概念和細節。
6. 當人們談話的方式令我困擾時（如，喃喃自語、口吃或音調乏味），我不再傾聽。
7. 在交談中，我會在必要的時候用改述語意的技巧來檢核自己所瞭解的。
8. 當我覺得很難瞭解談話的主題時，我便不再傾聽。
9. 當說話者詳細說明時，我會做筆記，記下主要概念和細節。
10. 當我發現對方有防衛性的敍述時，我便不再傾聽，並急於反應回去。

以上各項中，偶數題是負向傾聽行爲，奇數題是正向傾聽行爲。評斷一下你自己的傾聽行爲是正向的或者是負向的，並且討論之。在那一種情境下，你對自己較滿意？以及較不滿意？你的滿意度和你的傾聽方式有何關係？未來，你打算加強本章所提的那些原則？爲什麼？

針對你自己在傾聽上的弱點，依（第1章）第29頁中的目標陳述原則，寫出改進的目標。

建議讀物

Burley-Allen, Madelyn (1982), *Listening: The Forgotten Skill,* New York: John Wiley & Sons.

註釋

1. L. Barker, R. Edwards, C. Gains, K. Gladnes, and F. Holley, "An Investigation of Proportional Time Spent in Various Communication Activities by College Students," *Journal of Applied Communication Research* 8 (1980): 101–109.

2. Lyman K. Steil, Larry L. Barker, and Kittie W. Watson, *Effective Listening* (Reading, Mass.: Addison-Wesley, 1983), p. 38.

3. Andrew Wolvin and Carolyn Gwynn Coakley, *Listening,* 4th ed. (Dubuque, Iowa: Wm. C. Brown, 1992), pp. 70–71.

4. National Institutes of Health, *Hearing Loss* (Washington, D.C.: National Institutes of Health, 1982), p. 1.

5. Joan Gorham, "The Relationship Between Verbal Teacher Immediacy Behaviors and Student Learning," *Communication Education* 37 (1988): 51.

6. W. K. Estes, "Learning Theory," in Alan Lesgold and Robert Glaser, eds., *Foundations for a Psychology of Education* (Hillsdale, N.J.: Erlbaum, 1989), pp. 6–8.

7. Wolvin and Coakley, p. 251.

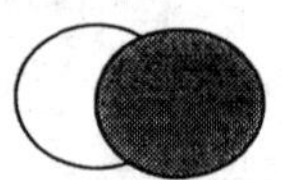

同理的反應技巧

☞ 目標

讀完本章之後，你應能解釋或說明下列各項：

1. 確認他人情緒狀態的方法
2. 探詢訊息
3. 簡述語意
4. 對正向及負向情緒的支持
5. 提供不同的解釋
6. 稱讚
7. 給予和接受建設性的批評
8. 消除不適當的反應

「我們必須用現象學的方法來看這個問題。當我們瞭解到認知並非對經驗做推論，而是所意識的經驗之本身，我想我們便能有眞正的洞察。」

「嘿！拜託—用英語說！」

「這學期我在他的課堂上的表現沒有自己預期中的好，其實我花在讀書上的時間比以前都長，但是就是不對勁！」

「你說得對極了——你搞得一團糟。」

*　　*　　*

「上次我們去Beth的時候，我們似乎已非常冷淡。事實上，我覺得有些事困擾著他，我擔心那是因爲我們的關係所致。」

「我能看得出爲什麼你那麼關心。她的行爲和你過去所描述的，的確不太一樣。是不是有什麼事在困擾著她？」

以上每一個例子都是一種反應（response），他映照出一個人如何去接收訊息。上面的例子中，反應方式有很大的不同。前兩個反應顯示聽話者對說話者的觀點或情緒，沒有任何感覺。第三個例子則有所不同，說話者對情境有較敏銳的感受。前兩句的反應是不適當的，第三句是較好的反應。本章將讓你學會這中間的差異，以及如何做適當的反應。

如（第7章）所討論的，傾聽的最後階段是做適當的反應。反應階段與傾聽的其它階段有很大的不同，因爲當我們做反應時，我們從接收訊息者轉換成發送訊息者。而且反應也是傾聽過程的最後統合階段，因爲從反應或沒有反應，我們可以知道是不是有溝通發生，或是不是已達到意見的分享。

◆同理心在於能察覺與確認他人的情緒狀態，並予以適當的反應出來。

本章我們將先討論同理心（empathy），它是有效的反應技巧之基礎，接著我們討論同理的反應（empathic response）。最後，我們將討論有效的溝通者所應避免的不適當的反應。

同理他人

適當的反應不只需運用注意、瞭解、記憶、評估的技巧，還需具備對說話者的同理能力。同理心是指偵察和確認他人的情緒狀態，並予以適當的反應（註1）。

偵察和確認感受

同理心的第一個部分是偵察（detecting）和確認（identifying）一個人的感受（feeling），這部分強調知覺（perceptual）技巧——能注意到口語和非口語線索，據以確認其情緒狀態。在（第4章）曾提到有65%以上的社會性意義是由非口語訊息傳遞出來。Rico說：「接得好！Jim。」——當Jim漏接了一個飛到他面前的慢球時，從Rico說話的語氣，便能知道Rico的意思和他所說的恰好相反。同樣的，當Maren說：「你先走吧！我要完成我的作業。」我們便必須根據語氣、身體姿態、表情，才能解釋Maren是希望別人不要理她還是她眞的想完成作業。所以敏銳察覺伴隨口語內容的非語言行爲，是瞭解其所傳達的感受之先決要件。

偵察與確認他人感受的能力，受到下列因素的影響：(1)我們在相同情境下的經驗；(2)我們對該情境的想像；(3)我們對他人在相同情境下的觀察。重要的是當我們在覺知他人的情緒狀態時，我們必須從他人的眼光來看事情。我們對他人的瞭解不是依據我們所想的那個人「應該」有什麼感受，而是依據那個人眞正經驗到的感受是什麼。同理心是「他人」取向（other oriented）而不是「我」取向（I oriented）。

讓我們舉個同理心的例子，Troy對Martha說：「我對這個廣告活動付出了很多心血，我一直認爲這個廣告做得很專業，但是客戶說她希望看看其它的計劃。」當Troy說著的時候，Martha注意Troy的表情、姿態、動作等，Martha也注意著Troy語調上的變化以及聲音上的間斷與否。Martha從Troy的語言和非語言線索，能看出Troy的感受。像這種情形，Martha從觀察Troy的口語和非口語線索，能確認Troy的失望情緒或是能想像Troy的失望，便是能同理Troy的感受。

適當的反應

同理心定義中的第二個層面強調適當的反應。當Troy說：「但是客戶說她希望看看其它的計劃。」Martha可予以反應：「你一定感到很震驚。」用一種表示能瞭解Troy的痛苦與訝異的方式說出來。這個反應讓Troy知道：(1)Martha瞭解所發生的事；(2)Martha瞭解她的痛苦和訝異；(3)Martha將願意聽Troy繼續講下去，並願意給Troy安慰。

一般人會分不清同理心與同情心（sympathy）。雖然他們有相似的意義，但是同情心通常表示：(1)兩人有相同的感受；(2)對他人的困境感到可憐或同情；例如，Troy的敍述可能使得Martha自己也覺得挫折，爲Troy而難過得哭了起來。如果她分擔Troy的情緒到這種地步，她將不可能幫助Troy渡過其情緒困擾。瞭解與同理Troy，並不需要和Troy一起痛苦，甚至於在她認爲Troy的反應過當時，她也能接納與瞭解。同理心是一種對他人情緒的認知，而不是參與在他人的情緒之中。

總之，同理心有兩個要素，一是對他人情緒的認知，亦即知覺技巧（perception skill），另一個是對他人情緒的反應，亦即溝通技巧（communication skill）。這兩種技巧都必須對他人所經驗到的情緒有眞正的瞭解。底下將進一步說明如何做到對他人的同理。

增進同理的能力

同理心與對人的關心和專注有關。我們對人的同理層次和我們對人的關心程度有直接關係。這並不表示我們必須和別人有很深的人際關係，才能對之同理。關心是一種將心比心的能力。當你喜愛或尊敬的人能瞭解你的痛苦、害怕、生氣、歡愉及驚訝的感受時，你會覺得很好。同樣的，別人也會希望得到你的同理，就像你希望別人同理你一樣。你若能自問當自己處於相同的情境和行爲之中時會有什麼樣的感覺，你將比較能有同理心。

我們通常因爲擔心暴露自己的缺點或擔心受傷害，所以不願意顯示我們很關心別人。你可能認爲情緒不應讓別人知道。然而每個人都有情緒，不論是否顯之於外，與人分享情緒並不表示自己是不好的。當你能同理他人的喜悅或痛苦，並願意顯示出來，這對你們雙方都會有好處。

同理的層次也和你是否專注於觀察他人的行爲有關。當一個人開始和你說話時，你要養成一個習慣，那就是先在內心問自己兩個問題：「我認爲這個人現在的心情怎麼樣？」和「我根據這個人身上的什麼線索來做此推測？」在心裡提醒自己這兩個問題，有助於你專注於對方的非語言訊息。這是合理的期待嗎？當人們專心觀察時，他們能看出別人主要的情緒，如，快樂、悲傷、驚訝、生氣、害怕（90%以上），也能看出一個人的卑鄙、厭煩、私心、意向、慌張（約80%至90%）（註2）。這方面的研究指出，臉部表情是辨識情緒的關鍵（註3）。當你習慣於做這種觀察，你比較能去感覺別人的心情、感受和態度。

總之，傾聽他人的談話時必須：(1)專注於語言和非語言訊息；(2)關心他人；(3)想想自己在相似的情境下的感受；(4)根據他人的行爲線索來揣測其情緒狀態；(5)把你所知覺到的他人的感受反應出來讓對方知道。本章稍後將說明適當和不適當的反應之差異。

練習——同理心

自我練習

想想下列三種你常聽到的話：

1. Tyrell沒有任何理由的送花給我。
2. 我的考試得了一個丙等。
3. 我的頭撞到了門框。

這些例子中，說話者的心情至少可能是下列三種狀態之一：說話者的感覺是正向的或是幽默的、負向的或覺得困惑、或者都不是。想想你可以根據什麼樣的非語言線索來解釋其可能的心情，然後把你對說話者心情的覺知敘述出來。

團體練習

在小組中，每位成員敘述一件讓他有情緒反應的經驗，但不向團體成員說出他的情緒反應是什麼。這個情緒經驗不一定要是很強烈的。當主述者講完事件情節之後，團體成員討論這個人的情緒經驗，並說明他們根據什麼語言及非語言線索來做此判斷，以及他們的同理是根據自己的經驗或是一種想像。最後，主述者再給團體成員回饋，看看他們的知覺是否正確。

生活記事

以最近你對他人同理成功的經驗為例，將情節寫下來，並做下列分析：你和此人有什麼樣的關係？你認識此人多久了？此人的情緒狀態是什麼？你如何辨識出來的？其非語言線索是什麼？語言線索呢？你是根據自己在相似情境中曾有過的經驗，還是根據想像你自己可能會有的感受來推測？你做了什麼來表達出你對他的同理？你們之間的這段溝通有什麼結果呢？

澄清意義

誤會可能是溝通的最大阻礙。誤會的造成通常是因為不專心或急躁，以致會錯了意思。我們對別人的誤會遠超過我們自己所知道的。在（第7章）中我們曾強調培養內在傾聽技巧（internal listening skills），現在我們要說明如何透過適當的反應來增進瞭解的程度。詢問（questioning）和簡述語意是澄清意義時常用的技巧。

詢問

當我們所得訊息不足以用來瞭解對方的意思時，我們最好要進一步詢問對方。但是有效的詢問不是容易做的。如果你的詢問不能得到你要的訊息，或是讓對方覺得氣憤或狼狽，則你的問題可能是不妥的。底下是一些詢問的原則，可避免引起對方的防衛。

問題的目標要具體

假設Shana對你說：「我眞的感到很挫折。你可否在回家的路上到店裡去幫我多買些紙回來？」此時你可能需要更多的訊息來瞭解Shana的話。不過你若是說：「我不知道你的意思。」不太可能得到有用的回答。你的問題必須看你想得到什麼訊息而定。

你可問想得到重要細節的問題：「你希望我買哪一類的紙，需要買多少？」

你可問能澄清語意的問題：「你能否告訴我，你所說的『挫折』

是什麼意思？」。

你可問能引出感受的問題：「是什麼讓你覺得挫折呢？」

不論是希望得到細節、澄清語義或感受，你的問題都必須具體，才能獲得你想要的訊息。

基本溝通技巧

技巧	用途	步驟	範例
同理心			
能偵察和確認他人當下情感狀態。用適當的態度反應出來	增進支持性的氣氛	1. 注意語言和非語言訊息 2. 關心的態度 3. 回想或想像當你處於相同情境時會有什麼感受 4. 推測對方的情緒狀態 5. 使用適當的語言表達你對其感受的瞭解	當Jerry說：「上大學了還穿吊帶褲，實在很尷尬。」Mary頗有同感的笑著說：「是啊！那樣穿讓人覺得像個小孩子，不是嗎？我記得當我穿吊帶褲時，我得忍受一些事情。」
詢問			
用來獲得更多訊息的語句	在反應之前用來獲得較完整的訊息；幫助害羞的人多說一些；澄清意思	1. 傾聽訊息 2. 判斷你需進一步知道那方面的資料 3. 使用適當的問句來達到目標 4. 使用適當的非語言行為	當Connie說：「若她不是如此的不活潑，情況會好很多。」Jeff回答：「我不是很瞭解你說『不活潑』的意思，你可否說明一下？」

不要使用一、兩個字的問題以免顯得唐突

唐突的問題很容易讓人誤解其動機。當Miles說：「Molly剛才告訴我，說我的行爲完全沒有注意到她的需求。」不要用「什麼」來回應，而要問：「她是否有說她指的是什麼具體的行爲？」如此可以避免Miles對你所問的「什麼」感到不解，而能瞭解你想問的訊息。唐突的問句通常含有質疑的意味，比較不是針對所要探詢的訊息。

使用正向的非語言行為

詢問時要用誠意的口氣，不要讓人覺得有諷刺、打斷、高傲、專橫、批評的意思。我們要時時提醒自己，我們說話的方式比我們所說的內容重要。

把無知歸諸自己

人在處於壓力之下時，很容易把別人的問話解釋成是在嫌他說得不清楚。避免引起防衛的策略是把無知歸諸自己，在問題的開場先表示是自己的疏失，當Drew說：「我受夠了Malone老是批評我。」你可能說：「Drew，我覺得很抱歉，我可能沒聽清楚你說的——你說Malone做了什麼？」。

底下是一些具同理心的問句和不適當的問句之對照：

Tamara走出會議室說：「他們又否決了我的提議！」Art問：

不適當的問法	適當的問法
「你有盡力地去解釋嗎（這一個問句隱含著對Tamara的責備）？」	「他們有告訴你爲什麼嗎（這個問句很誠意的探詢進一步的訊息）？」

Webster和Renee離開宴會開車回家，Renee說：「和那些主管們在一起，我覺得好奇怪。」Webster問：

不適當的問法	適當的問法
「當你和我們的上司在一	「和我們的上司在一起

起時，你爲什麼總顯得那麼蠢（此問句，Webster有意的刺傷了Renee。他並不想去體諒她的感受或去瞭解她）？」	時，是什麼讓你覺得奇怪呢（這個問句可以獲得更多的訊息來幫助Renee）？」

同理的詢問能引出必要的訊息，較不會導致防衛性的回答。不適當的問句則讓人覺得刻意中傷或責備。當所要問的訊息是切題的，而且是基於探究和支持，不是有意或無意的去傷害對方時，則詢問才是有用的。

總之，必須(1)仔細傾聽訊息；(2)判斷你還需要什麼訊息來增加你對原有訊息的瞭解；(3)針對所要探詢的訊息；(4)用誠意的聲調詢問。

雖然大家都知道要使用詢問來獲得更多的訊息，然而大多數人卻認爲當我們瞭解他人的意思之後，便不需要再說任何話。其實在我們確信自己已瞭解對方的情況下，仍然常常發生嚴重的溝通問題。爲什麼呢？因爲我們所認爲的意思可能和其眞正意思相去甚遠。

簡述語意

簡述語意係指把你所瞭解到的意思用自己的話表達出來。簡述語意不只是重複對方的話。假如Scott考試考壞了，說：「這次我眞的要發奮讀書了。」若回答：「這次你眞的要發奮讀書了。」便是重複。這種回答只表示你聽到對方的敍述，不表示你瞭解其意。有效的簡述語意是指以傾聽者自己的用語敍述出所接收到的意義。如果你認爲Scott在說的是特殊的研讀技巧，你的簡述爲：「我想你打算好好的唸並且仔細寫下每章的重點。」這是簡述語意，因爲這句話讓Scott知道你對他所說的「眞的要發奮讀書」之瞭解。如果你說對了Scott的意思，Scott會說：「對的！」但是如果你誤解了Scott的原意，他會加以澄清：「我只是要多花些時間仔細的讀每一章，但是我沒有要寫下重點。」這時候你會有機會和Scott繼續談下去，鼓勵他加些讀書技巧。

簡述語意的種類

你在抓取一句話的意義時，將視情況而著重在內容、感受或二者兼有。內容的簡述（content paraphrase）針對訊息中的實質意義或外延意義加以摘述；感受的簡述（feelings paraphrasing）是根據對方的非語言線索，你敘述出對其所傳遞出來的情緒經驗之瞭解。

爲了說明其間的差異，我們回到Scott的敍述：「這次我眞的要發奮讀書了。」若將之簡述成「我想你打算好好的唸並且仔細寫下每章的重點」，這便是內容的簡述，是根據訊息中的外延意義而來。若著重Scott說話時的聲音，感受的簡述可能是：「你對上次考試的成績眞的覺得很難過。」那個反應才適當，必須看Scott說話時是強調如何好好準備考試，還是強調他對考得不好的感受。底下再舉一例：

「五個星期前我把修改好的獨立研究稿繳給我的指導教授。那時我心情很愉快，因為我覺得經過修改後我的說明比以前清楚多了。你可以想像當昨天我取回稿子的時候，指導教授說她看不出這篇與上一篇有什麼不一樣」。

內容簡述	感受簡述
「如果我聽得沒錯的話，你是說你的指導教授看不出有什麼差異，然而你認爲你不只寫得不同，而且改進很多」。	「你的指導教授沒看出你修改的地方，讓你覺得很挫折」。

在眞實生活情境中，我們並未很清楚的區分內容簡述和感受簡述，而是兼容二者，以完整的表達我們所接收到的意義。就上例而言，可能簡述爲：「如果我聽得沒錯的話，你說你的指導教授看不出不同，但是你認爲你的稿子不只是不一樣，而且還改進很多。我想你的指導教授的批評眞的讓你覺得苦惱！」。

從上面的例子，我們知道任何話都可以用不同的方式來做適當的敍述。假如你正和朋友談論他的暑假生活，你要如何回答下列的敍述？

朋友	你的回答

「我不知道你暑假是怎麼過的，對我而言，暑假眞的過得好快。我恐怕沒做到我計劃中要完成的事，但是我不會太驚訝。我幾乎很少達到自己的計劃。不管怎樣，我期待新學期的到來，我希望能有一個新的開始。」

（寫下你的簡述）

____

你的簡述應與下列相似：

1.「我覺得你比較不在意沒完成預計要做的事，而對於即將到來的新學期則比較興奮」。
2.「聽起來你好像有個愉快的暑假，不過你對於即將回到學校眞的好興奮」。
3.「如果我聽得沒錯的話，你是說你經常在暑假時預計要做的都比實際所做的多，但這並不會困擾你，因爲你對新的學期總是覺得很興奮」。

你可能認爲如果人們把意思和感受都說得很清楚了，我們就不必再予以簡述。清晰的敍述或許有助於我們瞭解，但是根據我們對溝通歷程的研究結果，我們很少能確定自己正確的瞭解別人的話。語言和非語言訊息都很容易被誤解。內外在噪音會干擾我們的瞭解，我們的信念、假設和感受也都和說話者不一樣。所以培養簡述語意的能力是增進溝通效能的重要方法。

簡述語意的時機

我們不必對每個所接收的訊息，或在幾句話之後便予以簡述語意。不過在某些重要的時機，必須先澄清對方的意思之後，再表達自己的觀點和感受。底下是一些適當的時機：

1. 你需要對訊息有比較清楚的瞭解——在內容、感受或兩方面都要，以便能做適當的反應。
2. 你雖然認爲自己瞭解對方的意思或感受，但是並不完全有把握。

3.你知覺到對方的話有些疑點，或是情緒上很緊張，因此其所言可能不是眞正的意思。

4.你對於所聽到的話有強烈的情緒反應，或對方說話的方式讓你很難瞭解他的意思。之前曾討論過內在干擾，它可能干擾傾聽，使得你完全誤解了對方的意思。

5.你或對方都不是用自己的母語在說話。人們使用外國語言時在表達及瞭解方面都會有困擾。當對方的口音是你不熟悉的，或對方的用語你不瞭解時，運用簡述技巧將會有所幫助。

總之，爲了有效的運用簡述語意，必須：(1)仔細的傾聽訊息；(2)判斷訊息的意義；(3)如果你認爲需要簡述語意，則用你自己的話把你所接收到的意義重述一遍。

練習——澄清意義

自我練習

用詢問或簡述語意的方式來澄清下列的敘述。如第一個例子所示範的：

Luis：「今天是Dionne的生日，今晚我已安排了一個盛大的慶祝。有時候我想Dionne常懷疑我是否重視她——經過今天晚上，她將知道她對我而言是個很特別的人！」

1.詢問：「你打算怎麼慶祝？」

2.內容簡述：「我想你安排了一個完全超乎Dionne預期的慶生會！」

3.感受簡述：「聽你這麼說，對於今晚的安排，你眞的好高興！」

Angie：「天那！又上了一個無聊的課，我常想他能不能找點有趣的事。Romero教授眞是乏味透了！」

1.詢問：

2.內容簡述：
3.感受簡述：

Guy：「每個人好像都在談論昨晚第五頻道所播的電影，但是我沒看。我不太看那些『白痴電視節目』」。

1.詢問：
2.內容簡述：
3.感受簡述：

Kaelin：「我不知道是我的關係還是我媽媽的關係，最近我們兩個處得很不好」。

1.詢問：
2.內容簡述：
3.感受簡述：

Patty：「我有份工作報告到期要交，還有一篇經營學的報告也到期要交了。最要緊的，今天是我妹妹的生日，到現在我沒有時間為她買個禮物。明天將會是一團糟」。

1.詢問：
2.內容簡述：
3.感受簡述：

團體練習

三人一組，甲和乙進行對話，丙觀察。對話的主題爲「爲什麼我喜歡我所做的這類型的工作」、「墮胎的優點和缺點」或「吸毒或酗酒的處理」。說話者要先簡述對方的話之後才可以說自己的觀點。3～4分鐘之後，丙（觀察者）評論兩位說話者的簡述。然後換甲觀察，乙和丙對話3～4分鐘，之後再由乙觀察，甲和丙對話同樣的時間。練習結束後，三位討論他們對簡述語意的感想，及簡述語意對溝通的影響。

助人的反應技巧

助人的反應（helping responses）是我們討論的第二大類反應方式。這種反應是對人們的感受經驗，或對人們擁有情緒的權利，表達出支持之意。在此同時，這種反應也增強了人們的行為，讓人們知道如何做會比較好些。本節我們要討論支持（supporting）、解釋（interpreting）、稱讚（praise）和建設性批評（constructive criticism）（註4）。

支持

人們在表達情緒的時候，通常希望得到他人的支持。支持性反應（supporting responses）是說一些撫慰、贊成、減輕痛苦或使人鎮靜的話，它們顯示出傾聽者能同理一個人的感受，不論是正向情緒（歡愉、得意、榮耀、滿足）或負向情緒（憂愁、生氣、悲傷、失望）。不論情緒的好壞或強弱，我們用支持性的話來表示對其人及其情緒的關心。

支持正向情緒

每個人都珍惜自己的快樂情緒，當我們與人分享自己的快樂時，並不希望被潑冷水或受到冷落。而支持性的話能讓一個人的愉快情緒持續下去。例如：

Kendra（掛斷電話轉向Selena）：「我的上司說要把我列入晉升的名單內。我從沒想過他會把我考慮在內。」

Selena：「Kendra，太棒了！我真為你高興，你似乎很興奮。」

支持正向的情緒比較容易，不過它需要有同理的能力。首先，Selena必須能知覺到Kendra對那個消息的快樂。Selena若要表示適當的反應，她並不需要和Kendra一樣的歡愉，但是她必須能瞭解人們在得到好消息時的感受。所以當Selena說：「我眞為你高興，你似乎很興奮。」她表示的是支持Kendra有覺得興奮的權利。

這類的敍述是很必要的。想想當因某些事而覺得高興、榮耀、快樂、安慰或開心時，如果有人知道而且支持你時，是不是會讓你更高興呢？

支持負向情緒

當一個人有著負向情緒的時候，支持性的話能讓他覺得他可以有那樣的情緒，並且能幫助他恢復情緒，而不會使他更難過。

對負向情緒給予適當的反應，對大多數人而言都是比較困難的。當某人遇到不幸的事時，我們可能會覺得不知所措而想離開。然而，人們在這種情境下比有著正向情緒時，更需旁人的支持。例如：

Kendra（重重的放下電話）：「我的上司，他在電話中告訴我，他們要我離職，也不告訴我為什麼。」

Selena：「Kendra你一定很傷心，我能幫點什麼嗎？」

要說出支持性的話需要有同理心的能力。連最鐵石心腸的人都知道被拒絕、失望、幻滅或被刺傷的痛苦。支持對方並不需要和其有共同的感受，但是你的反應必須能讓對方覺得他可以有那樣的感受。在此例中，Selena能同理Kendra，知覺到她的震驚和生氣。「Kendra，你一定很傷心」此語表達出Selena瞭解其感受，而「我能幫點什麼嗎？」此語表示關心Kendra所發生的事，並且願意在她正痛苦的時候幫助她。

負向情緒和負向情境是最難處理的，讓我們再舉例子說明之：

Jim（走出上司的辦公室，緊抓著那份他非常有把握得到稱讚的報告）：「Jacobs否絕了我的報告，我盡全力的去做她要求的每件事，她卻否絕了它！」

Aaron：「她否絕了它？你這麼努力的在做，我可以瞭解你為什麼這麼生氣，那真是一種打擊！」

Aaron以同理的話來表示對Jim爲什麼如此生氣的瞭解。從「那眞是一種打擊」這句話，Aaron顯示其完全瞭解Jim的感受。也許你認爲Aaron應該說：「Jim，我可以瞭解你爲什麼心情這麼不好，你所做的應該得到稱讚才是」。雖然這句話具支持性，但是Aaron並沒有立場去評判其報告是否應得到稱讚。Aaron的支持主要來自他表示瞭解Jim的努力和Jim的情緒。同理的支持異於說一些不實或討好人們的話。如果支持性的話脫離事實，將會使人的不良行爲得到增強。

有時候，任何話都很難有所幫助，此時，最好的方法是用非語言行爲來表示支持。

在高度情緒困擾的情形下，最難給予適當的反應。當一個人的情緒極度惡劣時，可能需要數秒鐘、數分鐘、甚至於數小時的時間才能冷靜下來。有時候實在沒有任何話是有幫助的。此時，最好的方法是

基本溝通技巧

技巧	用途	步驟	範例
簡述語意			
將你對他人意思的瞭解用你自己的話說出來	增進傾聽的效能；避免訊息混淆；澄清說話者的動機	1. 仔細傾聽 2. 判斷訊息的意義 3. 將你得到的訊息之意義，用自己的話重講出來	Grace說：「再過2分鐘就5點了，上司還給我三封信，而且必須在傍晚以前打好寄出去。」Bonita回答：「若我聽得沒錯的話，都要下班了，上司還丟給你這麼重要的事做，你覺得很討厭。」
支持			
說一些安慰、減輕痛苦或使人平靜的話	幫助人們對自己或對自己的所言所行，感到好過些	1. 傾聽人們說的話 2. 同理人們的感受 3. 說出對其情緒瞭解的話 4. 以適當的非語言行為來輔助你的口語反應 5. 如果合適的話，表示你願意幫忙	Tony說：「我沒有得到晉升，這實在令人沮喪。」Alex回答說：「我能瞭解你的失望，你已經盡力而為了。」

用非語言行爲來表示支持。例如：

籃球賽的最後數秒鐘，她的隊伍落後一分，Nancy從對方手中搶到球，在沒人防守的情況下，快速搶到籃板球投籃，但失誤了。哨子響起，球賽結束。Nancy跑到教練面前，哭著說：「都是我害的，我讓我們的球隊輸掉了！」

直接的反應可能說：「Nancy，不要難過。」但是Nancy的確是難過，而且她有權利去難過。另外也有種回答是：「沒關係，Nancy，你並沒有讓我們輸掉球賽。」但事實上Nancy的失誤的確影響了結果，而且這種違反事實的回答對她並沒有幫助。也許此刻教練能做的最好的方法是摟著Nancy的肩膀，表示瞭解她的心情。同時或稍後可以說：「Nancy，我知道你很難過——但是若沒有你搶到那個球，我們甚至連贏的機會都沒有。」這個時候，要安慰Nancy仍然是困難的。

給予支持不是容易的，而且常常會忍不住的給建議。由於目的在於撫慰或減輕痛苦，給建議會造成反效果，而且會讓人更不安與更難過。

總之，有效的支持性反應是：(1)仔細傾聽這個人說的話；(2)同理其情緒；(3)說出你對他的情緒瞭解的話；(4)以適當的非語言行爲來輔助你的口語反應；(5)如果合適的話，表示你願意幫忙。

解釋

當人們只從一個角度來看待事情時，最好的反應是提供解釋。解釋的用意在於指出不同的觀點或隱含的意義，以幫助人們從不同的角度來看事情。

通常人們在心情憂鬱的時候，他們的想法都很狹隘。例如：

Sam在第一次和Nola約會之後，顯得非常沮喪。Nola是他非常喜歡的女人。他們的約會本來有個不錯的時光，但是到了晚上卻很令人失望。

Sam：「我帶她去晚餐和看表演，當我送她到家門口時，她給我一個輕吻，說：『非常謝謝。』然後就匆忙進入屋內。我們連談談表演的時間都沒有。我覺得她不喜歡我」。

Sam對Nola的行為做負向的解釋——將她的行為看成是在拒絕他。Martin不知Nola怎麼想，但是他發覺Sam的觀點太偏狹，他說：「我猜想她是否會擔心她若多說些什麼或多做些什麼，會變成她在引誘你？」。

誰的解釋是對的呢？我們不知道，但是我們能確定的是行為通常有超過一種以上的解釋，但是當人們覺得受人輕視、生氣或受傷時，他們大都只想到負面的解釋。

底下是兩個適當的解釋之例子：

Karla：「我真不懂Dion，我只是說我們要開始節省用錢，他就對我發脾氣」。

Shelley：「我能瞭解你為什麼那麼在意他的行為（在解釋之前，先給予支持），也許他對自己的不能節省而有罪惡感，或是他討厭你好像在責怪他。」

* * * * *

Micah：「我真不懂Bradford。他說我的工作表現優異，但是一年來他都沒給我加薪。」

Khalif：「我能瞭解你的挫折，也許公司正好不賺錢。」

總之，有效的解釋必須是：(1)仔細傾聽一個人說的話；(2)想出其它合理的觀點，幫助對方知道還有其它可能的解釋；(3)最好能先給予支持，再提出另外的解釋。

要記得的是，你不是一個能讀出他人心事的人（mind reader），你不能確定人們所言與所行的理由。解釋的目的只是在幫助人們從不同的角度來看問題。就像支持性的敍述一樣，只有當合理或必要時，才提供解釋。所以解釋並不只是在撫慰人們的情緒，而是在幫助人們看出被忽略的其它可能性。

稱讚

通常我們容易忽視人們的正向言行。本書前面有談到自我概念，我們如何看自己和自己的行為，受到別人對我們的反應所左右。稱讚能增強正向的行為，以及表彰一個人的成就。當別人做了令你感激的事，你應花些時間去告訴他。

為了讓稱讚發揮功效而不流於諂媚，稱讚時必須針對具體的行動，所用語詞要和所稱讚的事或行為的價值相調和。如果一個健忘的孩子，卻記得歸還所借的剪刀，這便是一件值得稱讚的事。若說：「謝謝你歸還剪刀——我很感激。」這句話忠懇的表達對行為的稱讚，並描述因該行為所引起的感受。相反的，若說：「你記得歸還剪刀——太棒了——我要告訴大家。」則顯得具傷害性或諷刺性。若說：「你太棒了，你每件事都做得很好。」則是一種諂媚，並不能對某種行為有增強作用。底下是適當的稱讚之例子：

◆當人們做了讓你感激的事情時，要告訴他們。

基本溝通技巧

技巧	用途	步驟	範例
解釋			
指出事件的不同角度的意義或隱含的意義	幫助一個人看出語言、行動及事件的可能的意義	1.仔細傾聽人們說的話 2.想出其他的解釋——幫助一個人看出還有其他可能的解釋 3.適當的話，在解釋之前先給予支持的話	Pam說：「Sue一定很生我的氣，昨天她在市場和我擦身而過，甚至連『嗨』的一聲都沒有。」，Paul回答：「也許她並沒有在生氣，而是根本沒看到你。」
稱讚			
對於人們的言行，給予口語的讚賞	幫助人們對自己有正向的看法	1.確定需給予稱讚的情境 2.描述行為 3.針對一個行為 4.具體 5.指出你經驗到的正向感受	「Marge，你所寫的故事相當好，尤其是你描寫得很生動。」

當Sonya幫你挑了一件禮物，參加公司派對之用。你可能說：「Sonya，謝謝你幫我挑禮物。你的想法正好切合我們的派對。」

* * * * *

一個學生忘了帶午餐的錢，Cole要把午餐分給這位學生吃，你說：「Cole，你真好，把午餐分給Tim吃。你真是個體貼的人。」

* * * * *

當你的媽媽做了一份很棒的點心，你說：「媽媽，你累了一天還花精神幫我做點心，謝謝您。」

稱讚別人並不需要花多少時間，而且稱讚總是令人感激的。稱讚時要注意：(1)確定需給予稱讚的情境；(2)描述你要稱讚的行為；(3)針對具體的行為；(4)具體的敍述；(5)若可能的話，指出你因該行為而有的正向感受。

建設性批評

有時候我們需要別人來指出與修正我們的錯誤。有時候我們也需要去指出與修正別人的錯誤。接受或給予批評常令人覺得不舒服，甚至於傷害關係，尤其是當我們的技巧不好的時候。本節我們將說明要求批評及給予建設性批評的原則。

要求批評

找出自己的行為是否有錯誤的最直接方法是要求別人批評，但是人們通常害怕被批評，不願要求批評，而寧可依賴他人的非語言線索。縱使我們能正確的解釋他人的非語言線索，我們仍無法知道自己為什麼錯了，以及我們應如何改進。如果我們具有要求批評的能力，便能達到這兩個目的。

底下是要求建設性批評的原則：

主動要求以避免心理衝擊　主動要求他人批評，可讓自己有心理準備去面對批評。

相信批評對自己有好處　沒有人喜歡被批評，但是透過有效的批評，我們能學習與成長。當你預期得到稱讚，卻接受到負向的評語時，必須瞭解批評是針對你所做的事，而不是批評你這個人。你可以決定要不要接受批評，但是如果你不知道自己有什麼行為或你的行為對別人有什麼影響，你很難做這個決定。

以具體的問題要求批評　要求批評時，發問必須具體，而不是問一些關於觀念、感受或行為的問題。如果你問：「Colleen，對於我的觀點，你是不是有意見？」Colleen會認為這是個暗示特定答案的問題。如果你說：「Colleen，你認為我對市場潛力的強調是否足夠？」便能促使Colleen針對此特殊的主題來表示意見。

以眞心誠意要求批評　如果你問朋友：「你喜歡這件上衣嗎？」心裡卻希望朋友能和你一樣的喜歡這件上衣，你就是不眞誠。一旦別人知道你只是在尋求別人順從，他們將不會提供有價值的評語。

避免語言和非語言線索的矛盾　如果你說：「你對我的報告有什麼意見嗎？」而你的聲調顯示你並非眞的想知道別人的意見，別人就不會願意表示意見。

感謝給你眞誠批評的人　試想當你問同事關於你的廣告計劃之意見，你得到的反應是：「你的觀點有些保守。」如果你生起氣來說：「如果你們能做得更好，就讓你們來做好了！」你的同事將不會再給你意見，即使你要求的話。對於他人的建設性批評，應表達感謝。也許你可以說：「謝謝你們的意見——我很希望知道你們認爲保守是怎麼看的。」這麼說才能得到眞誠的評語。

確定對批評的瞭解　當別人給你評語之後，不要急著做反應，應予以簡述語意，以確定你的瞭解是正確的。

要求他人批評並不表示你需要樣樣遵照批評來做。在有充足的理由下，你可以決定維持原有的說法或做法。但是要求批評讓你有機會理性的思考是否要改變自己的行爲。

給予建設性批評

雖然有些人在稱讚之下學得較快也學得較好，但是有時候批評仍然是有用的，尤其是當一個人要求批評時。再者，有時候人們並沒有要求批評，我們爲了幫助別人做得更好，也需提供評語。不幸的是大多數人都好爲人師，總覺得自己有責任去幫助別人「變得更好」，即使別人當時並不希望得到批評。有時候雖然時機是恰當的，但我們給的批評卻不恰當。底下的原則有助於我們提供建設性及有益的批評。

確定對方願意聽批評　除非別人要求，否則不給任何批評是最安全的規則。如果人們沒興趣聽批評，它就不會有幫助。如果你認爲需要給批評，要問對方是否願意聽。例如，你可能詢問一位主席：「你是否有興趣聽聽我對你主持會議的意見？」要記住，即使別人回答「是的」，你仍然必須很謹慎。

正確描述一個人的行爲　描述行爲是指正確而詳細的敍述行爲，而

◆ 描述時若針對行爲，則無形中留有可批評的餘地，也增加了人們接受批評的機會。

沒有評價行爲的好壞或對錯。描述行爲在無形中留有批評的餘地，可增加一個人接受批評的可能性。能正確詳細的描述行爲，比較不會引起防衛，因爲它可以顯示批評是針對行爲而不是對人的打擊，同時也指出改進的方法。例如：DeShawn問：「你覺得我的報告陳述的怎麼樣？」不要回答：「不太成功。」比較好的說法是：「你在陳述時一直看著報告，好像在逐字讀報告一樣——這會影響你和客戶間的關係。」這個評語沒有打擊DeShawn的自尊，而是告訴他可以如何做得更好。

盡可能先稱讚再給批評　當你想批評時，最好先給予稱讚。不過在表面的稱讚之後加上體無完膚的批評，則是不會有效果的。如果說：「Leah，你的衣服眞漂亮，但是你的會議主持得眞糟糕！」會讓人覺得好像在施捨。比較好的說法是：「Leah，你在引導Jarrell發言的部分做得很好，他在會議上通常是一言不發的。但是你好像不太能以相同的能力來使會議走在主題上。你沒有多主導一些，所以大家的討論都和主題無關。」這句話中的稱讚是適切而且有意義的。如果你不能

基本溝通技巧

技巧	用途	步驟	範例
要求批評			
要求別人對你的行爲提出意見	獲得訊息以幫助你瞭解自己和自己對別人造成的影響	1. 主動要求，以免心理衝擊 2. 相信批評對自己有好處 3. 具體說出你所希望的批評 4. 以眞心誠意要求批評 5. 避免語言和非語言訊息的矛盾 6.增強給你眞誠批評的人 7.改述你所聽到的批評	Lucy說：「Tim當我和上司說話時，我有沒有顯出防衛？」Tim回答：「我覺得有——你的聲音變得尖銳，而且看起來有些緊張。」「謝謝你幫我指出來，Tim。」
給予建設性批評			
評價一個人的行爲以幫助他知道並修正錯誤	幫助人們從別人的角度來瞭解自己	1. 確定對方願意聽批評 2. 正確描述人的行爲 3. 盡可能先稱讚再給批評 4. 批評要具體 5. 針對最近的行爲 6.針對能改變的行爲 7.提出改進的原則	Carol說：「Bob，我注意到當你和Jenny在一起時的一些做法；你想聽聽嗎？」當Bob表示願意聽後，她繼續說：「最近幾次我們在一起時，每當Jenny在說事情時，你都會打斷她，然後自己接著說。」

有中肯的稱讚，就不要說。空洞的稱讚無助於人們接受緊跟而來的批評。

盡量具體　批評愈具體，愈能讓一個人思考與處理所接收到的批評。在前述的例子中，若說：「你在領導方法上有些問題。」顯得太籠統，Leah將不知自己什麼地方做錯了，所以沒有幫助。甚至於她可能會從你的眼神中推測是否自己沒有領導能力。如果Leah的問題是沒有掌控好討論主題，要針對這點來批評；如果Leah在某一子題上沒有獲得共識便進入另一子題的討論，則針對此點提出批評。

針對最近發生的行爲　批評一個人上週或上個月的行爲，很難有所幫助。隨著時間流逝，記憶會消褪，也會改變，因此不容易對被批評的行爲有相同的記憶。如果你去批評那種必須重新回憶的行爲，批評通常不會有效。

針對可以改變的行爲　指出一個人沒有辦法改變的缺點，是毫無意義的事。如果George有修過邏輯課，他在準備辯論時會比較容易，但是指出這點並無助於增進他的推理能力。若告訴他，在準備時必須著重在把主要論點敍述清楚，然後以充足的證據來支持它，則比較有助於幫助他改進這些行爲。

盡可能提出修正的方法　批評時不要只指出錯誤，要說出怎麼做會更好。假如Gail在主持會議時不能引導成員有任何結論，你可以建議她用不同的方式來陳述重點，例如，「Gail，當你認爲討論已結束時，你要說：『我們好像都同意只捐款給一個機構。是不是呢？』。」提供正向的建議不只幫助對方改進行爲，以達到批評的目的，同時也顯示你的動機是善意的。

練習——助人的反應技巧

自我練習

1. 針對下列各情境，提出兩種反應。支持性反應和解釋性反應：

「所有的派都被吃光了！剛才都還剩下兩塊，這些小孩子們怎麼可以這麼的鹵莽！」。

(a)支持性反應：
(b)解釋性反應：

「我的上司今天真的找我麻煩。我整天這麼辛苦，但是事情都不順暢。我也不知道，也許我花了太多時間在帳目上」。

(a)支持性反應：
(b)解釋性反應：

「我剛接到家裡的電話，我妹妹出車禍，他們說她沒事，但是車子毀了。顯然的她有繫安全帶。不過我不知她是否真的沒事，還是他們只是不讓我擔心」。

(a)支持性反應：
(b)解釋性反應：

2. 寫下一至三則溝通情境中的行爲，這些行爲是你想要求別人給予批評的行爲。例如，「我這樣穿有沒有讓我看起來年輕一些？」、「你認爲我在會議上有沒有說得太多？」、「我對Carlo的計劃所做的分析，有沒有對我們的討論有所幫助？」……等。
3. 要求朋友針對你所列的行爲加以批評，注意你自己對這些批評有什麼反應。

團體練習

利用下面兩個情境，自己想出如何給予適當的建設性批評。然後和小組成員分享，討論看看誰的批評最符合建設性批評的原則？

你搭一位同學的便車一起去學校，這位同學的名字是你從學校的交通管理室得知的。你們只認識三星期，交往的一切都很棒，但是他車子開得太快了。

* * * * *

一位好朋友在說每句話時，不只一次出現「你知道嗎」。你很喜歡她，但你發現別人已開始在躲避她。她非常敏感，而且不太能接受別人的批評。

生活記事

翔實記下上次你批評別人的行爲時所說的話。你的批評是否符合或違反建設性批評的原則？如果重新來，你要怎麼修改？

不適當的反應

最高明的溝通者有時候也會反應不當而產生問題，但是他們在說錯的時候能很快的察覺而加以修正，也會在未來的溝通中避免再犯。導致人們防衛或自尊受傷，以及不能有效達成溝通目標的反應，都是不適當的反應方式（problem responses）。

前面已說明過評價性的反應是不適當的反應。另外四種不適當的反應則分別是：不切題的反應（irrelevant responses）、轉移話題的反應（tangential responses）、不一致的反應（incongruous responses）、打斷式的反應（interrupting responses）。這些不良的反應都違反（第6章）所討論的溝通原則。

不切題的反應

不切題的反應（違反了Grice所提出的切題原則）是指和所談論的內容無關的反應，它完全忽視說話者的訊息：

Josh：「我關心的是Jamie處理捐款活動的方式。」

Zach：「哦——Hey，Guns和Roses將要來鎮上表演，我要去買票。」

當人們說的話被忽略時，他們不只懷疑對方是否有在聽他們說，而且也懷疑他們說的話或他們的想法是否被重視。在上例中，Zach的不切題反應，會讓Josh懷疑Zach是否重視他說的話。

轉移話題的反應

轉移話題的反應本質上是一種不切題的反應，但是用比較圓滑的方式說出來。雖然轉移話題的反應表示聽到對方的話，但是轉移話題帶來的結果和不切題的反應一樣：

Josh：「我關心的是Jamie處理捐款活動的方式。」

Zach：「嗯！你是瞭解Jamie的。我記得有一次我負重腥排活動，但是忘了應和誰接洽。」

雖然Zach有聽到Josh的敍述，但是卻把話題轉到自己的經驗上，好像是說Josh所關心的事並沒有重要到必須加以討論。這種反應方式傷害了一個人的感受和自我價値。Josh認爲自己提出的是一個重要的問題，可能是Zach沒有注意到Josh的敍述之重要性，或者是Josh太強調Jamie的行爲了。問題在於Zach的反應顯示不可能是這兩種情形，而且Jamie的行爲也沒得到解決。由於Zach不參與討論Jamie的行爲，Josh和Zach之間的關係可能會產生問題。

不一致的反應

我們在討論非語言行爲時，曾說明非語言行爲和語言訊息不一致時所產生的問題。不一致的反應便是指非語言行爲和語言訊息的不一致：

Josh：「嗯！我們今天完成了一些事」。

Zach（用諷刺性的聲調）：「是啊！好了不起的會議！」

表面上Zach似乎瞭解也肯定了Josh的話，但是他的語氣讓Josh懷疑他是在表示肯定，還是在開玩笑。由於非語言訊息通常比語言訊息的效力大，Josh可能會認爲Zach是在諷刺他。如果的確是一種諷刺，則Zach對Josh感受之忽視將在他們之間形成藩籬。如果Zach的話是認眞的，則Zach的不一致反應會讓Josh感到困惑，這樣也會在他們之間造成阻礙。

打斷式的反應

打斷式的反應（違反輪流的規則）是指在別人還沒把話講完之前，便插入說話：

Josh：「我很關心Jamie處理……。」

Zach：「我知道——Jamie另當別論，但是我不認為有什麼大不了的」。

人們在很多情況下都會不適當的打斷別人的話，例如，當他們認爲自己要說的比別人在說的更重要，他們認爲自己知道別人打算說什麼，他們想告訴別人他們已知道，或是他們沒有專心聽別人說話的時候。打斷式的反應顯示一個人缺乏敏感性（sensitivity）或是凸顯其優越感，或是兩種兼具。人們都需要能完全的說出他們的觀點和感受，不當的打斷別人會傷害人們的自我概念或引起人們的敵意，或是二者兼有。其實你想說的話很少會重要到必須打斷別人的話。當你打斷別人時，別人可能以爲你瞧不起他，因此容易引起別人的防衛。打斷別人的次數愈多，傷害性愈大。

你會打斷別人談話嗎？這種行爲太平常了，以致於我們大都不知道自己多麼常打斷別人。爲了檢核自己的行爲，當你有任何打斷別人談話的行爲時，提醒自己一下，問問自己是否有必要打斷，或是你可以等別人把話蒐腆。雖然大家認爲男性比女性會打斷別人說話，但是Tammy Marche 和 Carole Peterson 最近的研究指出男女性在打斷別人的行爲上之差異，沒有得到證明（註5）。他們認爲打斷別人的行爲受到人格特質和社會變項的影響比較大，這種行爲會因情境而改變。

練習——不適當的反應

自我練習

回想最近幾天和朋友的談話。你最常出現那些不適當的反應（不切題、轉移話題、不一致、打斷別人）？它們在什麼情況下發生？你要怎麼做來減少出現不適當的反應？

摘要

傾聽的最後階段是適當的反應，而良好的反應包括一套完整的技巧。

適當的反應能顯示一個人的同理心。同理心指的是能判斷別人的情緒狀態並用適當的方式反應出來。同理的反應表達對人的感受之認可，以及顯示能瞭解其感受。

澄清式的反應在於確定所接收到的意義和說話者的本意是一樣的。詢問和簡述語意兩種技巧可用來確定你的瞭解是否正確。好的問句是具體的和敏銳的。簡述語意可用以檢核所瞭解到的內容和感受。

助人式的反應幫助別人瞭解他們自己或其行爲。這種反應包括支持、解釋、稱讚和給予建設性批評。稱讚和批評都必須具體與合乎時效。有益的批評必須遵守一些原則：確定別人願意聽評語，描述所要批評的行爲，在負向敍述之前先說正向的話，具體的敍述，針對最近的行爲，針對能改變的行爲，提出改進的方法。

不適當的反應會阻礙溝通，因爲它們引起人們內心的不平，以及對關係的不滿。不適當的反應也忽略了對意義的瞭解。不切題、轉移話題、不一致和打斷式的反應都是常見的不適當的反應方式。

目標陳述

就下列反應技巧中，選擇你想改進的部分：

1.同理心。

2.發問。

3.簡述語意。

4.支持。

5.解釋。

6.稱讚。

7.要求批評。

8.給予批評。

請依（第1章）第29頁的目標陳述原則，寫下你的目標。

建議讀物

Buckman, Robert (1989), "*I Don't Know What to Say ……*" : *How to Help and Support Someone Who Is Dying,* Boston : Little, Brown and Company.

註釋

1. Robert J. Campbell, Norman Kagan, and David R. Krathwohl, "The Development and Validation of a Scale to Measure Affective Sensitivity (Empathy)," *Journal of Counseling Psychology* 18 (1971): 407.

2. See Dale G. Leathers, *Successful Nonverbal Communication: Principles and Applications*, 2nd ed. (New York: Macmillan, 1992), p. 42.

3. Ibid., p. 26.

4. George Gazda et al., *Human Relations Development: A Manual for Educators*, 3rd ed. (Needham Heights, Mass.: Allyn & Bacon, 1984).

5. Tammy A. Marche and Carole Peterson, "The Development and Sex-Related Use of Interruption Behavior," *Human Communication Research* 19 (March 1993): 405.

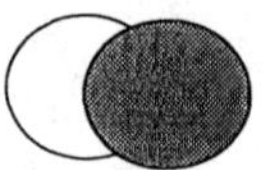

人際影響

目標

讀完本章之後，你應能解釋或說明下列各項：

1. 影響
2. 獲取順從
3. 說服
4. 理由
5. 信譽的來源
6. 情緒語言
7. 自我肯定
8. 自我肯定的文化因素
9. 權力及其來源

Stanley 和 Nora看著嬰兒床中熟睡的嬰兒。Stanley說：「你知道嗎，當你認眞想的時候，會覺得父母的責任實在大得可怕。希望我們對她的影響都是好的。」

「Ward，你跟Mark談談好嗎？」Ward的母親說：「他是個好孩子，但他不夠用功。我請你幫忙主要是因爲他眞的很尊敬你，他比較重視你的話。」

* * *

「我們必須設法改變Hill」Andrea說：「也許我們可以讓他知道他的做爲已引起在此工作的女性的憤慨。」

這三個例子都是人際影響的情境。影響力以及如何達到影響目的，是人際溝通中重要的研究層面。

影響力是一種導致他人在態度或行動上改變的能力。希望自己所說的或所堅持的，能影響他人的想法或改變他人的行爲，是基本的人際需求。

影響他人可以是有意的，也可以是無意的。我們常常在無意之間影響了別人而不自知。好比你剪了一個新髮型，或穿了一件時髦的新衣，或買了一部耀眼的新車，你可能影響了某人，使得他也想試試你的髮型、買件一樣的新衣或買部一樣的新車。教授們也常常無意間影響了學生。學生可能觀察教授回答問題時的風格，將該風格引用到自己的人際溝通中，但是並未察覺自己是在模仿教授的風格。父母及年長的手足也以同樣的方式在影響著年幼的孩子。

本章著重在有意的影響過程。傳統上將有意的影響稱之爲說服。近年有意的影響在人際方面的文獻中則稱爲獲取順從（compliance gaining）。本章將說明經由說服而獲取順從的方法及自我肯定（assertiveness）的重要，同時亦強調在有意的影響過程中應有的倫理。

用說服獲取順從

有許多關於人際影響的研究均在探討人們用以獲致他人順從的特殊策略。Lawrence Wheeless、Robert Barraclough以及Robert

◆大多數的人際溝通都義涵著想改變他人的行爲。

Stewart在回顧相關文獻中，列出五十種以上的獲取順從技巧（註1）。Dan O'Hair和Michael J. Cody在最近的文章中，將獲取順從的技巧分成七大類（註2）：

直接要求 要求別人順從，如，「我能向你借燙捲嗎？」。

交換條件 提供交換物以尋求他人順從，如，「如果你讓我用你的燙捲，我將幫你清除垃圾」。

強制他人 使用讓別人感到罪惡感的方式強制他人順從，如，「拜託！我只是向你借用燙捲幾分鐘而已，又不是向你借一輩子」。

維護面子 以間接的、感性的方式要求，如，「我好希望今晚能很完美，但我的頭髮一直梳不好，我眞希望我有一支燙捲」。

提供支持性理由 提出足以讓對方順從的理由或證據，如，「我眞的希望今晚我的頭髮能捲一下，我只需用幾分鐘的燙捲便可以了」。

圖利他人 提供讓對方得利的理由，如，「如果我的頭髮看起來不錯，我將比較能找到一個高薪的工作，那麼我就有錢買我所需要的，就不必老是向你借用東西」。

訴諸同理心或將心比心 利用他人的愛心或情感，如，「好啦！我們一直都是相互分享的，因爲我們都關心彼此的需求」。

這七種方法雖然是常見的，但並不全都恰當。例如，強制他人的策略雖然能獲致他人的順從，然而那是不道德的。

用說服的方式獲取順從是合乎道德的。說服是指有意的使用口語去影響別人的態度或行爲。研究證實說服是人際溝通中的要項（註3）。說服是影響他人的適當方法，因爲它允許別人有選擇的自由。說服主要運用論證而非脅迫的方式。說服時必須允許別人自由選擇是否接受你的影響（註4），這正是Paul Keller和Charles Brown所強調的人際倫理（interpersonal ethic）（註5），我們將著重符合道德規範的行爲，以遵守人際倫理。

本節我們要討論傳統上的說服方法。傳統上的說服講求的是：理由（reasoning）、信譽（credibility）以及情感訴求（emotional needs）（註6）。我們將以此爲基礎來說明O'Hair和Cody所列的獲取順從之策略。

理由

人類以理性的動物自居，人們很少在毫無理由之下做任何事，無論是眞的理由或想像的理由。你若能給人們好的理由，將能增加說服他們的可能性。有時候行事的理由並未明白說出，理由也不一定是眞實的或是好的，有時候人們在做完事之後才給它取個理由，而不是在做事之前就有個理由。不論理由的好壞，在做事之前或之後，人們總會爲自己的行動和信念找個理由。

理由是用來回答「爲什麼？」時所做的敍述。想想前些天你做過的事，你可能會爲你所做過的事找到理由。例如，你於前晚看了一會兒電視節目，至於「爲什麼看呢？」你的理由可能爲：(1)你需要放鬆一下；(2)這是你最喜歡的節目；(3)你很無聊，沒事可做等；這些都是理由。

若想要影響別人的信念或行爲，我們最好給他們一些理由。在決定對他們說什麼之前，我們要想出一些理由，然後選擇一個對方可能會接受的理由。如果你想叫一個學生籌組學生議會；在稍做思考後，你可能決定告訴他學生議會最能照顧全體學生，他也能從中獲得寶貴經驗，而且他在做事的過程能和學校教職員及行政主管發展出良好的關係。

有時候你必須費心去尋求好的理由。假如你認爲學生應於每學期在選課之前出版系刊，列出課程並提供課程說明，但是你需要系主任的支持。你除了從閱讀資料、調查及訪談之中找理由之外，你還和外系及其它學校的學生討論過，最後可能想出下列理由：

1. 學生希望知道下學期開課情形的概要。
2. 學生有能力出版系刊。
3. 有出版此類系刊的外系和外校學生均表示滿意。
4. 學生能有練習寫文章的寶貴經驗。
5. 出版學生刊物所費不多。

在列出理由後，你可依照下列的原則選擇出好的理由。

最具支持性　在所列出的理由中，總有比較好的和比較不好的理由。在支持出版系刊的理由中，「學生能有練習寫文章的寶貴經驗」雖然是事實，但並非強而有力的理由。它只是附帶的好處，無法做爲支持出版系刊的眞正理由。

有充足資料　有些理由看起來是好的，如果沒有事實依據，則不能用。除非做了適當的研究，否則理由是不充足的。如，「有出版此類系列的外系和外校學生均表示滿意」，如果你有事實來支持這個理由，則它是個出版系刊的好理由。如果在你和外系與外校學生討論時，沒有眞實的資料支持此理由，則不能用它。

具衝擊性　想要讓對方接受，這理由必須具有衝擊性。雖然你無法確定是否對所要說服的人具衝擊性，但是如果你瞭解對方，便能對理由的衝擊性有較正確的評估（註7）。如果系主任關心學生因對課程的不瞭解而有挫折，則「學生希望知道下學期開課情形的概要」是個非常好的理由。

現在讓我們回到O'Hair和Cody所列的獲取順從策略，其中「提供支持性理由」和「交換條件」即是以理由做基礎。讓我們看看他們的應用：

提供支持性理由　這個策略在於提供理由或證據來獲取順從。使用這個策略時，你會說：「讓我告訴你，你保留現有的工作，我認爲有三個最大的理由」，或「這裡是一些帳單和被止付的支票」。

交換條件　這個策略利用交換物以尋求他人順從。雖然交換條件不是直接提出理由，但意含著理由的存在。運用此策略時，你會說：「如果你教我讀歷史，我將教你微積分」或「你若能免費運送，我將同意你的價格」，這種理由含有協議的成分：「我爲什麼要教你微積分？因爲你將教我歷史」。

信譽

當人們認爲你是可信任的，則你說服他們的可能性較高，也就是他們喜歡你、信任你、對你有信心。有研究證實信譽和訊息接受度有顯著相關（註8）。

爲什麼人們願意按別人的意思去決定自己的行爲呢？很多時候人

們在做決定時喜歡尋求捷徑，亦即依賴別人的判斷。這些人的想法通常是：「因爲我不想花時間去瞭解賦稅的提案，如果我所信任的人告訴我說那提案是好的，我就會投他的票」或「因爲我沒有錢讓我試遍城裡的餐館，如果我相信的人告訴我『港口餐廳』是最好的一家，我就去那兒」。

信譽的特質

我們如何決定信任誰？是盲目的嗎？不是的，我們對於看起來有我們所重視的特質的人，有較高的信任。雖然可靠的特質有不同的分類法，不過大都包含學識（或專業性）、可信任性和人格特質。

有學識或專業性　我們認爲有學識及具專業性的人是有能力的。學識及專業性包括具豐富的知識、有自信、常提供好的建議而且思路清晰。如果Alan認爲他的朋友Shanda是一位有能力的數學家，深諳數學原理及其應用，Alan將會依靠她來處理所得稅，教他微積分或管理其預算。

可信任性　當我們認爲訊息來源是可信任的，則該訊息較具說服力。可信任性，指一個人的心理特質或品德特質。人們傾向於相信誠實、勤勉、可靠、穩重及踏實的人。當人們具有可信任的特質時，也常使得我們忽略他們的其它缺點。所以，具可信任特質的人，較具說服性，缺乏此種特質的人則減低其說服力。如果我們被認爲是不誠實的，則人們將不會相信我們所說的。

除了可信任特質之外，善意的動機也較令人信得過。動機或意圖是令人喜歡、信任、尊敬的重要因素。例如，賣衣服的人試圖要你買下你正在試穿的外套，當他們說：「這件衣服穿在你身上太完美了！」，你可能會懷疑他們的意圖。如果旁邊的顧客看著你說：「哇！你穿這件眞好看！」，你可能會基於有面子而接受他的看法。旁邊的顧客沒有理由給你意見，所以你也沒有理由去懷疑他的意圖。你對他人的意圖的看法愈正面，你會愈相信他們的話。

人格特質　人格特質是一個人整體的行爲和情緒反應模式。有時候人們會因說話者外表的吸引力而相信他的話。有些人讓人覺得友善、溫暖、熱誠及積極，由於他們的微笑顯露出關懷，令人禁不住的喜歡他們。

培養信譽

信譽可以培養，培養的首要方法是要顯現專業能力。有能力的人知道自己在做什麼，以及爲什麼這樣做。相反的，有些人看起來就是一付沒有能力的樣子，顯得漫不經心，想在同一個時間裡做許多事，卻又不知事情應該怎麼做。

再者，你關心自己所言與所行對別人造成的影響。有些人雖然在動機上是善意的，但由於未說明他們爲什麼要這樣做，而讓人有被操縱的感覺。我們必須謹記的是人們不能猜透別人的心，如果你不解釋自己的行爲，別人會誤解你的意圖和行爲。雖然你不能很快的改變特性或人格特質，但你能透過行動來展現特性與人格特質。例如，如果你自認是個努力工作者，你可將自己貫注於正在做的工作上。如果你的特質是友善的或可親的，你便可對陌生人微笑，或主動幫助別人。當別人不認爲你是可信任的，你可增進能力並讓別人知道你的善意，以改變你的形象。

最後，讓行爲表現符合道德規範，這點是最重要的，當你堅信自己的理由是正確的，你可能會不管是否合於道德而執意去做或去說服以達到你的目的。然而在一意孤行之前，不妨想想那些踐踏社會道德或倫理規範以達到目標的人。如果你認爲信譽對你是重要的，你將不會爲了目的而不擇手段。那麼做縱使能達到眼前的目的，終究會犧牲人際關係。

做爲一個人，如何看待倫理道德是很重要的。你自己的倫理守則是什麼呢？下列是符合倫理規範的說服行爲：

說實話　說實話是最重要的可信任的條件。如果人們認爲你說謊，他們將拒絕你和你的意見。如果他們最初以爲你說實話，後來發現被你騙了，他們將會向你討回公道。你若不確定訊息是否屬實，就別用它，除非你證實了它。無辜並不是好藉口。信譽良好的溝通者不會扭曲事實，若證據薄弱，他們會說訊息是不可靠的。誠實的說：「我真的不知道，不過我會去找答案。」比偏頗的言論或不適當的訊息要來得好。

合實際　許多人會因誇張的訊息而顯得很興奮，而且喜歡誇大一點的訊息。雖然這是人性的正常現象，但是若誇大到歪曲了事實，就和說謊無異了。一般很難區分略爲誇大、很誇大和歪曲事實，所以大多數人均認爲誇大事實是不道德的。

不說人壞話　大家都知道說別人的壞話將有損自己的信譽。雖然在人際溝通中說人家壞話是很普遍的，但仍然是不道德的。

訊息要完整　提供訊息時若故意有所遺漏，會造成與事實不符的印象。人們常因個人的偏好而讓說出來的訊息帶有好或壞的暗示，這是不道德的。例如，Hector的媽媽問：「你爲什麼直到今天清晨3點才進門？」Hector回答說：「我並沒有在外面待到清晨3點啊！」（他於清晨2點20分回到家）。Marjorie對Allison說：「我希望你知道我不是那個向你媽媽告狀說你抽煙的人。我絕不會那麼做。」然而Marjorie沒有說出她確實有告訴Brenda，並且建議Brenda去告訴Allison的媽媽。像這種人自以爲「我沒有說謊」，並以此自我安慰，然而他們的行爲仍然是不道德的。

在人際互動中通常只有兩個人，而人們不會像要求公開演講者負言責般的來要求說話者。不過，我們認爲任何訊息都要有相同的責任，不論是在何種場合下所說的話，都必須符合道德。任何想影響他人的言論都要遵守道德規範，不能因說話場合而有不同的責任。

現在我們再回到O'Hair和Cody所列的獲取順從策略，其中「直接要求」和「將心比心／同理心」技巧，和信譽有關：

直接要求　這個技巧是運用直接要求的方式來尋求別人按自己的意思去做。例如，有人問：「我能向你借鉛筆嗎？」或「你能借我五元嗎？」這種方式便是直接要求。直接要求的效果視其信譽而定，就像「你認識我，你也知道我是可靠的而且是合作的，我會把東西還給你的」。

將心比心或同理心　此技巧是訴諸他人的愛與情感，以獲取順從。有些人會用引起別人情感的字句來說服別人。例如，「你若眞的愛我並尊重我的感受，你就不會在酒醉時開車」，或「你知道我們不能沒有你而生存下去，如果你不接受治療，我們害怕會失去你」。這類敍述與專業、信任感或人格有關，能說服一個人去順從某事。

有時候可訴諸相似的價值觀。「因爲我們意見一致，何不讓我們一起從軍」，或「你我對事情的觀點總是一致的，所以順理成章的，我們應一起做這件事」，或「你若希望得到指導者的注意，你必須學我的穿著方式」。這類敍述好比在說「我們有好多共同處，或我們彼此重視對方，所以讓我們有一樣的做法」。

情感訴求

你的話若能引起對方的情感，則說服的勝算較大（註9）。雖然你能以好的理由來讓別人產生行動，但是人們常常是在信念上認爲應該做某事，卻不付諸行動。例如，Jonas認爲應捐款給教會，但可能沒有捐款行動。促使一個人依信念行動通常是靠情感的介入。情感是行動背後的驅動力，能讓你化被動爲主動。

情感訴求是否有效，得看對方的心情和態度，以及你所使用的語言。情感訴求用得最有效的情況是做爲補充或強化好的理由的時候。有效的說服是既合於邏輯性又帶有情感，也就是在說服時，理由和情感必須兼具。

假設你要向朋友說我們的社會需要對年老者付出更多關懷。若說「目前處理老人的方法是無效的」，不論觀點多麼正確，此話將引不起聽者的興趣，更別說付諸行動。如果把意見說得更具體些，並且加上情感的成份「我們目前的做法在讓老人被他們所貢獻多年的社會疏離」。此句子中的「疏離」和「貢獻多年」可能會引發聽者的罪惡感、悲傷情緒或其它同情的感受。

在非正式的人際溝通中，你要如何才能運用具有情感影響力的言語，以引起他人的動機呢？

確認當下你自己的感受　你是否覺得悲傷？快樂？有罪惡感？生氣？關心？傷心？如果你自己沒有任何明顯的情緒，你很難說出會勾起別人情緒的話。

運用能激起對方情緒的資料　如果你想讓聽者能對老人的缺乏希望而感到悲傷，就得找尋能顯示老人缺乏希望的資料。你可能曾和親戚中的老人或他們的朋友談過話，你發現他們談到的未來只有不可避免的死亡。或者你曾參觀療養院，在那兒的老人看不到未來有何希望。這些都是能引起聽者感傷的訊息。

向對方描述你的感覺　多練習描述自己的感覺，則在談話情境中你愈能自在的描述它。欲引起別人的情感，主要便是依靠能打動對方心理的語句。

現在我們再回到O'Hair和Cody的獲取順從策略。其中的「維護面子」和「圖利他人」，即是以情感訴求為基礎。

維護面子　這個技巧是運用間接而能引起正向情感的敘述，以獲取他人順從。例如，有一個人很努力的想讓朋友心情愉快，他說：「我能為你做什麼嗎？」，或為了讓朋友接受意見，他可能會說：「我發現你眞的很吸引人——我想我們有很多共同的感覺。」

圖利他人　此技巧以讓對方得到利益的理由來獲取順從。例如，「這車子很適合你開車的方式」、「Georgia，我想上大學對你有好處」。這類情感訴求，主要在符合人際需求。

我們已談過以理由、信譽和情感訴求的原理來進行說服，也說明了許多運用這些原理的獲取順從策略。當你想直接影響他人時，你會運用何原理來選擇那一種策略？正如Cody和McLaughlin所指出的，情境因素是很重要的決定依據（註10）。亦即，你的選擇取決於你認為在該情境中那一種策略最有效。你對情境的評估能力愈好，愈能成功。你若認為對方比較重視理由，你就應偏重用理由來說服；你若相信人們比較尊重你的信譽，你就多發揮人格的特質；若人們比較重視自己的需求，你就可多訴諸情感。不過這些並不相斥，一個好的理由可能來自有信譽的人，而且也能引起他人的情感。

練習——說服

自我練習

1. 針對下列各問題，提出支持性理由：

(a)送你的孩子去教會附屬學校。

(b)禁止在教室內抽煙。

(C)去註冊投票。

(d)不吸毒。

2.針對上述四個問題，提出情感訴求。

3.針對上述四個問題，說出你如何呈現你的信譽。

團體練習

1.教師事先準備寫著目標的卡片。每一組由一位成員抽一張卡，然後試著影響另外的一位組員來支持該目標。其它組員則觀察說服者運用那一種原理，以及使用什麼技巧。

2.寫出你自己的倫理規條。你可寫出一系列以「人不可以……，若有人這麼做，我將會……。」的方式描述的句子。完成之後，在六人小組中分享，在覺得自在的情況下盡量分享。分享時要注意組員間的異同。

生活記事

回想上次有人成功的影響了你的信念或行為之經驗，就記憶所及盡量寫下那人所用的語句，然後加以分析。那人提供了好的理由嗎？讓你覺得他是可靠的？或是訴諸你的情感？

再想想上次有人想影響你卻不成功的經驗，就記憶所及盡量寫下那人所用語句，然後加以分析。那人提供了好的理由嗎？讓你覺得他可靠嗎？或是訴諸你的情感？他為什麼失敗呢？

比較上述兩種經驗，你能對說服下什麼結論？

自我肯定

與說服或獲取順從有關的是自我肯定。許多人瞭解說服的方法，卻不能在人際關係中發揮影響力，便是因為缺乏自我肯定。自我肯定是指以合於人際效能的方式為自己挺身而出，亦即在尊重他人的權利之下伸張自己的權利。包含坦誠描述自己的感覺以及說明自己的立場以達到某種目標。自我肯定可能著重在描述情感，為自己的信念提出好的理由，或表現自己認為對的行為或態度，然而不會用誇張的方式，

也不會攻擊他人。欲瞭解自我肯定的特質，最好的方法是將它和困境中的其它反應方式做比較。

◆ 自我肯定意指用有效的人際溝通方法表達自己的權利，同時也尊重他人的權利。

假設你一直無法與教授約定時間討論你的第一篇報告上的錯誤，然而你却必須在本週末交第二篇報告之前先與教授談過；在此種情形下，你的目標是在週末之前敲定教授的時間。自我肯定的方式之一是向教授說：「不能和您約定時間討論我的報告，我覺得很焦慮。我擔心若沒和您討論，我可能會再犯同樣的錯誤。星期四之前您是否有空跟我討論？」這方式是一種情感的表白。另一種方式的自我肯定是在教授下課時間去找他：「我在交下一篇報告之前，非常需要和您討論。我不想再犯與上次一樣的毛病。在星期四之前，不知是否可請您和我討論一下？」此方式著重在約定討論時間的理由。這兩種方式呈現的都是合理的行爲，既沒有誇張也沒有攻擊他人。

困境中的因應方式

如果我們認爲自己被人中傷，我們可能會有三種行爲方式：被動行爲、攻擊行爲、自我肯定行爲。

被動行為

被動行爲（passive behavior）是指人們不願說明自己的意見、分享自己的感覺或採取行動。這種人大都服從別人的要求，縱使對自己不便，或與自己的利益衝突，他們也不願去影響別人。例如，Udi拆開他在附近百貨公司買的新彩色電視機的封箱，發現在電視機身左邊有一道大而深的刮痕。如果Udi爲此很生氣，但是卻留下電視機而不去找店員要求換一台，他的行爲便是被動行爲。

攻擊行為

攻擊行爲（aggressive behavior）是指人們感到不滿的時候便暴跳如雷，而不顧情境或被攻擊者的感受。大多數人分不清攻擊行爲和自我肯定行爲。攻擊行爲是批評性的、獨斷的、挑毛病的以及具脅迫性。假設Udi發現新的電視機身上有刮痕，他去向店員痛斥一頓，大聲要求取回金錢，指控店員故意賣給他有瑕疵的電視機，並且脅迫要控告店家。這樣的攻擊行爲或許能要回一台新的電視機，也可能要不回。然而可以確定的是必定會破壞他與店員的人際關係。

自我肯定行為

自我肯定是一種以合於人際效能的方式爲自己挺身而出的行爲。自我肯定行爲（assertive behavior）與被動或攻擊行爲的不同並非在於行爲背後的感覺，而是在該感覺之下選擇行爲反應的方式。如果Udi是自我肯定的，對於買到一台有瑕疵的電視，他仍然會生氣。但是他不會什麼也不做，或用語言攻擊店員，而是打個電話給該店員，向店員表達他的情緒，並說明打電話的目的是希望知道如何退還有刮痕的電視機，然後換一台新的。攻擊行爲雖然也可能達到換回一台新電視機的目的，但自我肯定行爲能以最小的情緒傷害，達到相同的結果。

被動、攻擊與自我肯定反應

在我們的人際交往中，常遇到需要肯定自我的情境。再加上因爲無效的反應會帶來人際關係的不良，所以區分為被動行為、攻擊行為和自我肯定行為之不同，是重要的人際技巧。底下以不同的人際情境來比較這三種反應方式。

工作情境

Tanisha在有男女同事的辦公室工作。當老闆有比較特殊或較挑戰性的工作時，總會分派給臨桌的男同事Ben。老闆從未對Tanisha或Ben提過他比較不重視她或她的能力。但是老闆的作為讓Tanisha覺得受到傷害：

1. 被動行為：Tanisha什麼也不說。她因沒有被重視而受傷，獨自嚥下這口氣。
2. 攻擊行為：Tanisha衝到老闆辦公室，說道：「你到底是為什麼總是把最好的給Ben，留給我的都是垃圾？我從那兒看都是一個優秀者，我想得到一些肯定！」
3. 自我肯定行為：Tanisha安排一個和老闆在一起的機會。她說：「我不知您是否有察覺到，在上三個星期中，每逢有重要的工作時，您總是把工作交給Ben。就我所知，您是認為Ben和我的能力相當——因為您從來沒讓我覺得您不重視我的工作。但是當您把好的工作給Ben，而只給我一些例行工作，我覺得受傷。不知您是否瞭解我對此情形的感覺？」在此陳述中，她說出了對老闆作為的觀點和感覺。

如果你是Tanisha的老闆，你認為那一個反應方式比較可能達到獲得好工作的目的？可能是自我肯定的行為。那一個反應最可能被開除？可能是攻擊行為。那一個反應冒的險最低？無疑的是被動行為——不過她也將繼續忍受無聊的工作。

友誼情境

Don是市立醫院的住院醫師，他和另兩位住院醫師共租一間公寓。其中一位叫Owen的醫師是三位當中的社交高手，只要他有空閒，總有約會。不過他在經濟上有些短絀。他對於向室友借衣服、金錢或手飾，不會覺得難為情。一個晚上，Owen向Don借用他父親數天前才送他的名貴手錶。Don知道Owen不太會珍惜借用的物品，Don很擔心錶會被Owen用壞或遺失：

1.被動行爲：「好的！」

2.攻擊行爲：「別想！你休想向我借新錶。你很清楚，我若能要回一個完整的錶，就算是我走運。」

3.自我肯定行爲：「Owen，我曾經爽快的借你很多東西。但是這支手錶比較特別，我才戴沒幾天，若借你我會覺得不舒服。我希望你能瞭解我的感受。」

這些反應的結果會是什麼？Don若採取被動行爲，他將整晚擔著心，也會對Owen有些怨恨，縱使錶完好無損的歸還他。而且Owen會繼續以爲室友樂於借他東西。若Don有攻擊性反應，Owen可能被他的爆怒行爲嚇一跳。從沒有人對Owen說過任何話，所以他不知道不能隨意向人借東西。再者，Don和Owen的關係也會變得緊張。若Don以自我肯定方式反應，著重在說明自己的感覺和這隻特殊的錶。他沒有否定Owen借的權利，也沒有攻擊Owen，只是解釋自己爲什麼此刻不願借錶給Owen。

社交情境

Mui邀請兩位女友和她們的男朋友在舞會之前先到她的宿舍坐一下。這些人到達宿舍之後，Nick——好友Ramona的男朋友，從口袋中拿出一瓶威士忌酒，呷了一大口，然後遞給Mui。Mui知道宿舍嚴禁酒精，而且擔心他們酒後駕車：

1.被動行爲：「哦！這個嘛！」Mui假裝啜了一口，然後把酒傳下去。

2.攻擊行爲：「Nick，你眞蠢，帶威士忌到宿舍來。你以爲大家沒有酒喝就不能盡興嗎？或者你已醉了？在沒有被人發現前，帶著你的酒給我滾出去。」

3.自我肯定行爲：「Nick, Ramona可能沒告訴你在宿舍裡是禁酒的。而且如果我們都保持淸醒的開車去參加舞會，我也會比較安心。如果你能把酒放回車內，我會很感激。這樣我們才能玩得高興而不致於闖禍。」

讓我們比較這三種行爲。被動行爲對Mui毫無益處。Mui知道宿舍規則縱使沒有被發現，她也沒有採取行動來保護朋友免於冒生命的危險。而攻擊行爲也不好，她對Nick不瞭解，但她的暴怒彷彿在指控Nick及她的朋友是惡意的。如果Nick是好鬥的，則她的攻擊正好激怒了Nick，而且可能破壞了她和Ramona的關係。自我肯定行爲則堅定的說出了重點，即不可違規，尤其是在她的房內。同時她也堅定而愉快的說出她重視大家的安危。她還補充說出大家聚在一起的目的——玩得愉快。

從上述的範例中，可歸納出自我肯定行爲的一些特性：

感覺歸自己　在所有例子中，自我肯定的敍述都清楚的讓別人知道是說話者自己的想法和感受。

避免質問式的語詞　例子中沒有任何說話者使用威脅、批評或獨斷式的語詞。

具體敍述當下的行爲　在每個例子中，都可能引起潛在的問題。例如，Don可能挑起Owen的不可信任之問題，但在當下情境他只著眼在最切題的部分——他對某一物品的感覺。

維持目光接觸及堅定的身體姿態　目光飄移、望著地板、身體前後晃動、彎曲或任何其它顯得猶豫的姿態，都會讓人覺得不堅定。

維持愉快而堅定的聲調　攻擊行爲的特徵是大吼或尖叫，自我肯定的反應則以平穩、堅定、正常的音調和速度敍述事情。

避免清嗓及吱唔其詞　在Mui的例子，被動行爲中有「哦！這個嘛！」的反應。說話停頓或不流暢等均是猶豫的現象。

說話清楚　當人們要說一些覺得不是很舒服的事時，會含糊不清，讓人不易瞭解，這也是猶豫的現象。

自我肯定行爲並不總是能達到目的。本書所說明的技巧在於增進人際效能。和自我表露及描述感情一樣，自我肯定也會有些冒險。例如，有些人會錯把自我肯定當做攻擊。不熟練自我肯定行爲的人通常很難瞭解他的潛在益處大於所冒的險。重要的是，我們的行爲在引導別人對待我們的方式。當我們是被動的，好比在教別人可以忽略我們的感覺，他們也就會這麼做。當我們是攻擊的，好比在教別人對我們以牙還牙。如果我們是自我肯定的，我們能影響別人，讓他們以我們

基本溝通技巧

技巧	用途	步驟	範例
自我肯定			
挺身而出，以符合人際效能的方式，坦誠的說出自己的感覺，並以兼顧他人的權利之方式，爲自己爭取權利	淸楚的表達自己的想法和感受	1. 確認你的想法和感受 2. 分析這些感受的原因 3. 選擇能表達出你的感受的適當技巧，以達到預期的結果 4. 向適當的人表達出你的感受。切記，要擁有自己的感受	Gavin認爲自己受到不公平的指控，他說：「我以前從未因此事而被指控——政策是否已改變了呢？」

所喜歡的方式來對待我們。

文化因素

雖然自我肯定是基本的人類需求，但自我肯定行爲則是西方文化的產物。在亞洲和拉丁美洲文化中，較不重視自我肯定。在亞洲，別人怎麼看自己的重要性大於肯定自己的想法或權利，而且非常重視遵守社會互動的規範。保留面子和禮貌比個人的需求重要。在拉丁及西班牙社會中，特別是男人，其自我表現（self－expression）的方式與本書所提到的自我肯定原則差異很大。在這些社會中，「男子氣概」是男性行爲的原則。所以適用於歐裔美國人的自我肯定行爲，不適用於可能會被看成是攻擊或懦弱行爲的社會中。

基於此，自我肯定技巧和任何技巧一樣，無單一標準模式來保證達到我們的目標。雖然自我肯定的行為標準因社會文化而異，不過被動與攻擊行為的不良後果則是於各社會中皆然。被動行為會導致內心的怨恨，攻擊行為則會令人害怕與誤解。當你和不同文化、背景、生活型態的人談話時，必須先觀察他們的反應，再確定何種方式比較能有效的表達你的意思。

練習——自我肯定

自我練習

1. 找出你過去不能自我肯定或有攻擊行為的情境。試著寫下每種情境的對話。然後再以自我肯定行為取代之。
2. 針對下列情境，寫出被動或攻擊反應，並寫出自我肯定的反應，比較之：

「你回到住處去打一篇報告，明天是最後期限。你發現有人正在用你的打字機。」

(a)被動或攻擊反應：
(b)自我肯定反應：

「你在一家商店兼職，時間到了你正要離開（你急著回家，因為你要和一位很特別的人共進美好的晚餐），你的老闆說：『如果可能的話，我希望你多做一會兒。輪替你的Martin剛打電話來說他至少要遲一個小時才能到這裡。』」

(a)被動或攻擊反應：
(b)自我肯定反應：

「你正在和住在遠地的父母通電話，你媽媽說：『希望星期六你能和我們一起去你舅舅家。』然而你打算利用星期六準備履歷資料，以備下星期面試用。」

(a)被動或攻擊反應
(b)自我肯定反應

「你和朋友約好去跳舞，你對跳舞的興緻很高。當你們碰面時，朋友說：『如果你不介意的話，我想我們改成去看電影吧！』」

(a)被動或攻擊反應：

(b)自我肯定反應：

生活記事

觀察人們的行為一天或兩天，記下你認為他們表現出被動、攻擊及自我肯定行為的情境。那一種方式較能讓他們達到目的？那一種較能維持或更增進他們的人際關係？

自我肯定和社會影響力

為什麼有些人比較不能自我肯定？對大多數人而言，他們不相信自己具有社會影響力（social power）去得到正向的結果。社會影響力是指改變他人的態度、信念和行為的潛在力量。有該力量不保證能改變他人，但沒有該力量，必然無法自我肯定。這種影響力是一個人能有效生活的能力，而他最重要的意義在於能尊重別人。

雖然每個人在某些時候、某些情境下都多少具有一些社會影響力，但是大多數人受到人際及環境因素的影響，常常認為自己沒有此力量。他們可能覺得自己不能主宰命運，對自己的生命沒有任何影響力。需要改變卻無能改變是令人沮喪的。假設你相信自己有非常好的意見可以改善公司的會計室的經營，但是不管你如何努力，公司中沒有人聽你的。你的意見不是沒有人聽，便是被駁回。但在同時，同事的意見不但被聽了，而且被採納了。在這種情形下，你可能會有無力感，而不再提供任何改進的意見。

社會影響力的種類

1950年代，John French和Bertram Raven首先提出五種影響力的來源，脅迫、酬償、權威、專家和參照（註11）。1989年，T. R.

Hinken和C. A. Schriesheim的研究讓我們對這些影響力的來源有更清晰的瞭解（註12）。我們將著重於討論這些影響力在人際關係中如何影響一個人的自我肯定行爲。

脅迫的影響力

脅迫的影響力（coercive power）來自身體上或心理上受傷害的感覺。身體上覺得受威脅與對方的身材大小、體格是否強壯及是否有武器有關；心理傷害的感覺來自威脅感、擔心情感抽回及語言的脅迫性。

別人是否表現出這些具脅迫性的因素，不是重要的。重要的是我們以爲別人的行爲具脅迫性，而當別人的確在脅迫我們時，我們希望避免脅迫的下場。當我們預期別人會傷害我們時，那麼這個人便擁有改變我們的力量。

很多人不能自我肯定，因爲他們覺得受到威脅。就像你熟悉的雜耍演出：「當歹徒進到房間，他要坐那兒？」，「任何他想坐的地方！」許多人覺得具攻擊性的人很恐怖，因此雖然別人不想威脅他們，但是他們卻把脅迫的力量主動的交給了別人。

有些人不能自我肯定是因爲他們怕會有不好的後果。他們害怕若自我肯定的話，會遭受對方處罰或損失東西。這樣的害怕或許有時候眞的會發生，的確有些人的防衛性非常強，若他們認爲你的自我肯定威脅到他們的安全時，他們會對你不利。

酬償的影響力

提供金錢、物品、情感皆是運用酬償影響力（reward power）。如果酬償的重要性足以彌補順從的代價，酬償才能發揮功效。例如，你知道報告若寫得好，會有好成績。如果成績對你是重要的，甲等或乙等的成績值得你付出時間和努力，那麼成績這個酬償便能促動你去認眞寫報告。另外，酬償的力量也必須在一個人相信對方有能力給得出酬償時，才有效力。如果你的上司答應你，若把某件工作做得好，會考慮晉升你。你若不認爲上司有權力晉升你的話，你可能不會去做他。

有些人不能自我肯定是因爲擔心所說的話會失去他們應得的酬

償。如果Jud的上司給的工作量太多，他認爲不公平，但是Jud可能不願爲自己爭取公平，因爲他的上司可能會爲此而不給他加薪。很多人都是認爲屈服能換取酬償，所以讓別人利用他們。

權威的影響力

來自被選上者、被推舉者或具某種地位的人之影響力，稱之爲權威的影響力（legitimate power）。他的原理是人們相信在某種職位的人有責任使用影響力。所以人們把權力交付總統、參議員、國會議員等，因爲這些人都是被選上的人。也把權力交給教師、閣員、委員會主席，因爲這些人是被指定的人；我們也把權力交給年長的子女、父母、長輩，因爲這是傳統或文化規範。

權威影響力在我們的社會中頗受重視，但有些人則過度恐懼權勢。議員、老師或父母，不表示他們絕對正確。有些人交給這些有權勢的人過多的影響力。我們都聽過有人受到官員們不公平的對待，或是去巴結有權威影響力的人。這兩種行爲都是負面的，因爲貶低了個人的自我價值。

不過，認淸自己的權威影響力，對建立自己的影響能力是很重要的。讓自己擁有影響力的方法之一是知道自己有何種權威影響力。想想看，當你是一個組織的主席、球隊教練、父母或監護人時，組織中的成員、球員或子女，不只接受你對他們的影響，還期待你去影響他們，因爲他們認同你的權威身分。

專家影響力

專家影響力（expert power）來自對某領域擁有豐富的知識。當你認爲對方具有你所需要的知識時，他便對你有專家影響力。教授對班級學生有專家影響力，因爲他們有學生所需的知識；教練對球員具專家影響力，因爲他們有球員所需的知識。

有些人不能自我肯定，因爲他們低估自己的專家能力。學生不可能在教授專長的領域向教授挑戰。但是若認爲只要是教授，在各領域都有專家影響力，則是不智的。我們太常被專家影響力矇騙。例如，在買衣服時，人們常受店員影響，只因他們是賣衣服的。然而店員並不是因他們具專業知識受雇，而是因他們具有說服能力。當店員專賣

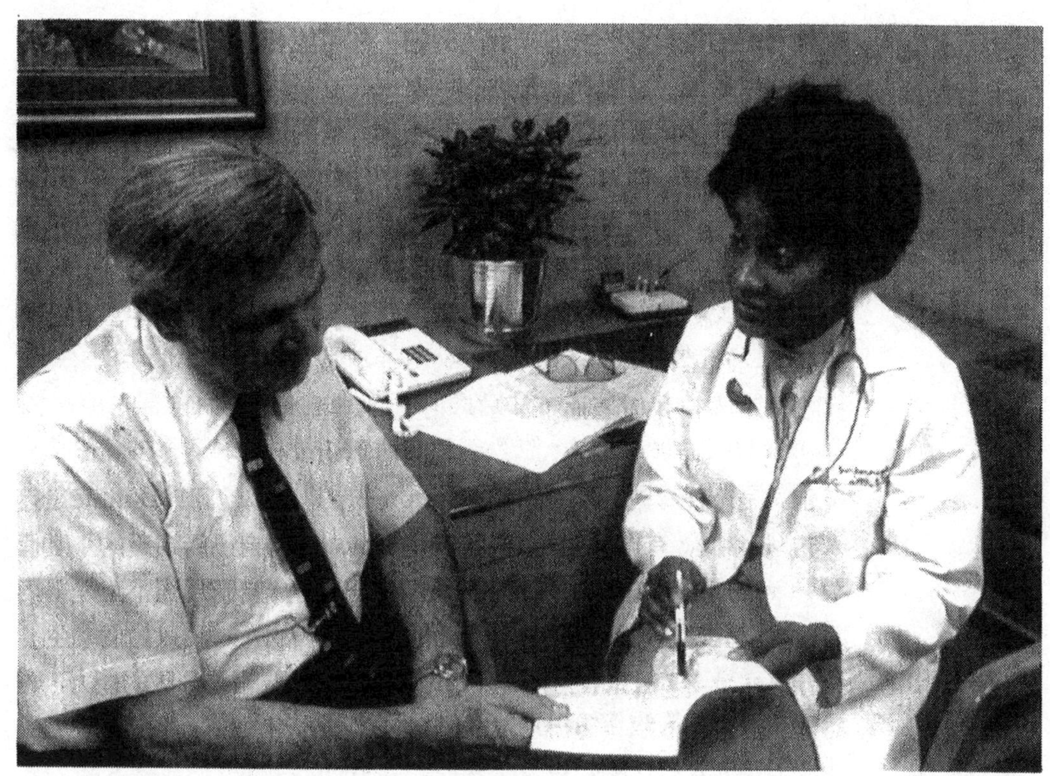

◆ 專家的權力來自於在某一特殊領域的豐富知識。

某類物品時，他們或許會培養出專家影響力。但是我們不必因擔心自己在別人面前顯得無知而被其脅迫。不論是買衣服、修理汽車或裝暖爐，顧客都有權力詢問。

話雖如此，你還是能從充實自己的專業知識來增加社會影響力。當你有豐富的知識，而且被人們所認可，人們將比較會接受你所說的。培養專家影響力可能是增進影響力的最容易且又最好的途徑。

參照影響力

藉由形象、吸引力或人格特質的力量來影響人們，便是參照影響力（referent power）。大多數人在聽從某人時通常是沒有理由的，不一定是因喜歡他或尊敬他的意見。我們常賦予別人這類的影響力。我們不太有時間和精力去解決面臨的每個問題。如果你的朋友推薦一部他看過的電影或一家他去過的餐館，你可能會決定去看那部電影或去上那家餐館，只因那人是你的朋友。

但對許多重要的問題來說，若依賴人格的影響力，則是錯的。我們常因只喜歡一個人的部分特質，便投他的票；我們也常做一些不感興趣的事，只因某人叫我們去做。我們沒有自我肯定常是因我們未對自己的決定有足夠的思考——我們太依賴別人的話。

有些人不能自我肯定是因爲覺得自卑。他們對自己的想法和感覺沒有信心，也許是因爲幼年的問題，或是因成年後一連串的失敗所致。有兩種低估自我價值而不能自我肯定的典型情況：(1)假設Simon和Bonnie都同時有話要說，他們一起開口。Simon停下來讓Bonnie說，這也許是一種禮貌，但也有可能Simon讓步是因爲他認爲Bonnie是迷人的、聰明的、有自信的，這些特質是Simon覺得自己所缺乏的；(2)假設Tran的學期報告得的是丙。他重讀報告一遍，自認爲應不止是得丙而已。他想去找教授，但又想著：「他不會聽我的——我只是個學生」也許這是事實，但也有可能是Tran懷疑自己爭取報告分數的能力，雖然他深信自己的報告值得更高的分數。

不論別人用什麼影響力：脅迫的、酬償的、權威的、專家的、參照的或數種一起用，我們常犯的錯誤是自己放棄了爲自己說話的權力。

就像培養專家影響力一樣，我們也能培養參照影響力。就像在信譽部分所討論的，你能讓自己看起來是可相信的、愉悅的以及有活力的。當你有這些可信的特質時，你會發現別人對你和你的意見都會比較注意。

人們不能自我肯定還有兩個理由：

他們認爲不值得花時間和精神在自我肯定上 有些人不能夠自我肯定，是因爲他們認爲自我肯定太費勁。有些時候，的確要費些心神。但是，如果你一直都認爲那是不值得的，那你只是在爲自己的行爲找藉口，而不是在解釋你的行爲了。

有時，你或許會遇到一位能爲你挺身而出的人，然而，通常只有你自己才能爲自己說話。

他們順從別人的期待　不少美國女性採取被動行爲，因爲他們接受社會教給她們的刻板角色：女性必須是順從的、溫暖的、可愛的、對男性恭敬的。所以任何自我肯定的行爲均是非女性化的。幸好這種刻板角色期待的影響力不再像過去般強勢，而且許多過去曾是被動角色的女性，現在已開始認可自我肯定的價值。不過要注意的是這種迎合期待的行爲並不限於女性，因爲不論男女，我們都有可能在社會化過程變得不自我肯定。

練習——確認影響力的型態

自我練習

1. 底下是一些企圖影響他人的敍述。寫出這些敍述是屬於那一種影響力：(1)脅迫影響力(C)；(2)酬償影響力(R)；(3)權威影響力(L)；(4)專家影響力(E)；(5)參照影響力（RF）。

 ____(a)我是你媽媽，你必須按我的意思去梳你的頭髮。

 ____(b)對輻射線研究了八年之後，我的結論是……。

 ____(c)只要你照著我的話去做，便不會有人受到傷害。

 ____(d)Sara，如果你名列大學榮譽榜，我將以你爲榮。

 ____(e)如果你幫我到圖書館還書，我將會打掃房間。

 ____(f)相信我——我能做得到。

 答案：(a)L　(b)E　(c)C　(d)R　(e)R　(f)Rf

2. 想一個你居主導地位的人際關係（例如，和父母、和手足、和室友、和男朋友或女朋友間的關係），你的權力來源是那一種？
3. 想一個你居依賴地位的人際關係，對方具有那種權力來影響你？如果可能，你會怎麼做以平衡你們的關係？

生活記事

當你看到不能自我肯定的人時，他們受到什麼樣的權力的影響？他們自己可能擁有什麼影響力而不自知？

摘要

影響力是一種影響別人的態度和行爲的能力。刻意的去影響別人乃經由說服而達成之。

爲了讓別人依某種方式去行事，我們運用獲取順從的談話方式。獲取順從的談話可依談話者使用的影響力種類而分爲數種策略。說話者選擇策略時，根據其對當下情境的瞭解而定。大多數獲取順從策略可涵蓋在「說服」之下。

說服是試圖用口語去影響別人。說服可分別運用合邏輯的理由、引發情感或信譽的要素來達到目的。有效的人際說服必須合乎道德——不可用欺騙、誣蔑事實或基於私利而犧牲他人的方式。

自我肯定是將自己的意見和感覺，以有效的方式表達出來的技巧。他們包括，感覺歸己、避免質問式語詞、具體而針對行爲的敍述、目光接觸和堅定的身體姿態、堅定而愉快的聲調、避免清嗓及支唔其詞、說話要清楚。

當人們認爲他們對自己的命運具主宰能力時，便能自我肯定。社會影響力是影響別人的態度和行爲的潛在能力。社會影響力的來源包括，脅迫、酬償、權威、專家及參照影響力。人們不能自我肯定主要是被別人的各種影響力所威脅。被動的人常因不能說出自己的想法和感受而覺得不快樂；攻擊性的人雖說出了意見和感受，但可能因攻擊行爲而製造了更多的問題。

目標陳述

你若想在自我肯定上有所進步，請依（第1章）第29頁的目標陳述原則，寫下你的目標。

補充讀物

Alberti E. Robert and Emmons L. Michael (1990), *Your Perfect Riqht：A Guide to Assertive Living, 6th ed.,* San Luis Obispo, Calif.：Impact Publishers.

註釋

1. Lawrence R. Wheeless, Robert Barraclough, and Robert Stewart, "Compliance-Gaining and Power in Persuasion," in Robert N. Bostrom, ed., *Communication Yearbook* 7 (Beverly Hills, Calif.: Sage, 1983), pp. 115–116.

2. Dan O'Hair and Michael J. Cody, "Machiavellian Beliefs and Social Influence," *Western Journal of Speech Communication* 51 (Summer 1987): 286–287.

3. Gerald R. Miller, Franklin J. Boster, Michael E. Roloff, and David R. Seibold, "MBRS Rekindled: Some Thoughts on Compliance Gaining in Interpersonal Settings," in Michael E. Roloff and Gerald R. Miller, eds., *Interpersonal Processes: New Directions in Communication Research* (Beverly Hills, Calif.: Sage, 1987), p. 89.

4. Sarah Trenholm, *Persuasion and Social Influence* (Englewood Cliffs, N.J.: Prentice Hall, 1989), p. 5.

5. Paul W. Keller and Charles T. Brown, "An Interpersonal Ethic for Communication," *Journal of Communication* 18 (1968): 79.

6. More than two thousand years ago Aristotle, in *The Rhetoric,* identified these means of persuasion.

7. For a more complete analysis of reasoning, you may want to look at Howard Kahane, *Logic and Contemporary Rhetoric,* 6th ed. (Belmont, Calif.: Wadsworth, 1992), pp. 3–17; Kahane provides an excellent analysis of forms of reasoning, with emphasis on detection of fallacies. Chapter 15 of Rudolph F. Verderber, *The Challenge of Effective Speaking,* 9th ed. (Belmont, Calif.: Wadsworth, 1994), provides a more detailed analysis of the reasoning process than is given in this book.

8. Jean-Charles Chebat, Pierre Filiatrault, and Jean Perrien, "Limits of Credibility: The Case of Political Persuasion," *Journal of Social Psychology* 130 (April 1990): 165.

9. Steven J. Breckler, "Emotion and Attitude Change," in Michael Lewis and Jeannette M. Haviland, eds., *Handbook of Emotions* (New York: Guilford Press, 1993), p. 461.

10. Michael J. Cody and Margaret L. McLaughlin, "Situation Perception and Message Strategy Selection," in Margaret L. McLaughlin, ed., *Communication Yearbook* 9 (Beverly Hills, Calif.: Sage, 1986), pp. 390–422. See also Michael J. Cody and Margaret L. McLaughlin, "The Situation as a Construct in Interpersonal Communication Research," in Mark L. Knapp and Gerald R. Miller, eds., *Handbook of Interpersonal Communication* (Beverly Hills, Calif.: Sage, 1985), pp. 263–312.

11. John R. P. French, Jr., and Bertram Raven, "The Bases of Social Power," in Dorwin Cartwright and Alvin Zander, eds., *Group Dynamics,* 3rd ed. (New York: Harper & Row, 1968), pp. 259–270.

12. T. R. Hinken and C. A. Schriesheim, "Development and Application of New

Scales to Measure the French and Raven (1959) Bases of Social Power," *Journal of Applied Psychology* 74 (1989): 561–567.

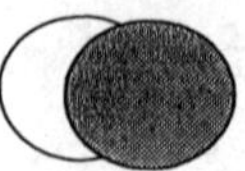

衝突的處理

目標

讀完本章之後，你應能解釋或說明下列各項：

1. 衝突
2. 退縮，投降和攻擊的不適當性
3. 說服在處理衝突中的角色
4. 討論在處理衝突中的角色
5. 處理衝突的原則
6. 衝突的類型
7. 衝突中的競爭與合作策略
8. 協商
9. 仲裁者

「快點，電影在7點半要開演了。」

「電影？我以為吃過晚飯，我們要去跳舞。」

「我看到《侏羅紀公園》(*Jurassic Park*) 還在上演，我們還沒看過……。」

「但是那天我們已講好了要去跳舞。你每次都這樣，沒先問問我就改變我們的計劃。我們才說好了要一起決定事情的，你又破壞了我們的約定。」

「我只是想讓你驚訝一下。」

「你是知道的，我不喜歡這種驚訝方式。」

「我剛才發現Anderson家的舞會是在明天晚上舉行，不是你說的下星期。」

「哦！我想我弄錯了。沒關係吧，是不是？」

「有關係！」

「反正我們明天晚上沒事，有什麼不對嗎？」

「你離題了。我看你從不會錯失你喜歡的約會。但是我們若被邀請一起參加我所喜歡的事情時，我無法信任你會遵守約定。」

以上兩個片段都是溝通產生了嚴重衝突的例子。溝通能力是否良好，也許就看你是否容易與人衝突。本章將說明衝突的本質，處理衝突的型態，以及人際溝通技巧在處理衝突上的運用。

衝突的本質

Dudley Cahn在其文獻的回顧中，將人際衝突 (interpersonal conflict) 界定為「人與人在互動之中，有著利益上的不同，或出現相反的意見」 (註1) 。很多人認為衝突是不好的，因為它讓我們覺得很不舒服。然而，衝突本身並不必然傷害人際關係，而是我們在處理衝突時使用了有害的方法。由於每個人有獨特的觀念、感受、動機和行爲模式，所以會有衝突發生。因此本章並不討論避免或壓抑衝突，而著重在討論人際衝突的處理。

處理衝突的模式

每個人都用其特有的行爲方式，不論是正向或負向的行爲，來因應他們的衝突。處理衝突的方式可分爲五種主要的模式：退縮（withdrawal）、投降（surrender）、攻擊（aggression）、說服（persuasion）和問題解決式的討論（problem－solving discussion）。

退縮

「退縮」最常被用，也是最簡單的衝突處理方式。退縮是指在身體上或心理上使自己抽離衝突的情境，它是被動行爲的一種形式，如，（第9章）所討論過的。

身體上的退縮很容易看得出來。假設Eduardo和Justina在談論Eduardo的抽煙問題。Justina說：「Eduardo，我記得你告訴過我，不論你是否要戒煙，你都不會在室內抽煙。現在你卻在室內點煙！」Eduardo可能以身體退縮的方式說：「我不想談這個！」然後走到地下室去做他自己的事。

心理退縮比較不易被注意到，但它也常常被用到。以同一例子來說，當Justina在談Eduardo室內抽煙的事時，Eduardo可能靜靜的坐在椅子上，注視著Justina，但腦中想的卻是明天晚上的撲克牌局。

心理和身體的退縮雖是常見的方式，但是它們基本上是負向的行爲。因爲用退縮的方法不只沒有消除衝突，也未試圖去處理衝突。正如Michael Roloff和Denise Cloven所說的：「逃避衝突的配偶，比較難解決他們的爭論。」（註2）在上述身體退縮的例子中，Justina可能跟著Eduardo到地下室去，在那兒繼續討論他們的衝突。如果Justina沒有跟下去，則在他們處理其它事情時，衝突可能再浮現，而且衝突程度將更大。在心理退縮的例子裡，Justina可能會強迫Eduardo去

◆退縮的行爲不但沒有解決衝突，而且可能在心中累積怨恨，久而久之終會爆發出來。

談抽煙的問題，或任由Eduardo不參與討論，而在心理蘊積怨恨，這對他們的關係有負面的影響。

另外，退縮行爲有負面影響是因爲會導致，如，Cloven和Roloff所說的「悶悶不樂行爲（mulling behavior）」。悶悶不樂的意思是說把一個眞實的或想像中的問題放在心裡左思右想，直到衝突的感覺變得非常嚴重，然後會開始採取責備的行爲（註3）。因此，在多數情形中，不直接面對問題，就長遠來講，只是會讓問題更難處理。

雖然如此，有時候不必去理會衝突，它也會自然消失（註4）。有兩種情形用退縮面對衝突是有效的。第一種情形的退縮是用來暫時不理它，好讓衝突降溫一下，這是處理衝突的一種技巧。例如，Bill和Margaret爲了邀請Bill的母親共度感恩節晚餐的事而爭吵。在談話中，Margarct開始爲了婆婆批評他們帶女兒的方式而生氣。Margaret說：「暫停一下，我先沖壺咖啡。我們兩個都需先放鬆一下，再繼續談這個問題。」幾分鐘後，比較冷靜了，她才能比較客觀的來處理此衝突。Margaret的行爲實際上不是退縮，因爲它不是用來逃避衝突，而是提供了冷靜下來的機會，這對雙方都有好處。

第二種情形是，當衝突發生於兩個不常溝通的人之間時，退縮有其效用。例如，Roger和Mario兩個人是同事，在前兩次會議中，他們對公司的員工福利問題有所爭論。在下一次的會議裡，Mario避免與Roger鄰坐。這類的退縮可避免衝突。在此例中，Mario認爲解決他們間的爭論不是重要的事。亦即不是每個衝突都需予以解決。退縮的方法只有在他變成一個人處理衝突的主要模式時，才是負面的。

投降

處理衝突的第二種模式是投降。投降意指放棄以避免衝突。雖然有時候基於合作，需要改變自己的立場以順應他人，但是如果以投降的方式做爲其主要的因應策略則是不健康的。

有些人覺得衝突的情況令人很不舒服，他們會盡其所能去避免衝突。例如，Juan和Mariana在討論假期計劃。Juan希望只有他們兩個同去，但Mariana已告訴另兩個朋友要一起去。當Juan說出希望只有他們兩個同去時，Mariana說：「但我覺得和另一對夫婦一起去比較好玩，你不覺得嗎？」Juan說：「好吧，隨你的意思。」縱使Juan眞的希望只有他們兩個人，他不再表示自己的感覺和理由，以避免衝突。

習慣性的採取投降模式來處理衝突是負面的行爲。因爲，(1)我們必須依實際需要來做決定而不能只爲了逃避衝突。如果一個人投降了，則這樣的決定是不是最好的，便沒有機會得到考驗了；(2)投降可能會激怒對方。當Mariana把想法告訴Juan之後，她也許希望Juan認爲她的方法比較好。但是Juan的投降會讓Mariana覺得Juan不喜歡她的計劃，Juan只是犧牲自己而已。而且他不願把自己的理由說出來甚至會引起更多衝突。

西方文化認爲用投降模式來處理衝突是負面的行爲。但是有些文化主張用投降的方式來處理衝突是適當的方法。在日本，投降被認爲是比較謙遜，也是比較得體的方式，與人衝突會讓人看輕（註5）。

攻擊

第三種處理衝突的方法是攻擊，它是運用身體或心理的脅迫來達到目的之方式。藉著攻擊，人們強迫別人接受其觀點，而得以在衝突中成爲一個「勝利者」。

不過攻擊很難增進關係。它是一種情緒性反應，不經思考便衝口而出或衝動的出手。會使用攻擊的人並未思考問題本身，只管誰比較強壯，誰比較大聲，誰比較激烈，或是誰能強迫別人投降。身體或口語攻擊都只會升高衝突或模糊了衝突，而無法使衝突獲得處理。

說服

第四種處理衝突的方法是說服，它是試圖改變別人的態度或行爲，以獲得和解的方法。有時在討論問題時，其中一方可能會試圖說服別人支持某種行動。假設在討論買車的事時，Sheila說：「我們不需要空間大一點的嗎？」Kevin可能回答說：「已足夠讓我們兩個一起進入車內，但是我不瞭解爲什麼我們需要比這個更大的。」Sheila和Kevin正陷於衝突情境。此時Sheila可能會說：「Kevin，我們經常抱怨現在的車太小了。記得上個月你不是爲了行李箱放不進兩個皮箱而懊惱嗎？還有，不知有多少次了，我們也因爲後座太小，坐不下兩個正常體型的人，而無法載我們的朋友？」像這樣的陳述便是想運用說服來解決衝突。

說服若是開放而合理的，則是一種解決衝突的正向方式。然而說服也可能變質爲操縱，如，「你知道，如果你支持我，你就能得到更多的利益，如果你不支持我的話，那麼……。」雖然說服可能使衝突變得更激烈，但是如果合於邏輯，它也有可能解決衝突。

討論

第五種解決衝突的方法是問題解決式的討論。討論時，字斟句酌，仔細考慮衝突問題的正反兩面。它是人際關係中處理衝突的最佳方式，因爲在討論中能有開放的思考，而且雙方是平等的。然而以討論的方式處理衝突並非易事，因爲它需要彼此的合作，亦即參與者必須客觀的表達問題，坦誠面對自己的感覺和信念，並且對問題的解決採取開放態度，以達到最有益於參與者的解決方式。

問題解決式的討論過程包括界定與分析問題、建議可能的解決方法、選擇最適合的方法和實踐所做的選擇。我們在（第12章）中〈團體中的溝通〉會說明問題解決的步驟。並不是每一種衝突情境都要用到所有的步驟，運用這些步驟時，也不一定要按部依序。重要的是當雙方知覺到有衝突時，必須願意退後一步，然後有系統的去解決問題。

這些步驟看起來是否太理想化了？或太不符合實際？雖然討論不易，但是若兩人願意試試，將有機會發現藉由討論，他們能獲致滿足兩人需求的解決方法，並且能維繫兩人的關係。

練習——確認衝突

生活記事

描述你和朋友之間的衝突情境，你和朋友各用什麼模式因應衝突：退縮、投降、攻擊、說服或討論？衝突的結果是什麼？若結果是負面的，寫出一個能使結果比較有建設性的方法。

建設性處理衝突的原則

我們已瞭解運用討論模式是處理衝突的最好方法，接著將說明建設性處理衝突的原則。雖然衝突未必能解決掉，但這些原則能讓我們增加處理衝突時的滿意度。處理衝突的原則包括雙方都願意處理衝突、認清衝突的類型、以合作替代競爭、瞭解非語言訊息、運用幽默、直接溝通、進行協商、尋求協助以及從處理衝突的失敗經驗中學習。

雙方處理衝突的意願

衝突是非常難以處理的，除非雙方有意願達成和解。如果其中一方不在意維持關係，則處理衝突相當難。如果雙方都不在乎關係，則他們根本不會想要去處理衝突。因此，當人們比較重視如何打敗別人，為達目的不擇手段而罔顧道德時，衝突是很難有好的結果的。

有時候雖然人們不是用無效的方法在處理衝突，但是只要一不小心，仍然會陷於衝突的困境中。處理衝突的困難很多是起因於人們不自覺地使用他們已習慣的負向模式。我們傾向於未經思考便予以反應，使得衝突急遽升高，以致於不可收拾。

雙方都有處理的意願指的便是能警覺到衝突的訊號。在察覺到快要有衝突時，便要說出來：「我想我們在這點上將要有衝突了。」——這句話可提醒彼此用正向的模式來處理衝突。

重視維繫關係的人，面對衝突時都會同意：「我們珍惜我們的關係，所以解決我們的差異是很重要的」或「我們知道我們之間有問題，我們需要去解決它」。C. E. Rusbult 認爲關係的滿意度與人們使用的衝突處理模式是正向的，或是退縮的、攻擊的，或是忽略的方法，有很大的關係（註6）。

認清衝突的類型

人們在試圖處理衝突之前，需要先認清衝突的類型。當人們能認清衝突的類型，比較能在衝突失控之前便予以有效的解決。就如C. H. Coombs 所說的，衝突並不是一個固定不變的現象，而是一種會變化的歷程，可能會變到讓關係深受傷害的地步（註7）。人際關係中的衝突處理技巧主要功能在於避免衝突升高到無法解決的地步。一般而言，衝突可分爲四大類，分別代表衝突升高的不同階段。

假衝突

假衝突（pseudoconflict）是一種即將發生的衝突，雖然還不是眞正的衝突，但會演變成眞的衝突。最常見的假衝突，也可稱之爲耍詭計（gaming）。有些人喜歡相互揶揄。如果玩得不過火，而且雙方都接受這種互動關係，它並非都是壞事。然而，如果揶揄的目的在於針對積壓已久的問題而故意挑起衝突，則會傷害關係。亦即揶揄之目的在於讓別人上鈎，使得深層的眞正衝突暴露出來。例如，Derek和Amberly正談論著晚上參加的舞會，Amberly說：「你爲什麼不穿那件新的上衣？」Derek回答：「你又來了，又在告訴我要穿什麼！」Derek這種揶揄式的回答可能是想挑起爭吵，不過不是爲了穿什麼而吵，而是爲了兩人之間的權力爭奪。如果Amberly受到挑戰，她說：「我必須告訴你穿什麼，要不然你會穿得不起眼！」則眞正的衝突便會發生。如果Amberly回答：「不是的，Derek，我不是叫你一定要穿什麼，我只是建議而已。你喜歡穿那一件夾克呢？」那麼Derek可能會接受Amberly的解釋，而不陷入爭吵之中，也不會回答一些可能讓兩人陷於衝突的話。處理這類假衝突的方法是認淸這是種假的衝突，然後不讓自己被這種衝突拉住。

第二種假衝突起因於兩人爲了一些明知不能同時兼得的期望而吵架。Alberto說：「電視現在正在播放美式足球賽，我一定要看。」Consuela回說：「但是你答應帶我去看《絕命追殺令》的。」如果必須在二者之間擇一的話，亦即不是留在家看電視，便是出去看電影，則他們有了眞正的衝突，因爲他們不能在同一時間完成兩件事。不過，在大多數情況下，這類衝突是可以避免的，只要採取變通方法，兩者可以兼得。如果Consuela願意延後一些時間去看電影，Alberto便能看電視節目；或是Alberto把節目錄下來，以後再看，他們便能去看電影。所以，這類衝突的處理要看如何兼顧雙方的期望。

內容衝突

內容衝突（content conflict）是指因訊息的正確性所引起的衝突。這類衝突常在於爭論什麼是正確的答案。例如，「Julian說他會來接我們」、「不，他沒有說」。

許多衝突起始於事實層面的爭論，如果我們能把討論的焦點放在原來的層面，將減少衝突程度失控的可能性。例如，Jay對Nina說：「Mike問我可不可以在下星期三和他一起去打籃球。」Nina說：「你不能去，那天晚上學校舉辦家長之夜。」Jay說：「不是的，家長之夜在下下星期三。」此時Nina和Jay有兩個選擇：(1)他們可以暫停一下，說：「讓我們查證一下日期。」；(2)他們可以升高衝突，變成爭論Jay的遲鈍或不用心，或是Nina未仔細想清楚就隨便說，或是Jay老是只顧自己等等。

如果你發現陷於事實的爭論時，設法停止爭論，先去尋找證據，或找出能用來判斷爭論點的依據。如果爭論的是關於事實的解釋、推論或定義，應先蒐集與問題有關的資料。簡言之，將衝突限定在問題本身。

這類衝突屬於單純的衝突，因爲只需去證明事實便可解決衝突。然而在許多關係中，並無所謂的單純衝突。很多爭論的內容看似瑣事，如，誰拿走了報紙，或誰把狗放出來等，都會不自覺的轉變成較複雜的衝突。因此，如果想成功的處理這類衝突，必須能在心裡複述問題，檢核自己的知覺，並有效的敍述感受，如此才能瞭解眞正的衝突點。否則，會讓雙方的不同價值觀阻礙衝突的處理。

價值觀衝突

如果雙方的價值體系介入所爭論的問題之中，衝突會變得較難處理。價值體系是指一個人對經濟、美學、社會、政治、宗教等之態度或信念，並據以評價生活中的各種問題。例如，你若重視身體健康，你就不會抽煙，會常做運動並經常照顧自己的身體。你若重視靈性的提昇，你會常上教堂。價值衝突便是對生活中的問題有不同的觀點所致。

我們的價值體系有階層性，價值的重要性有大小之區分，我們在生活中依價值的重要性進行著各種抉擇。你若對提昇靈性的重視大於智性的發展，便會把時間用在宗教禮拜，而不用在研讀功課上。當我們不必考慮別人的需求時，我們通常依自己的價值體系來做抉擇。

在人際關係中，當雙方的價值階層牴觸時，便會產生價值衝突。例如，George和Lawanda夫婦的收入微薄，有時會捉襟見肘。George的老闆給他一個在聖誕節加班的機會，可以有雙倍的收入。他知道這份收入可用來支付聖誕節禮物的額外開銷。他認爲自己最重要的責任是讓家庭有經濟上的安全感，所以他應該接受這一份工作。當他告訴Lawanda時，她不贊成。雖然她瞭解家庭經濟的重要性，但她更重視家人在宗教節慶日的相聚。在她的價值階層中，與家人相聚以及宗教活動比經濟上的安全感來得重要。

價值的衝突有時無法解決。很多時候，我們只能接受差異的存在。如果想解決它，必須認清它是價值衝突。在George和Lawanda的例子裡，他們都必須去瞭解到對方不是「頑固」、「只顧自己」或是「任性」。他們應該以互相信任與尊重的態度，認清衝突的問題乃在於他們之間有不同的價值觀。在認清彼此差異之後，他們才可能討論所引起的情緒。之後，雙方可以互相妥協，或其中一方順從另一方，以維繫關係。一旦George和Lawanda瞭解彼此的出發點都是爲了家庭，他們便能以尊重的態度來討論問題。Lawanda可能建議節省聖誕節的花費，George就不必加班。George可能徵求Lawanda同意他在聖誕節只工作半天，如果老闆允許的話。或者他們發現配偶爲了這個問題而有情緒，於是選擇順從配偶。

雙方的價值階層差異愈大，他們的價值衝突也愈高。由於這種衝突難以解決，因此價值階層差異太大時，兩個人很難維繫長遠而滿意的親密關係。

自我的衝突

衝突中的人把輸贏當做自我價值、自我能力、自我權力以及自我學識之標準時，便是自我衝突（ego conflict）。在此衝突中，獲勝比公正或正確重要。自我衝突是最難處理的衝突。

討論問題時，若有關個人評價的敍述凌駕內容本身或價值觀，會形成自我衝突。當你在某領域有能力時，容易因自己的意見不被接受，而有自我的介入。一旦自我介入衝突之中，通常也就失去理性。在你自覺之前，情緒早已介入，也說了一些無法挽回的話，衝突也就升高。例如，本來只是關於女孩是否可以在外逗留至深夜的爭議，可能升高爲價值觀的衝突，當它演變成爭論誰是家規的維護者時，衝突將升高爲自我衝突。

處理自我衝突最好的方法是避免讓衝突升高至自我的層次。如果已屬自我層次，雙方均應將之拉回至內容層次。例如，Grant說：「我非常不高興你質疑我的論點——我們在談的是我的家庭。我對這個家的瞭解比你多。」Darlene可能回答：「Grant，我不是懷疑你對自己家人的瞭解。我剛才的意思在於弄清楚對於你媽媽所說的話，你我誰記得比較清楚。」

以合作替代競爭

人們是否能成功的處理衝突，端賴雙方的合作或競爭行爲。如果是競爭的，則會採取負向的策略，以贏得衝突。當人們以輸贏來看待衝突時，通常已有自我的介入，衝突會很快的升至自我衝突的層次。反之，若人們是合作的，則會採取問題解決步驟，以達到彼此均滿意的結果——雙贏的結果。

有時候，一方視衝突爲競爭性的，而另一方採取合作的態度。這種情形，衝突的性質將視那一方的影響較大而定。競爭者可能受影響而成爲合作者；合作者也可能受競爭者左右而成爲競爭者。

要如何讓對方用合作的態度來理性看待衝突呢？首先，在討論問題之前，你必須先顯示願意以雙方都滿意的方式來解決衝突。其次，避免使用會升高衝突或會引起對方防衛的敘述。合作性的語言能避免衝突的升高，如下所示：

「我知道你對自己所提議的很有把握。在我們考慮你的計劃是否為最好的之前，我們或許可先看看我們想達到的目的。」

*　　*　　*　　*　　*

「我知道自己有時候腦筋有點硬，我願意盡量客觀的來看這個問題，不過我可能需要你的協助。」

*　　*　　*　　*　　*

「你有充足的理由支持你的信念，我認為自己也有充足的理由。或許我們彼此說說自己的理由，並且考慮這些理由的結果，才能做一個我們兩個都滿意的決定。」

我們的語言和非語言線索都能顯示出自己內心的感受，無論是對衝突本身，或是對與我們有衝突的人。如果我們的態度是坦誠的與尊重的，至少能博得對方聽我們說的意願。如果我們的語言或動作顯示貶低對方及其觀點，會引起對方的防衛與不好的情緒，以致於升高衝突。

營造合作的氣氛，必須經過練習。你可以在察覺你開始有自我的介入時，在內心提醒自己暫時緩住，深呼吸，然後思考合適的解決方法。當你看到別人有競爭性時，你可以簡述對方的感覺及其所傳達出的內容，例如，「從你的說話中，我覺得這件事對你個人而言是很重要的。」描述感覺、傾聽、簡述語意、維持正向的溝通氣氛等技巧，對於營造合作氣氛都是很重要的。

在處理衝突時，正向行為能幫助人們統合他們的力量在共同的任務上；而負向的行為則會形成輸贏的競爭行為，一方若贏了，必然使另一方有所失，衝突也就難以處理。正、負向行為的差異，好比拼圖遊戲和玩撲克牌二者之不同。在拼圖遊戲中，雙方一起做——結果是雙贏的；在玩撲克牌時，彼此都在讓對方有所失——結果是輸贏的局面。底下是正、負向行為的比較：

降低衝突或使衝突產生正向結果	使衝突產生負向結果
1. 追求共同目標。	1. 追求自己的目標。
2. 開放的。	2. 祕密的。
3. 正確的表達自己的需求、計劃和目標。	3. 扭曲或錯誤的表達自己的需求、計劃和目標。
4. 可預測的——行為前後一致。	4. 不可預測的——行為出奇不意。
5. 避免威脅或恫嚇。	5. 威脅或恫嚇。

假設Jesse和兩位同事有個午餐聚會，商討市場策略。他們的午餐聚會通常在下午2點結束，但是這一次Jesse希望在1點結束，以便他能參加另一個約會。如果他沒有表明希望聚會在1點結束，他很可能出現一些會導致衝突的負向行為。由於他把意圖放在心中，未公開出來，同事們可能會對他的急於結束而生氣。因他急於讓聚會結束，他可能會打斷別人的談話與討論，因而引起衝突。也許結束聚會的需求太強，以致做出與平常不一樣的行為——他可能會用威脅或恫嚇的方式來達到目的。如果Jesse在聚會一開始便說：「今天1點鐘我有另外一個會

議，我們盡量在1點之前結束。如果不能的話，你們兩個可以繼續談，或者我們再約別的時間討論。」這麼說表明了合作的立場。人們將能瞭解他的心急，他的行爲才不會引起衝突。再者，如果他的行爲引起了衝突，別人也比較知道如何來回應他的行爲。

合作可因開放的心態而強化。正如（第5章）所討論的「心胸開放」（open－mindedness）能讓我們在處理訊息的過程保持彈性。心胸開放的人不執著於某種絕對式的概念，願意接納不同的觀點與別的訊息。獨斷（dogmatism）則恰好相反，獨斷的人執著於自己的價值觀，並且依照自己的價值標準來評斷每件事。極端獨斷的人視野狹隘，思想頑固，只相信有權勢的人。心胸開放的人雖然會在某些信念和態度上有所堅持，但是他們能察覺存在不同價值體系間的共同點。

例如，浸信教徒（Baptist）和天主教徒（Catholic）在談浸信禮，有關宗教分派的話題。如果兩人都是心胸開放的，便能理性的討論浸水禮和灑水禮，以及信教自主性的問題。透過討論，他們能瞭解教派儀式之不同。如果兩人是獨斷的，焦點會放在教派的不同上，用非黑即白兩極化的方式來區分他們的不同，而不能接受在黑白之間還有相容的灰色部分，因此容易升高衝突。

處理衝突時，要試著去看共通處，做爲達成一致的根基。前面所說明的營造良好溝通氣氛的技巧——描述的（being descriptive）、保留的（provisional）、開放的（open）、平等的（equal）——都有助於保持開放的胸襟。

瞭解非語言訊息

就如在其它人際溝通中一樣，瞭解非語言行爲的能力是處理衝突的重要因素。如Berger所主張的，忽略非語言的溝通好比將自己限定在只看冰山之尖端，而忽略了冰山的巨大（註8）。

在衝突情境中，非語言溝通傳達了什麼樣的訊息呢？Deborah Newton和Judee Burgoon認爲非語言溝通在親密伴侶的衝突中，扮演許多功能（註9）。從非語言行爲，你可知道對方的感受，親密的程度，他是否刻意傳送混淆的訊息，以及是否想要主控。

◆ 在處裡衝突時，特別要注意非語言的訊息，因爲它顯露出一個人的情緒。

例如，Risa問：「你把我洗衣機內的衣服放到那裡了？」Lonnie回答：「糟糕！我忘得一乾二淨。」如果Risa接著說：「當然，我早就應該猜得到。」這句話從非口語溝通中比從用字本身，更能顯示她的眞正意思。如果她的眼睛閃光，語音輕笑，Lonnie可推測爲自己的健忘已得到原諒。如果Risa語音沉抑，則她可能在傳達對他們之間關係的不滿——她覺得自己是不受重視的。此時，Lonnie可能需要檢核看看Risa是否不滿了，並爲自己的健忘道歉，以澄清誤會。

非語言溝通能化除衝突的緊張，也能使衝突更激烈。如果非語言訊息與口語牴觸的話，無論口語內容多麼好，都是沒有用的；同樣的，不管口語內容多麼的笨拙，如果雙方的非語言訊息都透露出誠意，則仍能成功的處理衝突。

運用幽默

從Risa和Lonnie的例子中，可知幽默是處理衝突的重要元素。Janet Alberts強調幽默能「促進團結一致，增進親密感情，並免於輕蔑」（註10）。她也提醒我們成功的幽默取決於人際關係之良窳（註11）。如果兩個人覺得他們有良好的關係，他們便能接受對方的戲弄、揶揄、開玩笑，而不會把這些當做攻擊行爲。例如，Graham打開冰箱想拿一個雞蛋做早餐，發現雞蛋被吃光了。他看看室友Greg，然後說：「可惡！Greg，你難道不知道吃完了就得再買回來補充嗎？眞是的！」Greg回答：「我眞可悲啊！我犯了多麼大的錯啊！我罪該萬死——打死我好了！」Graham聽了可能軟化下來，說：「算了！也不是什麼大不了的事，不過我眞的希望你能多爲別人設想一些。」必須注意的是，只有在他們兩個人的關係很好的情況下，Greg所演的戲才能發生效果。如果他們的關係不好，Greg的幽默可能被看成是在譏諷對方，或被當成是根本不在乎Graham的感受。這種情形下，幽默可能只會使衝突惡化。善意而且能爲對方所接受的幽默，才能有助於化解衝突。

直接溝通

和需要訊息的人直接溝通，比較有效，也比較不會產生衝突。我們常常間接傳達訊息，而不是和對方直接溝通。如果Marvin要Kate轉告Henry說Henry沒有守約讓他很傷心。Marvin所做的便是間接溝通。這種間接溝通常因溝通失誤而產生衝突。你可能玩過「耳語」（或「電話」）遊戲，由第一個人對第二個人說一些悄悄話，第二個人把所聽到的小聲說給第三個人聽，第三個人再把所聽到的小聲轉述給下一位。如此接著傳給第五、第六、第七或更多的人。傳到最後一位時，所傳的訊息可能歪曲得令人難以理解。

有些操守不好的人，常用間接溝通的方式散佈謠言。謠言是由一個人傳過一個人的話語，而且在轉述的過程都已被加油添醋。在傳話的過程中，內容常被歪曲，訊息的重要部分常被遺漏，而傳說的部分則被刻意的誇張扭曲。

基本溝通技巧

技巧	用途	步驟	範例
協商			
運用交換策略來處理衝突	協助雙方得到正向的結果	1. 確定衝突是否存在 2. 確定雙方可協商的元素是否同等重要 3. 採取妥協方式，或是先依循一方的意見，下次再依循另一方的意見	「你必須去店裡，而我必須完成我的報告。如果你明早能幫我打報告，我今晚就載你到店裡去買東西」

爲了避免傳話的失誤，應盡可能的直接與需要訊息的人溝通。如果你必須傳話，要先謹愼查核訊息的正確性之後，才可以把訊息傳遞下去。

進行協商

協商是指藉由交易協定來處理衝突。衝突常起因於二者只能取其一的情境。你不能同時要觀看籃球賽，又要赴音樂會；你也不能同時要用中餐又要進義大利餐館；如果你只付得起一棟房屋的錢，你就不能同時要買房子又要租房子。如果已理性的分析了衝突的各層面，而每個人仍然堅信自己的方法才是最好的，此時他們便應該進行協商。

簡單的問題比較容易協商。例如，在解決看籃球賽與參加音樂會的衝突問題時，只需說：「我告訴你，Tammy，如果你這個週末能陪我去看球賽，今晚我就陪你去音樂會。」便能獲致滿意的結果。因爲兩種活動可在不同時間進行，不是兩難的情境，除非雙方各自堅持。解決這類衝突的關鍵在於是否要讓步，以滿足雙方的期望。

進行協商時，雙方所提議的活動、目標、觀點等在重要性上必須是一樣的，才易成功。在吃中國餐還是義大利餐的爭論中，若其中一方表明：「Joe，如果你讓我決定晚餐吃什麼，我就和你去看你想看的任何一部電影。」衝突可能就被化解了。但是如果說：「Alice，如果你讓我決定要買什麼車，我就讓你決定下星期的旅遊地點。」則很難協商成功，除非Alice是一個非常被動的人。在此例子中，選擇車子比選旅遊地點重要得多，提出這種協商的人缺乏誠意。

進行協商與其它各種處理衝突的方法一樣，基本上都須立足點平等。雖然要找到同等重要的交換條件有些困難，但是若交換的條件相當，較能達成協議。

尋求協助

◆ 有時候調解人或公正的第三者，有助於解決兩個人之間的衝突。

如果問題無法協商解決，例如，難以決定是否要買個房子或租個房子，也不必就此氣餒。當協商不成時，你可請教催化者或仲裁者。

催化者（facilitator）是能幫助你們進行合作性討論的公正的第三者。這個人不會替你們做決定，但是能幫助你們運用問題解決方法來處理衝突。心理學家、心理治療師、婚姻諮商師及其他臨床師，都精於催化的技巧。高明的催化者不只注意你們是否依照問題解決的步驟，還會協助你們評估各種情況。

仲裁者（arbitrator）也是一位公正的第三者，他在聆聽雙方的敍述之後，評估各種可能的選擇，爲你們做一個結合雙方需求的決定。勞資雙方的衝突有時需利用仲裁者協助。你們也可請仲裁者協助。

在人際衝突中可請仲裁者協助，以解決衝突。所請的仲裁者必須是你們雙方都信任的對象，而且該仲裁者必須是有能力爲你們的問題做決定的人。家事法庭（domestic court）中，對於離婚案件子女的監護權問題，便是由仲裁者判決。財經諮詢員對於你的股票投資問題是很好的仲裁者，但是他們無法幫你決定要住在都市還是住在鄉下。

一般人們都找朋友或親戚做仲裁者。這些局外人不僅不具專業能力，而且也不是獨立、公正的第三者。他們可能和衝突的雙方有感情，或是與結果有利害關係。這些人會很爲難，因爲他們的仲裁可能會讓某一方生氣，而且仲裁的角色也會讓他們覺得很不舒服。

如果你們同意請人仲裁，你們之間的約定應包括一項條款，亦即不論最後的決定是什麼，你們都願意遵從。如果你們不願意遵從仲裁的結果，就不要去找仲裁者來爲你們解決衝突。

從失敗經驗中學習

理想上，你希望能解決所遇到的任何衝突。如聖經上所言：「永遠不要讓太陽在你的憤怒中落下」（以弗所書4:26）。然而，有時候不論雙方多麼努力，都無法解決衝突，正如Sillars和Weisberg指出的，衝突是非常複雜的歷程，縱使有良好的溝通，有些衝突仍然是無法解決的（註12）。

當關係對你是重要的，你應花些時間去分析處理失敗的原因。你可自問：「那裡出差錯了？」、「我們當中誰出現競爭性或防衛行為？」、「我們是否未能適當運用問題解決方法？」、「是否結果中的既得利益太高？」。藉這些問題，你會發現你可能需要加強基本溝通技巧，如，簡述語意、描述情感、知覺檢核等技巧。從失敗中學習，你對未來的衝突才能處理得比較成功。

練習——處理衝突的方法

自我練習

1. 指出下列題項各屬於那一類衝突：(1)假衝突(P)；(2)內容衝突(C)；(3)價值衝突(V)；(4)自我衝突(E)：

 ___(a)Joe希望和Mary同居，但是Mary希望他們兩個能結婚。

 ___(b)Stan認為自己是保險業務員，Jerry不應該反對他對養老金的觀點。

 ___(c)Ira忘了買結婚週年禮物給Agnes，Ira辯稱他們的週年慶是5月18日，不是今天（5月8日）。

 ___(d)Martin打電話說要請老闆回家吃晚餐。他太太回答：「那是不可能的，家裡一團亂，而且我需要上街去。」

 ___(e)Jane說：「Harry，收拾好你的衣服，我又不是你的女傭！」Harry說：「我想我們已約定好你負責家庭內務，而我負責庭院的工作。」

 答案：(a)V (b)E (c)C (d)P (e)C

2. 假設你和好朋友（或未婚妻、配偶）有了上列題項的衝突。選擇其中兩項衝突，想出最好的解決方法。

團體練習

一起討論處理衝突的計劃及其成功的可能性。

生活記事

回憶近來你在衝突中的輸或贏的情形。什麼是影響結果的因素？這些因素是你能操控的嗎？本章所提的那一種技巧，改善了你處理衝突的能力？回想一個就當前而言你贏了，但長遠上而言是輸了的衝突情境。是什麼行爲導致此結果？你做了什麼來補救你們的關係？

摘要

衝突的定義是指人與人的互動出現不同的興趣、觀點或意見。我們用各種方法來因應衝突。負向的方法包括退縮、投降、攻擊。正向的方法包括討論和說服。

處理衝突首須雙方有意願解決衝突。衝突時，人們必須先確認衝突的眞正問題所在。它們可能是與事實解釋、定義或選擇等有關的內容衝突；它們可能是對問題的不同價值觀所致的價值衝突；或者是與個人的價值產生聯結的自我衝突。當有價值與自我介入時，衝突將變得愈複雜與愈劇烈。

若想要成功的處理衝突，有一些方法可循：(1)以合作代替競爭，能避免雙方陷於輸贏的競爭情境；(2)察覺非語言行爲，較能瞭解彼此的感受、動機和方法；(3)運用幽默，能降低衝突；(4)直接溝通能避免誤會；(5)協商能讓雙方平等的解決衝突；(6)尋求仲裁者協助，能使原本自己無法處理的衝突獲得解決。

目標陳述

你若想改進協商的技巧，請依（第1章）第29頁的目標陳述原則，寫下你的目標。

補充讀物

Fisher, Roger and Brown, Scott(1988), *Getting Together*：*Building a Relationship That Gets to Yes,* Bosten：Houghton Mifflin Company.

註釋

1. Dudley D. Cahn, "Intimates in Conflict: A Research Review," in Dudley D. Cahn, ed., *Intimates in Conflict: A Communication Perspective* (Hillsdale, N.J.: Lawrence Erlbaum, 1990), p. 1.

2. Michael E. Roloff and Denise H. Cloven, "The Chilling Effect in Interpersonal Relationships: The Reluctance to Speak One's Mind," in Dudley D. Cahn, ed., *Intimates in Conflict: A Communication Perspective* (Hillsdale, N.J.: Lawrence Erlbaum, 1990), p. 49.

3. Denise H. Cloven and Michael E. Roloff, "Sense-Making Activities and Interpersonal Conflict: Communicative Cures for the Mulling Blues," *Western Journal of Speech Communication* 55 (Spring 1991): 136.

4. Alan L. Sillars and Judith Weisberg, "Conflict as a Social Skill," in Michael E. Roloff and Gerald R. Miller, eds., *Interpersonal Processes: New Directions in Communication Research* (Beverly Hills, Calif.: Sage, 1987), p. 146.

5. Michael Argyle, "Intercultural Communication," in Larry A. Samovar and Richard E. Porter, *Intercultural Communication: A Reader*, 6th ed. (Belmont, Calif.: Wadsworth, 1991), p. 40.

6. Jonathan G. Healey and Robert A. Bell, "Assessing Alternative Responses to Conflicts in Friendship," in Dudley D. Cahn, ed., *Intimates in Conflict: A Communication Perspective* (Hillsdale, N.J.: Lawrence Erlbaum, 1990), p. 29. In their article, Healey and Bell discuss findings from C. E. Rusbult, "A Longitudinal Test of the Investment Model: The Development (and Deterioration) of Satisfaction and Commitment in Heterosexual Involvements," *Journal of Personality and Social Psychology* 45 (1983): 101–117.

7. C. H. Coombs, "The Structure of Conflict," *American Psychologist* 42 (1987): 355–363.

8. C. R. Berger, "Social Power in Interpersonal Communication," in M. L. Knapp and G. R. Miller, eds., *Handbook of Interpersonal Communication* (Beverly Hills, Calif.: Sage, 1985), p. 483.

9. Deborah A. Newton and Judee K. Burgoon, "Nonverbal Conflict Behaviors: Functions, Strategies, and Tactics," in Dudley D. Cahn, ed., *Intimates in Conflict: A Communication Perspective* (Hillsdale, N.J.: Lawrence Erlbaum, 1990), p. 77.

10. Janet K. Alberts, "The Use of Humor in Managing Couples' Conflict Interactions," in Dudley D. Cahn, ed., *Intimates in Conflict: A Communication Perspective* (Hillsdale, N.J.: Lawrence Erlbaum, 1990), p. 109.

11. Ibid., p. 117.

12. Sillars and Weisberg, p. 143.

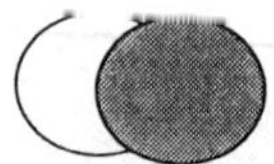

PART III

PART Ⅲ

職業關係中的溝通

絕大多數的人際溝通發生於職業關係中
在第三部分中
首先，討論工作關係中的溝通
其次，討論組織中的溝通，領導者角色
以及求職面談

11

組織中的溝通與關係

目標

讀完本章之後，你應能解釋或說明下列各項：

1. 組織的特質
2. 主從關係
3. 垂直聯結模式
4. 同事關係
5. 顧客關係
6. 第一線角色

Phyllis問道：「你第一天上班，情形如何？」

「很興奮。」Tony回答：「不過有些困惑。我遇到的第一個人是我的上司。她帶我四處看看，讓我瞭解概況以及我應如何開始工作——我覺得她很和藹，我想我會工作得很順利。然而，一個小時之後，我遇到Damien Coyle，他住我隔鄰。他告訴我的第一件事是『你認為這位魔女（Dragon Lady）怎麼樣？』我眞不知如何回答。就像我說的，我是喜歡她，但是這位資深者告訴我說她有問題，問我是否有同感。我沒有表示意見。然後，下午我打電話給Parson Plastics，他是我的客户之一，我又聽了一陣抱怨。我眞不知我的前任過去是怎麼應付的。所以，結束一天的工作之後，我困惑極了——不是關於工作責任，因我知道自己會是個好的服務人員——我困惑的是我將要共事的人們。要處理好這些人際關係可能需要點技巧，但我没有把握。」

我們的生活中到處都是組織，大多數的人際關係發生在組織之中。我們大都在醫院中出生，在托兒所接受照顧，到學校去上學，上教堂，在服務性機構工作，在宗教或政府機構辦理結婚與離婚，最後，我們死亡時，也是由殯儀館來完成我們的後事。因此，我們都必須瞭解組織環境對人際互動與溝通的影響。

良好的溝通技巧是在組織中擁有成功的人際關係之要素，因為這些技巧攸關個人是否受雇以及升遷（註1）。大多數成功的主管人員都瞭解溝通技巧在其生涯中的重要性。例如，最近剛從克萊斯勒公司（Chrysler Corporation）總裁職位退休的Lee Iacocca和瑪琍凱化粧品公司（Mary Kay Cosmetics）的創始人Mary Kay，在他們寫的書中，都一再強調本書所提到的溝通技巧（註2）。

本章將先討論組織之特質，這些特質影響我們在工作中的人際關係。接著我們將著重在討論組織中的三種主要人際關係型態，也就是

Tony在第一天上班時所遇到的：與上司的關係、與同事的關係、與顧客的關係。我們將說明這些關係中的主要動力，亦即這些關係如何變化及其變化的原因。最後，將說明發展與維繫這些關係所需的溝通技巧。

工作組織的特質

組織是由一群人，爲了合力完成一些個體無法獨立完成的目標所組成之集合體。有些組織中的成員是不支薪的義工，他們純粹爲了組織的目標而工作。有些組織的成員則是受雇者，有支薪。我們將著重在討論受雇者在組織中的關係，不過它也可應用到義工的組織中。

組織中的下列特性影響了人際關係的發展與維繫：

具有特定的目標　組織具有其宗旨或任務。組織的宗旨（vision statements）標榜組織的精神並標示行爲的中心原則。例如，Merck是美國一個關懷健康的組織，其組織宗旨爲：「我們致力於維護與增進人們的生命。我們必須以達成此一目標爲行動準則」。狄斯耐（Disney）樂園的宗旨爲：「讓人們快樂」（註3）。這類組織宗旨的敘述顯得模糊而難以評估，所以有些組織便以任務式的敘述（mission statements）來具體呈現目標，對實際工作目標及完成期限都有清楚的界定。

組織所追求的具體目標是重要的，因爲它決定了組織所重視的行爲，以及成員的努力將有何報酬。大多數公司都公開聲明其宗旨與任務，俾便員工及顧客瞭解組織的目標。

有些組織的目標是爲了讓業主得到合理的利潤。例如，麥當勞公司（McDonald）以經銷權方式經營，目標之一在於使經銷商能賺錢。以營利爲目的之組織稱爲「企業（businesses）」。

有些組織的目的不在賺取利潤，而是依其特有預算去完成目標。這種非營利組織有官方或半官方組織、慈善及宗教組織、醫院、社會服務機構、環保、消費及各種特殊訴求的團體等。例如，NAACP的組織目的在促進種族平等，有基金爲其預算來源，組織也在其預算範圍內運作。

> 底下以一家虛擬的經營食品的組織爲例，說明組織的宗旨、任務與目標的不同。
>
> 我們稱其爲ROTO（Reaching Out To Others，伸出援手）
>
> 宗旨：藉人們的合作以消彌飢餓
>
> 任務：我們致力於領導人們將不會腐壞的食物集合起來，予以免費分配給眞正需要食物的人
>
> 目標：我們是純粹的義工組織，在未來五年內我們將提昇服務的戶數，從每月200戶增加到每月20000戶

組織是否以營利爲目標，影響組織的運作及組織內關係的特質。

具有獨特的文化　就如國家和民族有其特殊的文化一般，組織也有著獨特的文化。組織的文化反映成員所共有的核心價值觀。每種組織的文化各異。組織文化的差異雖然與組織本身的環境或外在情境因素有關。不過組織的文化可從幾方面來說明：行動取向（orientation toward action）、個人化的程度（degree of individualism）、決策模式（mode of decision making）、獎勵方式（type of performance feedback）（註4）。

首先，組織對活動和行動（action）的重視有所不同。活動取向（activity－oriented）者重視「活動」本身，而不管所從事的活動是否達到組織的目標。有些組織的員工們知道「顯得忙碌」是很重要的，而不論工作量或工作成效。有些組織則重視生產量，而不管是否必須生產那麼多，也不顧生產品質。有些組織則重視行動，成員們均致力於創發性的工作，重視活動的結果，而非活動本身。這種組織重視成員是否能出產符合顧客需求的產品，以及是否能賺錢。

其次是組織文化反映在是否鼓勵成員的個人化。有些組織重視個人的努力，有些重視團隊合作。若重視個人化，則同事間有明顯競爭，

個人會因傑出表現而獲獎勵，而不論是否符合組織目標。在這種組織文化中，視個人的表現而升遷，較少考慮新職位是否需要合作的能力。若組織重視合作，則強調運用團隊的力量來解決問題。這種組織中，同事聯合陣線，互相支援。獎勵以團隊表現爲依據，升遷重視專業技術及人際合作能力。

第三種組織的文化特質是決策模式。有些組織鼓勵員工縱使訊息不足，仍勇於做決定。這種組織認爲對可能的機會速下決定比小心翼翼以致於失掉機會來得好。有些公司則不這麼大膽，比較重視小心的做決定。他們在做決定之前必先仔細思考，審愼的處理做決定的歷程，以避免做了對公司有害的決定。因此，在不同文化的組織中，所需的說服技巧亦異。

最後一種組織文化特質是獎勵員工的方式。有些組織的員工很少因其工作表現而受到獎勵。若有的話，獎勵也相當不明確，像是員工多麼配合或服從等，而不是因其實際完成的任務而受到獎勵。有些組織則經常對員工所達成的目標，給予具體的回饋。這類組織中，員工比較淸楚自己對組織目標的具體貢獻。回饋技巧在這種重視獎勵員工表現的組織中，顯得相當重要。

雖然組織文化可能隨時間演變，但是很難改變。因爲組織文化根植於共同的價值觀。組織中的互動及工作關係受制於組織文化，所以新的成員必須瞭解其文化。組織文化並不是可以抽離出來讓人明顯看到的條文，而是藉由下列的方式傳達出來：(1)成員反覆流傳的故事（「記不記得那天Jones因沒有事做，在位置上看書而被免職的事？」）；(2)因爲過去的某人或某些事而形成的迷思；(3)慣例（如，在銷售成果會議上褒揚銷售冠軍的同事，或每年舉行表揚服務滿20年者的午餐聚會）；(4)英雄人物（有卓越成就的角色典範）；(5)成員間非正式的溝通（註5）。

每位成員有其特殊的工作任務　組織的目標相當多，每位成員都只能負責一部分的任務，以及擔任某種角色。正如（第2章）所說明的，角色是指個體被期待的行爲或應完成的任務。這些行爲或任務可能明確記載在工作職掌或雇用合約上，它是可以協商的，它也可能隨個體技能或興趣的不同而變更，或隨組織的需求而改變。個體可能同時兼有數種角色。例如，Ayanna 可以有三種不同的角色，她可能是某生產組織的促銷員，又任職於某教育機構以及擔任某委員會的委員。

若沒有明文列出工作職掌，則個體必須很清楚自己的責任。藉由職務訓練過程，可以得知自己的工作責任。如果組織傳達工作任務的體系健全，個體也就比較能瞭解自己的角色，進而有效的完成角色任務。在成員擔任新角色或接受新任務時，組織能清楚的傳達對角色與任務的期待，是很重要的事。

如果組織不能適當傳達角色期待，成員將不知自己該做什麼。這種情形稱之爲「角色模糊」，將導致工作表現不良以及對工作的不滿。例如，許多組織均不再用傳統的管理方式，趨向新的管理方式。傳統上組織中的高層人員負責思考與決策，而員工只做事不思考。在新的管理方法之中，高層人員則被自我管理式的工作小組（self－managed work teams）所取代。這種訓練有素的六至八人小組，負責共同完成工作目標。他們被賦予全權去解決問題與進行決策，這在傳統的方式上，乃是屬於經理的角色。雖然就整體而言有研究顯示組織將因這種工作小組而獲利（註6），但是除非組織能對現有的經理清楚的傳達其新角色責任，並予以訓練，則這些經理可能在新的組織環境中，對自己的角色感到模糊與困惑。

想要成員均能瞭解與執行其角色，以達成組織目標，員工與負責訓練員工的人，都必須是有效能的溝通者。組織也需用心規劃如何教育員工適切的角色行爲。而且組織必須致力於消除角色衝突，同時營造支持性的溝通環境，讓員工能安心的討論與解決其角色的衝突。

配合目標有各種不同的角色組合　在組織中，角色集合成爲工作單位，俾角色間能互相合作，共負責任。這些集合體有不同的名稱，如，部（department）、組（group）、科（division），分置於組織中不同的地方，而且通常置有主管及部屬。

組織有時爲了達成某種目標，必須產生臨時的組合，便由相關的部門或科組中挑出一些成員組成委員會，這種組合是跨功能性的。例如，安全委員會負責規劃安全的工作環境。有的委員會負責解決某項特殊問題。這類委員會都是臨時性組合，乃任務或專案小組，所以通常挑選具專長及有見解的成員組成。當特殊任務達成時，委員會也就解散。

組織目標的達成依賴統合歷程　組織中的成員各擔負特殊的角色，沒有任何一位成員能單獨做所有的工作，各種任務都必須同時運作。這是一種統合的歷程，它需要角色間的有效溝通。組織中的統合需求，對個體而言利弊參半。一方面，由於個體無法獨立完成目標，需藉統合來達成目標；另方面，統合的歷程使個體的工作失去彈性，無法選擇工作的時間、工作的方式和工作的伙伴。組織中的統合歷程，需運用到一些策略。

首先，互相協調是小的企業組織中較常用的統合策略。互相協調是指工作相關聯的同事一起討論並決定工作的統合。例如，Fredrico開一家小型的裝備修護公司，擁有三家零售店。在每家零售店都雇用一位工作人員，負責一般的修護，比較困難的則送回總店修護，由Fredrico自己修護，他是一位技術高明的機械及電子技師。爲了讓顧客知道什麼時候來取回其修護的裝備，櫃台員會先打電話問Fredrico，看他什麼時候能修好，像這種情形的協調統合，靠的就是人際溝通。

當組織龐大，員工衆多時，就比較不易靠相互協調的歷程，必須有規則或程序來綜合例行工作。例如，在裝配線上的員工，通常在規定時間中同時或輪流休息，以便裝配線的運作能持續。另外，我們都很熟悉的一個例子是很多分公司的貨物退回程序。爲了讓顧客在退還商品時不致於手續太繁複，大多數商店都不是由收銀員來接收退回的貨品，而是讓顧客直接將退貨送至「顧客服務部」或直接找負責人。

對規則和程序的瞭解與否，影響了其統合的效果。亦即規則的制定與規則的傳達同樣重要。當員工不瞭解規則，便無法遵循它而導致工作統合上的問題。員工及制定規則與程序的人，都需對此有正確的瞭解。

有些組織利用報告書或文書的方式來統合例行的工作。例如，餐廳中，服務生必須提供書面的點菜單給廚師，他才能煮。這是服務生與廚師間工作的統合。點菜單架上的單子讓廚師知道要煮什麼，而盤子上夾的點菜單讓服務生能送煮好的食物給顧客。預算報告書能讓人對該部門的工作一目瞭然。預算會議中的例行報告程序，可以對經費運用有雙向的溝通。書面或報告方式雖然是文字溝通，但這種方式的使用及評估，仍需依賴人際溝通。

有時候需統合非例行性的工作，所以規則、程序、文書資料及報告等方式並不適用，而組織太大又無法互相協調。此時，便需指派一位聯絡員（liaison），負責協調統合不同部門間的工作。

成員有權級之分，工作需分層負責　在大的組織中，員工各負責不同的工作。其中有些員工擔任策劃、整合及監督的角色。在傳統的組織中，這類角色大都由管理階層成員擔任。在現代化的組織中，這類權責則由工作小組擔負。不論那一種組織，其中的人員都有權級之分，工作上也都需分層負責。

組織中的大多數成員屬於執行階層，只負責自己份內的工作，對他人的工作無權掌控。裝配線上的工人、櫃台員、護士、老師、會計人員均屬執行階層。往上的第二階層是基層主管職位。傳統上，這類主管負責計劃與分配工作給執行工作者，並監督執行的情形。在較現代的工作小組方式中，這類主管的角色除指導每位小組成員自己負責工作的計劃、分配與自我監督，他們還負責與其他部門的聯絡與協調。護理長、辦公室經理、督導員等均屬基層主管。

第三階層的權級屬於中層主管職位。傳統上，這類主管負責開發資訊，以便組織能制定策略性目標，或提供行政階層決策之用。此外，中層主管還負責統合基層主管。不過近年來，電腦科技發達，使得資訊的取得不再那麼耗費人力，加上執行階層的員工逐漸有能力管理與統合他們的工作，中層主管的存在已不再那麼需要。所以，許多組織都縮減編制，明顯的削減中層主管人員。

最高的階層是行政階層，這些高層管理人員負責組織的長期發展，開發新的契機。所以，他們必須制訂長期發展計劃及目標，決定如何運用組織有限的資源，以及爲整個組織的目標負責。

由於組織中的權級有階層高下之分，在溝通時潛存著很大的問題。當訊息由上傳遞下來時，輾轉溝通的結果必然會有所扭曲。因此，行政主管發出的訊息，到了執行階層時，常常已非原來的意思了。

以上討論組織中的基本特性，工作關係的發展與維繫均發生於此特性之中。底下我們將說明與組織目標密切有關的三種工作關係。

主從關係

工作中的關係以主從關係（supervisor—subordinate relationships）被研究得最多。這種關係是由一位具有權力的上司或督導者，負責監督其部屬，亦即工作者的表現所形成。

在現代化的組織中，督導者的主要任務有三：(1)增進部屬的技術和能力，以跟上組織的要求；(2)提供回饋，俾部屬得知自己的工作表現情形；(3)促進部屬達成個人及工作目標。

督導者必須具備良好的溝通能力，才能勝任督導任務（註7）。督導者除了應對其部屬的任務有充分的知識與瞭解，還需將此瞭解轉達給部屬。督導者必須能淸楚的描述行爲，運用淸晰的語詞，提供建設性的批評。爲了有效的給予回饋，督導者必須懂得如何稱讚以及如何批評。他們也需察覺部屬的需求，督導者必須是個善於傾聽的人。具備這些技巧之後，再運用影響的技巧，讓部屬知道如果工作目標達成，他們的需求便能得到滿足。

組織中的任何成員，從最高行政主管到執行階層，每個人都處於主從關係之中。行政主管或總裁附屬在董事會之下，副總裁在總裁之下，部門經理從屬在副總裁之下，如此類推形成權級的階層。

部屬角色也必須具備有良好的溝通技巧，才能與上司維繫有效的關係，如，傾聽、發問、簡述語意、要求回饋、自我肯定等技巧。如果主從雙方都能瞭解溝通的重要，都能分享意見，溝通較不會受阻，而雙方的需求也才能得到滿足。

主從關係就像其他的人際關係一樣，會隨著時間而變化。不同的部屬與同一位主管的關係也各異，爲什麼呢？是外表吸引力、運氣還是其它原因呢？George Graen對主從關係的發展曾提出詳細的說明

◆督導者在指導部屬時，除了必須具備豐富的知識之外，還必須能有效的把知識傳遞給部屬。

（註8）。

雙人垂直聯結理論

Graen稱其理論爲「雙人垂直聯結關係模式（Vertical dyadic linkages model，簡稱VDL）」。雙人意指關係存在於兩個人之間；垂直意指兩個人處於不同的階層，其中一人爲另一人的部屬；聯結意指上下階層聯結以達成組織的目標。

此理論起先是基於下列的假定，當督導者被要求完成超過其工作小組原有的工作量時，他必須從其部屬中找到人來做本份之外的工作。經過一般時日，這些願意多做事的人，對督導者而言變得愈來愈重要，因此他們也就握有能與督導者協商的有力條件。這種情形之下，如果報酬與他們的付出不相當，他們必然不願意繼續爲督導者去做份外的工作。

為了和部屬之間有公平的交換，督導者必須與他們協商合理的報酬，於是形成了特殊的「交換關係（exchange－centered relationship）」。交換關係的形成是因為部屬擔負了超過其正常職責範圍內的工作量，而督導者必須以特殊的報酬來與之「交換」。報酬的形式很多，例如，可以用獎金的方式。不過大多數的報酬方式是無形的，如，選擇工作的權利、較好的辦公室空間、公開的鼓勵、能與較高階層的人分享訊息、與上司有較親近的關係等。與上司的親近關係，稱做「師徒關係（mentoring relationship）」，在此關係中，他們可在技巧和專業上有額外的學習。擁有這些技巧，也就增加了他們在組織中的價值，對其生涯發展有很大的幫助。

VDL模式的現象

當部屬把份內的事做好，但沒有幫上司做額外的工作時，會怎麼樣？依照「雙人垂直聯結模式」，這些人與上司維持「角色關係（role－centered relationship）」。角色關係中，部屬只做職責份內之事，並且只領份內的酬勞。他們可能得到良好的工作評價，適當的加薪與公平的待遇，但是他們很難獲得提拔或是與上司有較親近的工作關係。

如果你觀察上司一段時日，你會發現有某些人和上司比較親近，而有些能力與之相當的人則和上司只是一般的公事關係。與上司較親近的部屬，將會形成所謂的「內團體（in－group）」，這群人是上司能信任的人，而且願擔負額外的工作。而那些與上司無交換關係的部屬，則屬「外團體（out－group）」。這些外團體者，無論其工作能力或工作表現如何，通常不會被加上額外的工作，因為在過去或許他們不願多做，或是做得不好。

連鎖效應

在此模式之下，整個組織會是怎樣的一種情形呢？你可能是你的上司較親近或不親近；你的上司又可能和其上司親近或者不親近；你的上司的上司，又可能與其上司親近或不親近。從這種連鎖效應，你便能恍然大悟為什麼每個人對組織的感覺與觀點會不一樣了。

假設James是電腦程式設計師，與其上司Janet有很好的交換關係。另一單位的設計師Katherine，也和她的上司Lamar有很好的交換關係。Janet和Lamar的上司是同一人。Lamar與其上司有親近關係，而Janet從未接受上司額外分派的工作，所以和上司只是角色關係。如果有一個升遷的機會，而James和Katherine同時被推薦。連鎖效應的結果必然是Katherine得到機會的可能性較大，因爲Lamar與決策者的關係較親近。同樣的，若這位上司面臨削減經費時，Lamar主管的單位比較不會被削減，因爲透過Lamar與其上司的關係，Lamar的單位比較被看好。從連鎖效應可知個體獲得的酬償，不只依賴其與上司的關係（交換關係或角色關係），還得看各級上司層層之間的關係。

如果雙人垂直聯結模式能用以說明主從關係，那麼你要如何與上司建立有效的工作關係呢？有三個步驟：

第一步　你必須評估自己是否具有特殊的技能與專才，以便在份內工作之外，能協助你的上司完成其工作。這些技能可能是你的工作單位所無法提供的，或是你的上司所缺乏的。如果你缺乏特殊技能或專才，必須設法培養一些。假如公司想擴展新的電腦業務，這是你的上司所不熟悉的，那麼部屬便可自行找資料研究一番，或到大學中去進修，或參加訓練課程，使自己成爲一個值得被重用的人。例如，Marian發現她的上司辛苦的在寫一些報告，這對她而言是容易的事，她知道這些報告花了上司不少時間，所以她主動去幫忙上司寫報告，雖然這並非她份內的事。她的上司注意到她寫報告的效率，也因此開始依賴她來修改報告或提供意見。

第二步　當你知道自己擁有什麼技能來建立交換關係之後，便是表達你可以額外工作的意願和能力。主管者通常會窘於向部屬要求協助，他們經常在話裡隱含求助的訊息：「我已忙得不可開交，而人事室的人說星期一必須把這些案件塡好交回。」這是一句隱含了求助的話。有些員工可能會說：「人事部門眞不講理。我必須回我的位置去。」不過有些希望建立交換關係的人會說：「Barb，我想你可能在時間上有些趕不及，我能幫點什麼嗎？」

第三步　親近的主從關係之關鍵在於互信。所以還需有第三步才能與上司建立親近的關係，所做的額外工作必須做得又好又準時交件。這表示你要更賣力，或許你能和上司商量減輕一些原有的日常工作。如果Marian的額外工作超過她所能的負荷，則不但無法做好額外的工作，可能也連累原有的工作，或使自己陷於壓力之中。

你也許覺得上述建議好像是在奉承上司。就某種程度上來說是的。但是事實上，在傳統的主從關係裡，權力是不平等的。上司的權力比部屬要大，如果能使上司對部屬的依賴增加，則部屬才能與上司取得較平衡的關係。這和讓上司喜歡你是不一樣的。在相互滿足的工作關係裡，人們並不需要去喜歡上司或喜歡部屬。他們必須瞭解的是在工作關係中與其它關係不同，互惠是最重要的。若上司與部屬變成朋友，他們的關係便有所不同。雖然這種改變會影響他們的工作關係，而且可能是有利的影響，但是他們仍然需持續交換關係，才能維持其工作關係。

主從關係的建立、協商與維持，靠的就是溝通歷程。雖然本書的例子大都著重在人際交往的溝通，但這些溝通技能在工作關係中一樣重要。若能有效的運用傾聽、知覺檢核、描述、發問及簡述語意技巧，你將能主導雙人垂直聯結關係的建立。在溝通上不用心，你可能和上司或部屬的關係會有距離，而產生不良的工作關係。

個體的差異性會影響主從關係。就像許多組織中存在著對婦女及少數民族的限制一般。雖然Graen的理論指出主管與部屬建立的關係主要基於工作表現，但是對於不尊重個體差異的主管或組織而言，主管會比較喜歡和他們相似的部屬。這種偏見，將使得與主管差異性較大的人不受重視，並失去表現機會，而影響其晉升。

練習——回饋技巧

自我練習

就你的工作經驗中，你和上司的關係如何？你的上司是否有比較依賴某些部屬的情形？如果有此情形，對整個工作組群有什麼影響？

團體練習

在三人小組中，其中兩位扮演主從關係，一位演上司一位當部屬。利用下列的角本，練習回饋技巧。先用稱讚技巧，再用有效批評的技巧。第三位成員當觀察員。三人輪流練習各種角色：

Vivian是一位非裔的美國人，最近進行了一項特殊的計劃。在結果中對兩個銀行之顧客服務情形提出摘要說明。此報告寫得很好，提出了一些改進的意見，你相當喜歡。不幸的是，有部分財務分析的結論是錯誤的。你不確定為什麼這些數據錯了，不過你懷疑Vivian可能不瞭解如何正確使用資訊系統

* * * * *

Mark在你之下工作了三年。這期間，他在份內的工作上表現優異，但是他未曾主動做額外的工作。最近有一個晉升機會，你需負責提供名單。你提名Dwight，他的工作表現不錯，也為你完成了數項額外計劃。Mark請求能和你談談為什麼他沒有被提名。

* * * * *

Miguel是一家分店的夜間營業主管，向你報告他接管六個月以來，餐廳衛生改善的情形。顯然Miguel在維護衛生標準方面，有優異的表現。然而你同時也注意到在他接管期間，夜間工作人員的流動率增高了40%。

(以上三個角本中的「你」，指的是督導者)

同事間的關係

和你在同一工作階層，而且與你同屬一個工作部門的人，便是你的同事。同事影響了我們的工作品質和工作滿意度（註9）。人不能離群索居，害怕被孤離的心理，深深影響我們在工作關係中的行爲。成員間的同事關係，滿足了人的社會性需求，促進了工作上的合作，以及增進組織訊息的流通。組織內的運作相當複雜，成員很難獨自去獲得組織內所有的訊息，同事是我們獲知組織訊息的重要來源（註10）。

觀念及經驗都相似的同事，比較不會有衝突。在工作情境中，大

◆同事影響了我們工作表現的品質，以及我們的工作滿意度。

家希望避免爭執，大都不願表達不同的觀念。如此可以減少因衝突所致的人際困窘，尤其在工作氣氛較緊張的情境中（如，有被解雇的威脅、突然換了新的上司、新同事的加入）。但是當成員不能溝通意見時，組織可能會失去很多重要的訊息及珍貴的意見。因此，重要的是同事必須能運用溝通技巧有效的表達意見並避免因過度順從所衍生的問題。

就像其它人際關係一樣，同事關係需靠溝通來建立。我們不能選擇上司，也無法選擇同事。我們與同事相處的良窳，得依靠我們的溝通能力。如果你不能積極的傾聽，或是不能察覺彼此差異，你便不瞭解同事的需求和感受，那麼你必然不能有滿意的同事關係。

過去許多美國的企業鼓勵同事間的競爭，使得許多聰明而富進取心的人，因爲不關心同事的需求和感受，而在其工作生涯中產生挫折。鼓勵同事競爭也使得美國的許多企業失去其優勢。現今美國的經營者已瞭解同事的合作是組織成功的要素。許多成功的企業家也都將其成功歸因於與同事間的有效之工作關係。

同事間的合作並不是靠同事間的朋友關係，或是靠他們在任何事上都意見一致。事實上，工作愈不同，同事間意見的歧異愈大。大多數經營者都知道意見的不同中蘊含可運用的力量。他們認爲若能好好利用這些不同的意見，能產生創意與積極的策略。不過這種情形的前題是同事關係必須是健全的。而健全的同事關係仰賴有效的人際溝通。在未來的時代中，傾聽、問題解決、同理心、團體溝通等技巧，對工作者是很重要的。

本章曾提及現代的組織傾向於自我管理工作小組的方式。在這類組織中，同事共同負責做決定、工作分配、問題解決以及監督工作品質。自我管理小組的方式將主導未來的組織運作，也使得同事關係愈形重要，而主從關係的重要性愈形減低。

自我管理小組第一個優點是成員會支持他們自己所負責決定的工作。當工作小組制定的工作標準能爲大多數成員所接受時，則群體的壓力將使成員積極的工作。曾有一個自我管理工作小組對一位同事提出面質，該同事的工作落後應有的進度。這位同事的解釋是他每週工作50小時，仍無法完成。工作小組的其他成員均一致性的表示憤慨，因爲他們每人爲了趕上進度每週都是工作80小時以上。他們向該同事表示如果他不能配合小組的標準，可能無法繼續留在此工作小組中。第二個優點是工作小組能提供新進成員工作所需的知能。第三個優點是成員間良好的同事關係，可減少離職率。訓練新雇人員的花費是昂貴的，所以大多數組織都希望成員的流動率是低的。

溝通技巧中的簡述語意、描述行爲、正確而具體的陳述、衝突的處理、有效的傾聽等技巧，都是促進工作小組效率的重要技巧。

練習——工作中的關係

自我練習

1. 根據你的工作經驗，你的同事有什麼特質？他們是否團結？為什麼？他們最常用來營造正向氣氛的技巧是什麼？他們疏忽了什麼？
2. 你是否因同事的關係而辭職或想辭職？說明一下。

與顧客間的關係

顧客是指享用組織工作成果的人們。傳統上，只要不是組織中的人，或是其它組織，都可以是顧客。組織中有一部分人的角色是負責與組織以外的人接觸。這種「第一線的角色（boundary－spanning roles）」，必須能與顧客建立「工作關係（work－related relationships）」；如，銷售員、顧客服務員、送貨員、社會工作員（social workers）、採購員、採購經理人（purchasing agents）、分配員（dispatchers）、房地產經紀人、公關人員、市場調查員、服務員（如，護士）。在與組織之外的人進行與工作有關的溝通時，必須善用溝通技巧，以避免下列四種妨礙關係的陷阱。

忽略了關係中的依賴性

組織為了業務所需，必然與顧客有關係。擔任組織與顧客間接觸關係的人，在任何情形下都必須能與大衆建立良好關係。他們常被要求站在對方的立場設想，另方面對組織的政策和付款期限却沒有主控權。雖然顧客未必永遠是對的，但是第一線工作者也必須能向顧客有效的說明組織的立場。

目前在美國有許多組織，成員在擔任第一線角色時，忽略了他們對顧客的依賴性。他們常因不瞭解顧客的需求，而引起了很大的問題。有不少高級流行店或高級餐廳的失敗，便是因為銷售員或服務生對顧客太傲慢。有位朋友的例子恰可說明此現象。這位朋友在打完網球後，

◆ 每一個組織裡面，都有一些成員擔任與外界人士溝通的任務。

到俱樂部的一家高級商店去。他要店員拿一些商品給他看看，店員看他穿著一件舊的運動衫，嗤之以鼻的大聲說：「我想你買不起這些東西，或許你應看看別家…。」這位朋友在這家店有優良的信譽，當然因店員的粗魯而覺得自尊受傷。像這位店員的行為將失去許多顧客。

我們也都曾經因店員的親切態度而喜歡向他買東西。例如，一位女士可能只向某一家店的某一位店員買化粧品，因為那位店員總是詳盡說明使用方法、推薦適合的顏色，並且送新產品的目錄給她。店員對顧客的關心與特別的服務，讓顧客感受到被尊重。這種店員對公司是有利的。但是許多組織並未訓練他們的服務員使用溝通技巧來提昇其工作效率。顧客服務員必須能使用同理心、傾聽、衝突處理以及平等態度的溝通技巧。

形成了敵對的關係

第一線角色常發現自己處於「敵對關係」之中。例如，採購經理負責以最有利於公司的價格取得所需的物資，而賣方也需爲其公司賺取利潤。在過去，買方和賣方的代表最主要的關注點是爲自己的公司獲取最大的利潤，而不顧對手的結局。現代，許多經營良好的公司都知道維持長遠的「伙伴關係」，雙方都能獲利。

在現代企業環境之下，成功的第一線工作者均能花時間去傾聽、分享訊息，並向對手學習。雙方關係的維護被視爲第一要件，而交易時則用協商的方法來達到雙方的最大利益。因此，第一線工作者必須能運用問題解決策略，協商及合作性的衝突處理技巧。

缺乏主控性

第一線角色常處於壓力狀態，因爲他們對公司的政策只能順從而不能改變，同時還得把公司的政策傳達給與之交易的對象。例如，各種公司關於服務員接受退貨的權限有很大的差異。零售商對退貨的規定較嚴格。同樣的，經銷商雖能答應顧客送貨的時間，但必須靠組織中的其它成員是否能配合準時送貨。當顧客不滿意時，仍需由這些第一線工作者負責。

不過第一線工作者可以和顧客好好的溝通，讓顧客明白公司的政策，並解釋其原因。許多打折的店都不能退貨。這個政策能用標示的方式，也能由收銀員向顧客做簡單的說明：「我們的價格比較低，所以不能退貨。請你在離開前仔細檢查一下。」這麼做可減少很多顧客的抱怨。同樣的，經銷商不必向顧客保證送貨的日期，而應向顧客說明通常有百分之九十的比例可以在三天內收到貨品，但也有可能需要多一些時日。若能有此說明，縱使顧客遲些才收到貨品，仍能與顧客有良好的工作關係。

第一線角色對公司政策缺乏主控性，必須清楚的向顧客說明，才能在面對一些不確定性的情況下，仍能與顧客建立好的關係。此時必須運用坦誠的語言溝通技巧。

使用術語

在同一組織中工作的人，大都會使用與工作有關的共同語言。這類語言可能是該組織所特有的術語，對於不屬於該組織的人而言，便很難理解。與政府單位員工有過接觸的人，會發現很難聽懂他們所使用的由字母組成的簡化之代替語。例如，有位政府辦事員在幫助一位公司的代表填寫表格時，說：「你只需把你的CEO拿給K－10的編輯ASOP到R & D的V. P.。每年這個表格都要和你的FTC－LOB表一起寄給我們。」這樣的說明只有政府的辦事員自己懂而已，那位公司的代表從第一串字開始，便一頭霧水了。

第一線工作者若不能說顧客所聽得懂的話，將難和顧客有好的關係。由於組織中的術語，你已用之成習，你可能察覺不出它對別人的影響。身為第一線工作者必須從顧客的非語言訊息中察覺他是否聽不懂你所用的術語。然後，你必須趕緊用普通的語詞再說明一遍。若是向別人說明專業技術方面的訊息時，最好用對方所熟悉的事物來舉例說明。

許多組織近來發現內在的顧客關係和外在的顧客關係一樣重要。內在顧客是指使用你的工作結果的同事或單位。例如，在醫院裡，醫療記錄部門是入院部門的顧客，因前者必須使用病患資料來做醫療記錄。會計部門則是醫療記錄部門的顧客，因為它要使用醫療記錄來核計費用。雖然內在顧客關係與外在顧客關係有些不一樣，但是前述外在顧客關係的說明同樣適用於內在顧客關係。

練習——第一線工作者角色分析

生活記事

1. 寫出一週來與你有接觸的第一線工作者名單。指出你和他有持續關係的人（不要忘了你的教授也是其中之一）。本章所說明的四種陷阱是否出現在你們的關係中？那些溝通技巧有助於避免此四種陷阱？
2. 想想你和第一線工作者間曾有的滿意和不滿意的經驗。比較在這兩種情形中的溝通歷程。

摘要

成人花了近乎醒時的一半時間在工作上，因此成人的許多人際關係發生在組織的情境中。這類關係有別於朋友關係和家人關係。組織中的關係大都具有目的，而且不是自願的。工作關係主要是主從關係、同事關係以及與顧客的關係。

在所有工作關係中，主從關係被研究得最多。在組織中的人，幾乎都處於這種關係，雙人垂直聯結模式可說明這種關係的演變。此模式指出爲了完成工作，主管會和願意多做額外工作的部屬建立交換關係，而與那些不願多做工作的人維持傳統的角色關係。與主管有交換關係的部屬，也許不能得到較多的薪資，但是能獲得無形的酬償。爲了能有交換關係，部屬必須瞭解自己的才能，向主管表達意願，並且做好份內與額外的工作。

第二種工作關係是同事關係。同事關係滿足了社會性需求和獲得訊息需求。同事關係對個體的工作水準和工作滿意度具有強力的影響。尤其當組織傾向於自我管理小組模式時，同事關係更形重要。

有些人在組織中擔任第一線工作者角色，必須和組織外的人們建立關係。組織的政策會使這種關係的建立有些阻礙。另外，第一線工作者忽視關係中的依賴性、與對方形成敵對關係、缺乏主控性以及使用術語等，也會導致與顧客關係的不良。有效的顧客關係必須靠持久的信用。

補充讀物

Brannen, Christalyn and Wilen, Tracey (1993), *Doing Business with Japanese Men： A Woman's Handbook,* Berkeley, Calif: Stone Bridge Press.

註釋

1. D. A. Whetten and K. S. Cameron, *Developing Management Skills*, 2nd ed. (New York: HarperCollins, 1991).

2. M. K. Ash, *Mary Kay on People Management* (New York: Warner Books, 1984); L. Iacocca with W. Novak, *Iacocca: An Autobiography* (New York: Bantam Books, 1984).

3. T. D. Jick, "The Vision Thing (B)," in T. D. Jick, *Managing Change: Cases and Concepts* (Homewood, Ill.: Irwin, 1993).

4. T. Deal and A. Kennedy, *Corporate Cultures* (Reading, Mass.: Addison-Wesley, 1982).

5. Ibid.

6. Peter Lazes and Marty Falkenberg, "Workgroups in America Today," *Journal for Quality and Participation* 14(3) (June 1991): 58–69.

7. W. C. Redding, *Communication Within the Organization: An Interpretive Review of Theory and Research* (New York: Industrial Communication Council, 1972).

8. George Graen, "Role Making Processes Within Complex Organizations," in M. D. Dunette, ed., *Handbook of Industrial and Organizational Psychology* (Chicago: Rand McNally, 1976), Chapter 28.

9. Frederick M. Jablin, "Task/Work Relationships: A Life-Span Perspective," in Mark L. Knapp and Gerald R. Miller, eds., *Handbook of Interpersonal Communication* (Beverly Hills, Calif.: Sage, 1985), p. 637.

10. D. C. Feldman, "The Multiple Socialization of Organization Members," *Academy of Management Review* 6 (1981): 309–318.

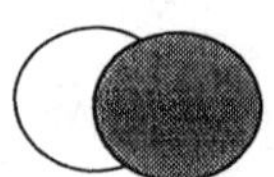

12

團體中的溝通

☞ 目標

讀完本章之後，你應能解釋或説明下列各項:

1. 有效的團體溝通之關鍵要素
2. 任務角色和維持角色
3. 負向角色
4. 事實性，價值觀和政策性問題
5. 政策性問題的分析
6. 腦力激盪

數位銷售部的幹部聚集一起，討論如何進行新的廣告計劃。在第一次委員會議剛開始時，銷售部的主管Hope Levine說：「我召集你們開會的原因是要討論如何進行新的銷售計劃。你們有什麼意見？」在幾秒鐘的沉默之後，Hope說：「Les，你有什麼想法？」

「我不知道。」Les回答：「我還沒認眞的去想他。我們要做什麼呢？」

「我希望知道你對於我們如何進行這個新計劃的意見。」

Barry Miller說：「你所想做的，我都同意，Hope。」

Les問：「就是這樣，Hope你希望怎麼做？」

Hope回答：「我認爲你們可能會有一些建議。」

Sue Maxley說：「如果你能給我們一些背景資料，我會很樂意給意見。」

Hope解釋：「我在這個禮拜一開始時，就已經給你們初步的資料了。」

Marcus Jones問：「就是那個嗎？我只看了關於開會的部分，沒有仔細讀那份資料。」

Hope說：「我眞希望能開始用新的銷售計劃。」

Anna Hernandez回答：「開始吧！我們支持你！」

Hope說：「我會好好思考，下次再提一些意見。」並且宣佈散會。

當大家陸續離開時，Hope無意中聽到Anna對Les說：「這會議眞浪費時間，不是嗎？」

你的團體是否也是這種情形呢？也許問題出在Hope。身爲領導者，他可以多指示些方向。但是大多數情況，問題出在團體成員——參與者。我們大多數都需花時間於團體中的溝通，因此必須學習如何參與團體的溝通。團體的運作是否良好需靠團體中每位成員的參與。

「工作團體（work group）」是指由一小群人，結合一起，面對面的討論如何解決問題或共同做決定。每個團體所要達到的目標各異：家庭成員聚會，一起討論假期旅遊計劃；學生委員聚會，討論校園音樂會的執行細節；董事會聚會商討公司的政策。這些團體運作的成功與否，需靠團體成員的共同努力。

本章我們將說明有效的工作團體之準據、討論前的準備、問題解決的方法、特殊角色的功能。下章我們將說明最重要的角色功能——領導。

有效的工作團體之特質

關於團體的研究指出有效的團體通常有良好的工作環境，有最適宜的人數，具凝聚力，重信諾，遵守團體規範，取得共識，具備角色要件（註1）。

良好的工作環境

最好的工作環境是能促進團體互動的環境。以座位而言，理想的安排是成圓形，讓每個人都能看到全體的成員。每位成員都是平等的。如果場地沒有圓形桌子，那麼最好把桌子移開，或是把桌子排成四方形，使其成類似圓形的排列。圓形排列的優點是視線較好，說話的動機會較高。若是長方型的桌子，坐在頂端的人被看成是身份地位較高者，會被當成是領導者。而坐在角落的人發言會少於坐中間的人或坐在兩端的人。

最適當的人數

有效的團體之成員人數，以能引起足夠的互動，但又不會多到讓討論變得沈悶的程度。大部分研究指出，雖然人數的多寡視任務的性質而定，但以五人為最恰當的人數（註2）。因為人數若低於五人，則人數太少，無法有足夠的專家。為了有效起見，團體必須有某些專業人士。若團體內只有三或四人，很難包括必要的專業人士。再者，在三人的團體內，若其中有一人不想提供意見，也就不再有團體的功能。同樣的原理，團體的任務較小時，三人的團體通常就能運作得很好。而且要三個人湊在一起開會比五個人容易些。如果任務相當簡單，且在三個人的專業能力範圍內，則三個人的小團體是很好的方式。

如果團體人數多於七、八人，則沉默者更不會發言。而團體人數更多時，將形成只有固定的幾個人（二個、三個或四個人）在發言，其他人會顯得較被動（註3）。

凝聚力

凝聚力（cohesiveness）是指成員結合在一起，互相吸引，而且共同投注在任務上。就像三劍客（Three Musketeers）三人一體一樣，是典型的凝聚團體。

發展團體凝聚力的三個要件是：(1)團體目標的吸引力（例如，兄弟會，以友愛或服務為目標）；(2)成員間有共同的需求和興趣；(3)提供人際需求的滿足，如，情感需求（愛人與被愛）、歸屬需求（和他人共屬於團體的一員）、控制需求（握有決定權）（註4）。

只有一次聚會的團體不易形成凝聚力，但是對持續性團體而言，凝聚力是其應有的特質。凝聚力通常在第一次聚會之後開始滋生，然

◆ 工作團體的最有效環境是圍成圓圈，每個人能面對面，每個人的地位也都平等。

後繼續增長，在團體功能達到最佳狀態時，凝聚力應已形成。

對任務的信諾

無論任務是被指派的，或是團體自己決定的，成員都必須全力投入任務之中，團體才能成功。任務愈重要，成員將愈致力於任務的完成。

遵守團體規範

爲了團體的運作，必須製訂團體規範，做爲成員的行爲守則。規範對成員的行爲有非常大的影響力。團體在開始之初，便應建立團體規範。而在成員互相熟識之後，規範會隨之改變或強化。

規範的型式可能是訴諸文字的守則（如，議會程序），也可能是具有效力的社會規則（如,在決策團體的聚會上,不要談自己的事）；或只是在某種特殊狀況下所發展出來的規則。例如，理所當然的在會議上成員都知道避免使用粗俗不雅的話語。當公事結束時，談話就變得比較隨便。

規範有助於凝聚力的發展。當成員遵從規範時，將會和其他成員有較好的關係。如果你認爲有些規範具傷害性，你必須提出來並說明理由，因爲規範一旦建立，便很難改變。

共識

如果一項決定並非團體思考與互動的結果，則失去團體決策的意義。當決定來自團體互動的結果時，成員將比較願意投入所做的決定之中，工作的過程也比較愉快。理想的情況是該決定是全體團體成員所共同贊成的。團體對一個問題已有足夠的討論之後，成員之一可能會提出要大家表明立場的問題，例如，在大家對部門的問題已討論過之後，會有一位成員問：「大家是否同意工作若沒有方針，對成員會造成阻礙？」，若大家同意，則達成共識。

若成員的意見不一致，則必須繼續討論，直到能博採衆議，取得一個能代表團體立場的結論。

具備角色要件

角色是指能顯示個體在團體中的地位之特質的行爲模式。團體成員中有任務角色和維持角色。任務角色（task roles）指的是團體成員完成某些工作以達到團體目標；維持角色（maintenance roles）指的是成員展現能讓團體順利運作的行爲。這些角色都和本書前面所談的人際關係技巧有關。團體中並非每個角色都能產生正向功能，有時候，人們有意或無意的會有一些有害團體運作的言行出現。由於領導者（leadership）對任何團體都是很重要的角色，下章我們將專門討論此重要角色。

練習——團體特質

以你所參與的團體爲例，做下面的練習：

1. 該團體人數有多少？
2. 該團體的凝聚力如何？試說明之。
3. 你對該團體的任務的投注程度如何？其他成員呢？
4. 該團體是否有什麼規範？團體大小、凝聚力、投注程度、規範對團體的功能有何影響？

成員的角色

在功能良好的團體中，成員兼具任務角色及維持的角色。

任務角色

團體的工作主要利用成員的各種角色功能來完成，如，提供訊息者（information giver）、探詢訊息者（information seeker）、監督者（expediter）及分析者（analyzer）。

提供訊息

提供訊息的人，讓團體有討論的內容。由於團體討論時必須有足夠的題材，才能導出結論，所以提供訊息是團體功能中相當重要的部分。在討論中，預期每位成員都能具備此角色任務。

擔任提供訊息的角色者，必須有充實的準備，並能客觀的陳述。題材愈充實，對團體的貢獻就愈大。所以擔任此角色者必須廣泛蒐集資料，並帶至團體供討論之用。

不論所討論的問題爲何，訊息愈充實有用，討論的效果就愈佳。爲了能有最詳盡的準備，必須仔細閱讀相關訊息、請教有經驗的人、查詢圖書館資料、訪問有關人士。

訊息的提供應清晰而不帶有主觀的情緒。例如，在回答宿舍的偷竊案是否不斷增加的問題時，你可能說：「根據校園的統計資料，近三年來的偷竊案至少每年增加10%。」因爲你想確定，是否有其它相關訊息，你接著說：「不知是否誰有其它資料能顯示偷竊案的多寡？」這麼說表示希望團體討論你的資料，不論是否得到團體的贊同，均沒受到你主觀因素的影響。

提供訊息者可以這麼說：「當張氏公司在思考此問題時，他們發現……」、「前些日子，我發現的數據和你的觀點一致」、「根據管理者的分析，不應是那樣的情形。他提出的資料顯示……」。

探詢訊息者

探詢訊息者在必要時需提出問題，俾成員能多發表意見或提供更多訊息。團體常常在尙未有足夠訊息時，便下結論。此時，團體中需有數位成員擔任探詢者角色，他們會特別注意團體是否需要更多的訊息以供討論。

探詢者可以這麼發問：「我們剛才說基本的數目是多少？」、「我們是否已確定會影響多少人？」、「這個人的功能是什麼？」、「對於這個主題，我們有什麼背景資料？」。

監督者

監督者的功能在於讓團體討論不偏離主題。不論只有一次聚會或是持續性的聚會，無可避免的總會有岔題的現象。雖然離題有時可以形成更多的討論空間或讓成員可以吐吐心聲，但是它常使團體的討論走偏方向，而變得與主題無關。監督者角色便是在維持團體在主題上的運作。

監督者可以在團體離題時說：「這雖然是個有趣的觀點，但是和上一季銷售量下滑的原因並沒有什麼關聯。」、「讓我們想想這些是否是我們應該考慮的唯一的標準？」、「我覺得這個對我們正在進行的工作雖然重要，但是我找不到它的關聯性，我是不是弄錯了？」、「時間已快到了，我們只想到兩個可能的方法，是否還有別的？」。

分析者

分析者對團體所討論的內容和推論加以探究。分析者知道團體要如何討論才能解決問題。他們的功能在於分析團體是否跳過重點，或在討論時是否太輕率，是否思慮周延。分析者協助團體將焦點放在主題的討論上。

首先，分析者注意訊息的正確性、代表性、一致性及有效性。假如一位成員在報告中說，根據有線電視訂戶負責人Paul Stewart的資料，上個月的訂戶減少了。分析者會問：「去年每月的新訂戶平均數是多少？今年有多少個月的新訂戶平均數低於此平均數？去年呢？減低量是否與此一致？」這些問題的目的在於考驗資料的正確性。如果只有部分資料是正確的或和問題只有部分關聯，則會有不同的結論。

其次，分析者檢查成員推論的正確性。分析者會說：「Tom，你只根據一個事例做推論，是否還能舉出其它的例子？」、「等等，我們必須檢視一下症狀背後的因素」、「我想這個方法決定得太草率了，因爲有許多問題我們還沒弄清楚」。

維持角色

團體中的人際關係之維持，依靠的是成員的支持、調和以及守門的角色。

支持者

支持者（supporter）協助成員肯定自己的參與和貢獻。雖然每位成員都應發揮支持性角色，但有時候人們太固執於自己的觀點，而無視於別人的建議。

當成員有好的表現時，支持者會以口語或非口語的方式予以回饋。例如，微笑或點頭等，或說：「Mel，好主意」、「Susan，我喜

◆ 支持者透過微笑、點頭或搖頭等非語言行爲，讓團體成員在參與時有好的感覺。

歡這個觀點」、「Peg，看得出來你很認眞的做你的作業」、「Bernie，這是今天我們得到的最好的意見」。

調和者

調和者（harmonizer）將團體成員凝聚在一起。很少有團體能避免衝突。即使成員相處得不錯，也會因意見不一而生氣。大多數團體會因成員人格特質的不同而有衝突。Norbert Kerr指出當問題特別重要時，成員會傾向於有較大的差異，因而會產生較大的衝突（註5）。

調和者的任務在於紓緩緊張的氣氛，以及化除誤會、不一致和衝突。他們撫慰人心、促進客觀性、化解對立。團體無法免於衝突，如果沒有人站出來調和衝突，成員將會很難過。

調和者運用本書（第10章）所說明的處理衝突的技巧，調和者可以說：「Brandon，你並沒有給Jana說明的機會」、「Ernie和Jack，你們暫停一下，我知道你們兩個立場不同，我們一起來看看你們有些什麼共同處」、「Lynne，我知道Todd所說的話，著實讓你生氣了，是不是呢？」、「各位停一下，我們已經有很好的討論，請不要因互相指責而失去我們的動力」。

守門者

守門者（gatekeeper）協助團體溝通管道的暢通。有效的團體需要每位成員都有所貢獻。為了成員的均衡參與，比較支配性的成員應受到約束，而比較害羞的成員應鼓勵其發言。守門者便是要注意誰想發言卻難以切入，誰正在漫談而需予以導正，或誰話太多使得別人無法開口，或是誰沒跟上討論等。守門者可以說：「Joan，我發現你有些話想說」、「Woody，你有很好的觀點，不過我懷疑我們是否能對此有所反應」、「Amir和Kristen，好像只有你們兩個在對話，我們來看看是否有其它的意見」。

守門者亦須注意社會及文化因素對成員參與度的影響。縱使在相同文化裡，每位成員也可能有不同的背景和語言。所以有些成員可能不瞭解別人所使用的詞彙或引喻等，但又不好意思問清楚。對於包含不同文化的成員之團體，此類問題更大（註6）。甚至於有些成員可能因習慣於不同的團體互動規則，而不能參與其所不熟悉的團體。例如，Deborah Tannen在分析男性與女性在團體中的風格時，指出男性在社會化過程被教以要展現知識和技巧，即使和不熟悉的人在一起亦然。而女性則只有和親近的朋友或覺得安全時，才能安心的談話（註7）。這些差異可能會導致衝突或覺得心理受傷。守門者可藉細心觀察非語言訊息，注意那些受困於團體文化的人，鼓勵他們參與討論。

負向角色

團體成員必須注意團體中一些對問題解決產生負面影響的「負向角色（negative roles）」，例如，攻擊者（aggressor）、開玩笑者（joker）、退縮者（withdrawer）、獨佔者（monopolizer）。

攻擊者

攻擊者是指在事情不順利時，會大肆批評並指責他人，以凸顯自己的優越。攻擊者的目的在貶低別人。面對攻擊者的方法是提醒他去察覺自己的言行及其對團體產生的不良影響。

開玩笑者

開玩笑者會表現得像個小丑、會模倣他人的行爲或開玩笑以打斷正事。他們通常會設法引起別人的注意，雖然一點小玩笑很有效果，但是如果不提醒他們認眞思考問題，他們的怪異行爲對其他成員而言，是種干擾。面對開玩笑者的方法是告訴他們在團體需要化除緊張的時候才可開現笑，但是當團體在討論重要的事時，則不要開玩笑。

退縮者

退縮者不願參與團體，他們在心理上退出團體，他們對團體的態度是冷漠的。面對退縮者的方法是引導他們參與，或是找出他們的專長，善用之。通常多加稱讚，有助於將他們引出殼外。

獨佔者

獨佔者時時都在發言，以顯示他們的博學與對團體的重要性。當他們的意見是有意義的時候，其發言是可鼓勵的，但是當他們說太多無用的話時，領導者應打斷他們或請別人發言。

練習——確認角色

自我練習

就下列各項指出其角色功能：(1)提供訊息(A)；(2)探詢訊息(B)；(3)監督(C)；(4)分析(D)；(5)支持(E)；(6)調和(F)；(7)守門(G)：

____ 1. Janet，你好像想針對這最後一點提供意見。

____ 2. 我們已討論了學生是否符合系的規定的問題。我們是否應該先做個結論，以便進入下一個教師人數問題的討論？

____ 3. 我們的問卷調查顯示超過40%的主修生認爲沒有得到適當的指導。

____ 4. 我不瞭解那個統計數據的意義。你可否說明一下其背景資料？如，有多少主修生回答此問卷？

____ 5. 好觀點，Jenna。你眞是切中要點。

____ 6. May，你給了我們一些蠻好的統計數據，我們是否討論一下這些數據顯示的是上漲的趨勢呢？或則只是週期性的現象？

____ 7. Fritz和Gwen，我知道你們兩個完全是從不同的角度來看問題。我在想我們可否從中找到相似點，然後再考慮相異之處。

答案：1.G　2.C　3.A　4.B　5.E　6.D　7.F

生活記事

以你最近一次的團體討論經驗爲例，想想你自己在團體中主要的角色爲何？說明你的角色的成功程度。依據你在本章所學到的，你會如何調整你的做法？

團體中的問題解決

團體中有兩種不同的問題解決取向，自發性的（descriptive）和規範性的（prescriptive）。自發性法是指團體若無外力介入，問題能順其自然的解決。規範性法是指問題解決依一套有意設定的程序來實施。規範性法又稱傳統的方法（traditional approach）。

傳統的問題解決是依循John Dewey的思考法而來，其步驟爲確認、界定（defining）與分析（analyzing）問題，及建議（suggesting）、選擇（selecting）、考驗（testing）和實踐（implementing）解決方法（註8）。底下將說明與團體溝通有關的問題解決方法，即確認、界定與分析問題、思考可能的方法和選擇最好的方法。

界定問題

團體討論初期會發生話題打轉的現象，主因是成員不瞭解他們的目標。任何團體都有其任務，如，「決定課程性質」、「擬訂新工場的雇用規則」。爲了有效討論，團體任務以問句的型式呈現。團體開始時，並不知答案爲何。雖然有些決策團體未具實際做決定的功能，但理想上，團體應具有選擇的功能。將團體目的化成問句的型式，比較有利於探求答案，然而必須注意下列各點：

問題是否只呈現一個主要觀點　「學院是否應該廢除必修外國語文及社會學的要求？」這是一個很不好的問句，因它包括了兩個不同的主題。這兩個主題必須分開討論，不能同時進行。

使用的語詞是否能被所有成員瞭解　當問句中的語詞模糊不清時，團體將浪費時間在摸索它的意義上。例如，一個團體想討論學系的課程問題，「針對那些未達理想的課程，學系應該做些什麼？」這個問句雖然有指出討論目標，但是「未達理想」此語，會使得討論產生困難。因此，最好事先就用明確的語詞，以免討論困難。此問句若修改成：「針對那些學生評鑑分數低的課程，學系應做些什麼？」則意思清楚多了。

問題是否能促進客觀的討論　問句本身對團體討論的結果有非常大的影響。例如，「這些荒謬的資格要求是不是應該修改？」如果團體在討論一開始就已認爲此要求是荒謬的，那麼怎麼可能會有客觀的討論？這個問句所用語詞使得成員在討論問題之前便有成見，將影響討論方向，這是應該避免的。

問題是否能清楚的顯示其爲事實、價值觀或是政策性問題　進行討論的方式依問題的種類而異。稍後我們將說明討論問題時的組織方式。現在先說明問題的三種類型。

屬於事實的問題，主要在探討問題的眞實性。這類問題必須用可直接觀察或有記錄的證據來決定其是否爲事實。例如，「Smith是否犯下搶劫商店的罪？」便是關於事實的問題，它要決定Smith是否有罪。

屬於價值觀（value）的問題，主要在於證明信念或價值觀。這類問題常夾雜評價性字眼，像：很好、可靠、有效或值得等。例如，「這一系列廣告是否太具有挑逗性？」，此問句中的「太具有挑逗性」，便是評價性用語。「銷售力量是否能有效符合目標？」，也用了「有效」的字眼。縱然我們能訂出「太具有挑逗性」和「有效」的標準，並且依此標準來評量，仍無法證明評量的結果。此類問題的答案必須依靠價值判斷，而不是事實與否的問題。

屬於政策性（policy）的問題，主要在於決定是否要執行某種方案。問句的呈現必須以探求解決之道為重點。例如，「我們應該如何做以改善宿舍遭小偷的情形？」，此問句在於解決偷竊事件頻增的問題。「大學所分配的男生和女生運動經費是否應該一樣？」，此問句在於尋求解決男女生運動經費平等的方法。這兩個問句都用了「是否應該」及「應該如何」的語詞，使問句的目的易於瞭解。大多數團體的討論都以政策性問題為主。

如果所討論的是事實性或是價值觀的問題，則不適合運用接下來的問題解決步驟（分析問題、提出可能的解決方法、選擇最佳的方法）。那麼什麼方法適用於討論事實性和價值觀的問題呢？

討論事實性問題時，主要在找出事實並形成結論。例如，「Smith是否犯下偷竊商店的罪？」時，團體必須討論：(1)是否有事實資料顯示Smith從商店中拿了東西；(2)他從商店拿出東西是否即是偷竊（如，借用或填訂單申購器材）。

討論價值觀問題的過程與討論事實性問題相似。價值觀問題的討論也依事實來做結論，不過此結論是依照某準據對事實進行評價的結果。例如，「這個廣告系列是否太具有性的挑逗意味？」時，團體必須討論的是：(1)依據什麼準據來決定「太具有性的挑逗意味」？(2)此廣告系列是否達到此準據？

分析問題

當團體成員對問題的種類有共識時，進一步進行「分析問題」。分析意指決定問題的性質，包括問題的大小、問題的原因、問題發生或持續的力量、評估的準據。分析問題所需時間長短不一，有時只需數分鐘，有時需長些時間。在準備解決問題或是在討論問題的時候，團體常急於想找到解決之道，而忽略了對問題進行分析。例如，你的團體已在討論如何才能減少宿舍的偷竊事件，你們很可能一開始便急於列出一些可能的解決方法。任何解決方法或計劃，都必須能先克服眼前的困難才會有效。所以在擬出計劃之前，必須先瞭解有什麼阻礙需予以克服或減低，以及該計劃在於滿足什麼人。

問題的分析主要在盡可能去發現必須考慮的相關問題，以及決定

◆ 尋找問題解決的可能方決，可利用腦力激盪，亦即經由自由聯想的步驟，每個人自由說出閃入其腦中的任何意見，直到累積足夠數量的意見爲止。

什麼方法是可被接受的。例如，你們正在討論：「學校應該如何做來達到男女生運動機會的平等？」，這個問題的分析如下：

1. 學校中發生了什麼事，凸顯了女生的問題？（問題的性質）
   (a)有多少女生受到影響？
   (b)女生是否比男生較少擁有運動競賽的機會？
   (c)學校的做法是否對女生的機會有不利的影響？
2. 要如何來考驗那一種方法是好的？（準據）
   (a)這個方法是否能克服所發現的問題？
   (b)這個方法是否能執行而不會引起另外的問題或是使原來的問題更惡化？

提出可能的解決方法

任何問題都有無數的方法可以解決。此階段的討論，目的不在考慮是不是好方法，而是在於盡量列出可能的答案。

腦力激盪（brain storming）是一種用來想出可能答案的方法，它是一個自由聯想（free－association）的過程，亦即在此過程中盡量說出閃入腦海的想法，並自由發言，直至能列出一長串的答案。大約10至15分鐘的時間，自己一個人通常能想出數種解決的方法。相同的時間裡，在團體中大都能列出十到二十個方法，或是更多的方法，需視問題性質而定。

進行腦力激盪時，不對所提的問題予以評價，才能達到好的效果，當成員覺得不論他們的方法多麼奇怪，都能自由提出，而不必擔心被批評的話，他們將比較能有創發性的思考。在列出長串的方法之後，每個方法再依準據來評估其可行性，以選出最符合條件的方法。例如：

要做什麼來使男女的機會平等？（提出可能的解決方法）

1. 能否分配更多的獎學金給女生？
2. 能否讓女生使用學校運動設施的時間增加到和男生的一樣多？

選擇最好的方法

在此階段的團體討論中，要評估每種可能的方法，看其符合準據的程度。針對男女生運動機會平等的問題，可以繼續做下列的討論，以選出最好的方法。

那一種建議（或數種建議合起來）最好？（選擇最好的方法）

1. 增加女生獎學金的分配，是否能解決問題，而沒有引起更棘手的問題？
2. 增加女生使用運動設施，是否能解決問題，而沒有引起更棘手的問題？

練習——團體過程

自我練習

1. 下列各項屬於那一類的問題：(1)事實(F)；(2)價值觀(V)；(3)政策(P)：

____(a)俄亥俄州立大學是否爲美國最大的一所單一校區大學？

____(b)聯合有線電視台（United Cable）是否應該提高基本服務費用？

____(c)那一種微電腦最廉價？

____(d)Compton Electronic電子公司舉辦的藥物濫用教育課程，是否能有效的降低藥物濫用情形？

____(e)Miller大學明年度的學費是否應該提高？

答案：(a)F (b)P (c)F (d)V (e)P

2. 選一個政策性問題（可以利用上列問題），說明討論此問題時的問題解決步驟。

團體練習

1. 形成四至六人的小團體，每個團體利用10至15分鐘時間討論下列的兩難困境，以討論出一個解決之道：「五個人共乘一艘船，他們是父親（55歲，全國最著名的心臟科權威），母親（36歲，皮膚科醫生），他們的孩子（8歲）、一對鄰居夫婦（丈夫43歲，資深的銷售員；太太35歲，前電視模特兒）。」當船將要沉時，只有一位能留在船上，請問應該留那一位？另外，在團體中指定一位成員做觀察員，將決策分析表寫在（表12.1）中。

2. 討論結束後，每個小組必須指出：

(a)討論過程中，有那些角色功能出現。

(b)誰負責那種功能（觀察員）。

(c)什麼因素對問題解決過程有利或有害。

生活記事

利用你最近參與小團體的經驗，指出下列各因素，何者對團體的互動或做決定的品質，有最大的影響：環境、團體人數、凝聚力、信諾、團體規範、決策方法或團體的準備？並請說明之。

表12.1
決策分析表

決策分析
1. 小組討論是否達成決議？
2. 討論過程中採取那些步驟？
3. 小組的決議是否爲最好的？
4. 評語：

摘要

有效團體的指標包括：在心理上及身體上均有利於良好的互動；有最適宜的人數；有好的凝聚力；對團體任務的信諾；有助於團體運作的團體規範；成員自由的互動以達共識；成員具專業知識以及具有團體運作所需的角色技能。

你在團體中可能擔任一種或數種任務角色，如，探詢訊息、監督或分析的角色；或是維持團體的角色，如，支持、調和、守門的角色；你也必須避免出現負向的角色，如，攻擊、開玩笑、退縮或獨佔的角色。

有效的團體在討論政策性問題時，依循的步驟爲：界定問題、分析問題、提出可能的解決方法，以及選擇最好的方法。

建議讀物

Sher, Barbara and Gottlieb, Annie(1989), *Teamworks!* New York: Warner Books.

註釋

1. A great deal of relevant research is summarized in Marvin E. Shaw, *Group Dynamics: The Psychology of Small Group Behavior,* 3rd ed. (New York: McGraw-Hill, 1981). Cragan and Wright point out that very little research on these issues has been done in the 1980s; see John F. Cragan and David W. Wright, "Small Group Communication Research of the 1980s: A Synthesis and Critique," *Communication Studies* 41 (Fall 1990): 216.

2. Paul Hare, *Handbook of Small Group Research,* 2nd ed. (New York: The Free Press, 1976), p. 214.

3. Shaw, p. 202.

4. William Schutz, *The Interpersonal Underworld* (Palo Alto, Calif.: Science and Behavior Books, 1966), pp. 18–20.

5. For a review of research, see Norbert L. Kerr, "Issue Importance and Group Decision Making," in Stephen Worchel, Wendy Wood, and Jeffry A. Simpson, eds., *Group Process and Productivity* (Newbury Park, Calif.: Sage, 1992), pp. 69–74.

6. Arthur D. Jensen and Joseph C. Chilberg, *Small Group Communication: Theory and Application* (Belmont, Calif.: Wadsworth, 1991), pp. 367–371.

7. Deborah Tannen, *You Just Don't Understand: Women and Men in Conversation* (New York: Ballantine, 1990), pp. 76–77.

8. See John Dewey, *Logic: The Theory of Inquiry* (New York: Henry Holt & Company, 1938), pp. 105–117.

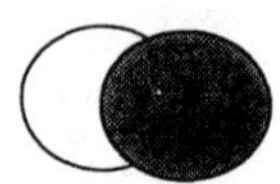

13

團體溝通中的領導者角色

☞ 目標

讀完本章之後，你應能解釋或說明下列各項：

1. 領導者角色的特質
2. 任務性和維持性領導者角色之差異
3. 領導者角色的先備條件
4. 領導者角色的七種責任

Allen Weiss一整夜輾轉難眠，因爲第二天有一個重要的決策有待裁決。他是組織中的一位主管。

Allen在通過重重大門時自言自語的說：「最高階層！我從未夢想自己有一天會走進這扇大門。」在他腦海裡浮現了他所聽過以及讀過的高峯會議（Leader's Summit）的情形。這是做決策的地方，是制定美國政策之處，是著名的領袖坐鎮之處。而今天，Allen將在此謁見最高階層。他已花了幾個月的時間在他的方案上。此方案是否執行，攸關其組織中每個人的生活。他曾將這個問題提給公司中其它部門的主管，但是他們都說需由最高階層的人來做裁決，所以今天他來到這裡。

他穿過大廳，然後由人帶至最高領導者面前。領導者氣派十足，手中握著金色的笏。

「你老遠的來到這裡希望得到些指示，請說明一下。」領導者沉穩的說。

Allen緩緩的將其方案逐項說明。

領導者說：「說得很好。」

接著是Allen所期待的時刻。領導者深深的注視著Allen，並且慢慢的從金色套子中取出一個小小的金屬圓盤，上有領導者的印章。他手一揮，把圓盤丟向空中。領導者呢喃道：「如果是正面，就進行這個計劃——如果是反面；就取消這個計劃。」

領導者對不同的人而言，意義各異。有些人認爲那是一種天賦的超凡特質，能使一個人顯得與衆不同。有些人則認爲那是一種運氣，使一個人能佔有時機與地位。不過，我們大都覺得不論何謂領導者，我們都認爲自己擁有該特質。雖然我們可能對外宣稱自己無論如何不要做領導者，但私下我們可能認爲自己是領導者的最佳人選。

自認是最佳領導人選並沒有什麼不妥，不過卻不能對領導者角色等閒視之。本章的目的在說明工作團體中的領導者角色的意義、如何去爭取該角色以及如何負起領導者角色的責任等。雖然這些也能運用到其它情境中的領導者角色，不過我們將著重在決策性團體或工作團體的情境。

領導者角色的意義

領導者角色的定義相當紛歧，不過大多數定義對於領導者的影響力和貫徹力方面，有共同的觀點。亦即領導者在於發揮其影響力以達到目標（註1）。

領導者角色在於發揮影響力　影響力（influence）是促使他人改變態度及行動的能力。影響的方式可能是間接的或是直接的。如（第9章）中所說明的，我們常常在不知不覺中影響他人。本章將著重在直接而有目的地影響過程，也就是領導者可以刻意做些什麼來引導成員完成做決定的過程。

我們必須注意的是運用影響力不同於運用不平等的權力去強迫別人服從或屈從。影響力是指讓別人瞭解爲什麼某種觀念或方法比較好，進而願意順從這個觀念或方法。只要成員相信他們的選擇正確，對他們有利或是對團體有利，他們都會持續接受影響。

領導者角色在於促進目標的達成　在任務或問題解決的團體中，達成目標意指完成任務，或是獲致最好的解決方法。

組織中的領導者通常是被指派或是由選舉產生的。但是在決策團體中，領導者角色則非指派或選舉產生，所以經常出現爭奪領導者角色的情形。處於爭奪之中的成員並不會察覺到此一現象。如果只有一人想主控團體，其他成員都希望被領導，則不會有爭奪領導者角色的情形發生。然而在大多數決策團體中，領導者角色是大家共同要的，所以常常有角色平分、轉移或爭奪的情形。

領導者角色的特質

什麼樣的人最容易成為團體中的領導者？是否有那些領導者的特

◆ 領導者優於一般團體成員之處在於能成功的運用溝通技巧。

質，能做爲預測其是否爲成功的領導者的依據？幾年來，關於這方面的研究，部分證實了領導者角色特質的觀點（註2）。

Marvin Shaw依據個人特質與領導者角色評量的關係，指出領導者的特質與各種能力、社交能力、動機、溝通能力等的相關程度，顯著高於非領導者（註3）。在能力方面，團體的研究顯示領導者在智力、學識、領悟力、口語能力方面優於一般團體成員。在社交能力方面，領導者的可靠性、積極性、合作性及受歡迎程度上，均優於團體成員。在動機方面，領導者的主動性、堅持性及熱誠程度亦優於一般成員。本書所提的各項溝通能力，領導者亦優於一般成員。這些研究結果並不意指高智力、受歡迎、具熱誠、善於溝通的人都能成爲領導者，而是說如果不具有這些特質，比較不可能成爲領導者。

你認爲自己具有這些特質嗎？如果有，則你有成爲領導者的可能性。通常團體中有不少人可能成爲領導者，所以最後由誰眞正成爲領導者，除了必須具備上述特質之外，還受其它因素影響。稍後我們將對此有所說明。

領導型態

領導的方式並無所謂的正確方法。觀察團體的進行時，可發現不同的領導型態（leadership styles）。有些領導者直接給予指示，有些則由團體成員做決定。有些領導者置身於團體過程之外，有些則主控團體所發生的一切。有些領導者經常詢問團體成員的意見，有些則不在意成員的想法。每個人的領導型態均反映其個人的人格特質、需求和愛好。不過，我們仍然可以確認某些共同的型態及其對團體運作的影響。

什麼是主要的領導型態？近年來大多數的研究將領導型態分爲：任務取向（task oriented）或稱做威權型（authoritarian），和人際取向（person oriented）或稱做民主型（democratic）。這兩種取向可相對應於前章所說的團體中的任務功能和維持功能。

任務取向的領導者對團體有較多的直接控制。他們自行定出要討論的問題，分析討論的程序，指示達成決定的步驟。他們常分配任務給每個成員，對成員的角色也有所建議。

人際取向或民主型的領導者雖然也可能會對所要討論的問題、程序、團體成員的任務及角色有所建議。不過，在討論時領導者會鼓勵成員共同來決定。每位成員都能自由的發言以修正領導者的建議。因此團體要做些什麼，仍然是由團體自己決定，而領導者所做的是傾聽、鼓勵、催化、澄清和支持。

領導型態研究的先驅者Ralph White和Ronald Lippitt說明了這兩種領導型態的優缺點：(1)任務取向領導的團體，能完成較多的工作；(2)沒有任何領導的團體，所完成的工作最少；(3)人際取向領導的團體，成員具較高的動機和創意；(4)任務取向團體易產生成員的不滿及降低成員的創造力；(5)人際取向領導的團體，具有較濃的友誼（註4）。

那麼，什麼型態的領導最好？Fred Fiedler認爲領導的成敗必須視下列情形而定：(1)領導者與成員的人際關係是否良好；(2)團體目標及團體任務是否明確；(3)團體成員接受領導者的領導及其權威性的程度（註5）。

團體是否有利於領導，將因團體而異。有些團體各方面的條件都好，如，領導者和成員有良好的人際關係，目標明確，而團體也能接受領導者的權威性（authority）。有些團體的條件則不全然有利於領導。Fiedler認爲任務取向的領導者在有利的團體條件或較爲不利的團體條件下最能發揮領導效果。

當團體條件是有利的時候，即領導者有良好的人際關係、有明確的目標以及團體願意接受領導，則領導者可以把心力著重在任務上。而在團體條件極爲不利的情形下，由於領導者很難改變成員的心態，所以領導者也可傾全力在任務上。人際取向的領導者比較適合於團體條件不好不壞的情形，因爲領導者可以在促進團體人際關係、澄清團體目標以及建立其在成員心目中的信譽方面發揮其領導效果。

底下讓我們看看兩種特殊的狀況，一種是條件最有利的團體，另一種爲條件普通的團體。假設你是一個集會的領導者，此集會的目的在決定被記功的名單。如果你和這些成員有良好的關係，受獎的標準很明確，而團體成員也能接受你的權威性，則運用任務取向的領導將非常有效。因爲團體會很瞭解要做些什麼，而且也會接受你的指示去完成任務。如果你和團體中的兩個成員關係不良，團體也不確定如何去做決定，又有數位成員不信任你的領導能力，則應運用人際取向的領導方式。也就是在團體進行任務之前，領導者必須先與成員建立人際關係，澄清團體目標，以及建立領導信譽。所以領導型態並無絕對的優劣，而是要看在什麼團體情境下用之。

練習——評估你的領導型態

生活記事

你的領導型態是那一種？你如何判斷自己的型態？你的型態在什麼情境下最有效？在什麼情境下，你必須依賴團體中的某個成員來分擔你的領導者角色？

領導者的先備條件

當你在團體中時，你可能會因下列三種情形而很想出來領導團體：(1)你被指定或被選做領導者；(2)沒有人被指定或被選爲領導者；(3)被指定或被選爲領導者的人，未能做好領導。不論何種情形，團體都需有人領導，你可能會想出來做領導者。但是如果團體不能接受你，你便不可能做個有效的領導者，我們在領導型態部分對此已有說明。那麼你要做些什麼來獲得團體的支持呢？

對團體任務有豐富的知識　雖然領導者不是團體中唯一的訊息提供者，但是如果領導者擁有豐富的知識，成員會比較願意服從。領導者的知識愈豐富，愈有能力分析成員所提出的意見。

比團體中任何成員更勤奮　領導者通常具示範功能。當團體成員看到一個人大公無私的付出時，將比較會去支持這個人。當然這麼做需要有些個人的犧牲，但是欲成爲領導者，必須願意付出此一代價。

對團體目標和團體需求的信諾　欲獲得與維持領導者角色，必須對團體任務有很大的信諾。當你有些鬆懈時，領導者的角色將跟著衰退，並會轉移到更具有熱誠更適合領導此團體的人之身上。

在討論的關鍵做果斷的裁決　如果領導者沒有自信，團體會跟著茫茫然。當領導者缺乏做決定的能力，團體會覺得挫折與生氣。有時候領導者必須做出裁決，縱使此決定會引起怨恨；有時候領導者也必須在相對立的意見之間做一裁決。不論領導者做何決定，都可能會引起衝突。但是一位不能或不願做決定的領導者，將無法持續擔任此角色。

能與團體成員自在的互動　充分參與團體討論比較有可能成爲領導者。這不表示你必須時時主控討論，不過如果你不參與討論，則不會有人知道你的想法與感受。人們常靜靜的坐著，心裡卻想著：「如果他們能讓我做領導者，我一定會做得很好」，但是團體不會喜歡一個未知數。雖然你的談話可能暴露出你不適合做領導者，但是你可以在團體的初期，先試探看看你自己說話是否條理分明，以及是否能影響別人。

培養維持性角色和任務性角色的技巧　有效的領導者能讓團體成員有很好的感受，能促進團體的凝聚，能建立良好的聲望。雖然團體通常兼有任務性領導者和維持性領導者，但是主要的領導者是擁有維持性技巧的人。

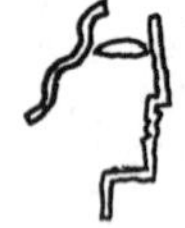

練習——領導者角色的分析

自我練習

1. 你認爲自己具備那些領導者特質？
2. 你的領導型態是那一種？比較屬於任務取向或是人際取向？你的領導型態有那些優點和弱點？
3. 你比較擅長的領導型態是那一種？爲什麼？

團體領導者的功能

成爲一位領導者（leader）和實踐領導者角色是兩個不同的歷程。很多人在成爲領導者之後，却逐漸忘了怎麼領導。有效的領導者必須能備妥會議場地，設計議題，表明會議方向，讓每位成員均等發言，提出適當的問題，以及總結討論的結果。

備妥會議場地

我們曾說過工作環境的重要性。如果環境不良，你必須負責改善它。身爲領導者應該注意環境的溫度、燈光及座位。必須確定溫度是舒適的，燈光是恰當的。最重要的是要使位置的安排最有利於成員的互動。

設計議程

議程是指依會議主旨涵蓋的主題所列成的大綱。你可以自己擬訂議程或與團體共商而訂。議程最好能在會議之前數天便發給每位成員。雖然與會成員的準備程度受到很多因素的影響，但是若事先沒得到議程，則成員根本就沒有機會先做準備。如果沒有議程，通常團體討論會顯得很隨便，而讓人覺得很挫折，也很不滿意。

議程中有包括些什麼？一般會扼要陳述會議中欲完成的事件。關於問題解決的議程，應該提出處理此問題的程序之建議，也就是要列出問題解決步驟的大綱。假設你的團體要討論通勤學生與學生生活中的社會、政治及課外活動等層面的結合問題。(表13.1)是一份很好的議程，可用以討論：「應該做些什麼以便通勤學生能與學生生活中的社會、政治及課外活動等各層面結合在一起？」。

雖然會議未必完全依照議程進行，但是成員們可以瞭解議程上的每個問題都必須討論出結果，團體才算完成工作。

表13.1
議程

1994年5月1日 受文者：校園通勤學生討論團體之成員 發文者：Janelle Smith 說明：討論性團體會議之議程 日期：1994年3月8日 地點：學生中心，A會議室 時間：下午3:00（請準時） 請預先準備下列問題中的第1題到第5題，以便在會議中能有豐富的討論。第6題則依前五題的答案來進行討論。 **討論問題** 「應該做些什麼以便使得校園通勤學生能與學生生活中的社交、政治及課外活動等各層面結合在一起？」 1.通勤學生的百分比是多少？ 2.爲什麼通勤學生沒有參與社交、政治及課外活動？ 3.什麼因素在阻礙其參與？ 4.用什麼準據來考驗解決此問題的方法？ 5.解決此問題的可能方法有那些？ 6.什麼方法是解決此問題的最好方法？

表明會議方向

在第一次會議之初，你必須說明討論之主題以及討論程序。新成立的團體，有些成員對團體的信諾可能較低，對團體可能沒什麼期待，以及對團體抱持懷疑的態度。大家可能認爲：「我們都知道許多團體聚會都在浪費時間，所以我們也就抱著觀望的態度」。有效的領導者在一開始便和成員約法三章，並促使他們遵守約定。領導者會逐一回答成員的問題，例如，「我們爲什麼要開會？」、「誰把我們聚集在一起？」、「我們的任務是什麼？」、「我們要對誰負責？」、「每位成員的責任是什麼？」、「我們要遵守什麼規則？」、「每位成員應做多少年？」。有些問題可能已和成員個別說明過，但是第一次會議是領導者做整體說明的好時機。

讓成員發言機會均等

為了團體能順利運作，應鼓勵每位成員發表意見與感受。如果領導者未介入的話，團體常會出現有人獨佔發言機會，而有些人沒機會說話的現象。例如，在一個八人的小團體中，若順其自然，很可能會有兩三個人的發言超過其餘成員的情形，使得一些人對會議無所貢獻。在會議之初，你就要讓每位成員知道他們都必須提供意見。你必須對獨佔的人有所阻止，也必須引導不說話的成員參與討論。

讓成員的發言機會均等，對領導者的管制技巧是一大考驗。一個經常不發言的人，如果被脅迫時，可能更不願參與團體討論。因此，你所要做的是替這些害羞的人舖路，幫助他們發言。例如，當Dominique顯露出欲發言的神情時，你可以說：「Lenny等等，我想Dominique有些話要說。」如果接著說：「Dominique，你是不是有些話要說？」則可能只得到「是」或「不是」的答案。你最好這樣詢問：「Dominique，你認為這個方法在對抗犯罪上的效果如何？」。當人們多發表幾次意見之後，便能建立信心，以後他們會比較容易提出意見。

對於過度發言的人，也要用類似的技巧。有些人的發言雖然過多，但是內容卻是有價值的，對於這些人如果經常阻止他們的話，他們對團體的貢獻會減少。例如，Lenny雖然是發言最多的成員，但是因為他有做準備。如果你不讓他發言，可能會使團體的工作受到阻礙。不過在他發言完畢之後，領導者可以說：「Lenny，你提供了非常可貴的資料，讓我們看看其他成員是否對此問題有其它的意見。」這種說法並沒有阻止他發言，但是能使他暫時停一會兒，讓別人也能發言。

有三種常見的團體溝通型態，如（圖13.1）所示，表中的線條代表八位成員間的對話情形。（圖a）是領導者主控的團體（leader－dominated group），其缺乏成員間的互動，會造成僵化的、形式上

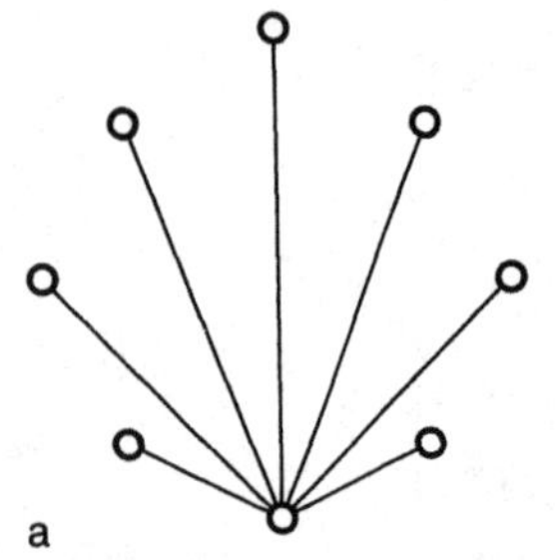

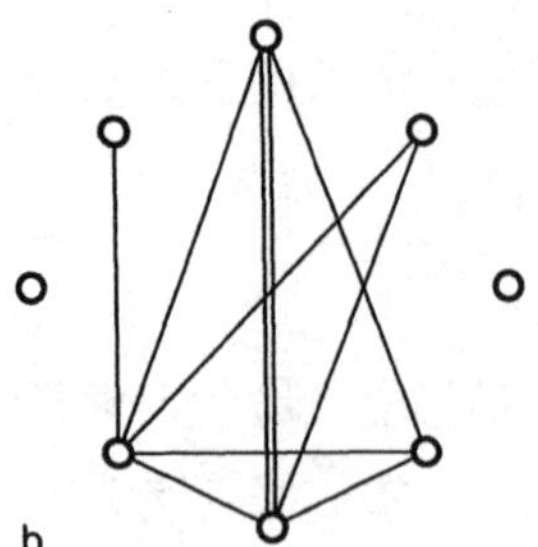

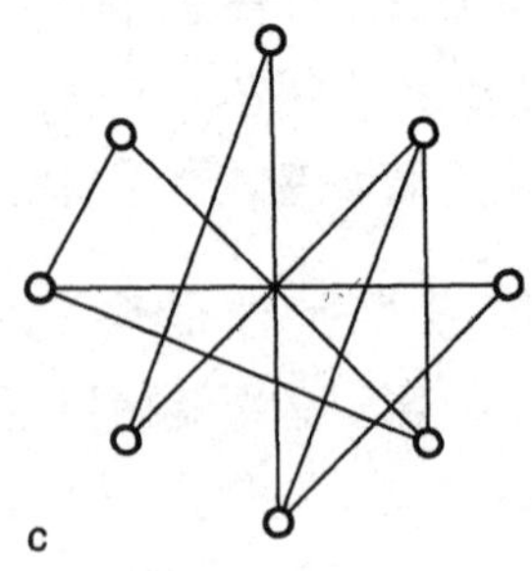

圖13.1
團體之中常見的三種溝通型態

的以及不良的溝通。（圖b）是自發性的團體（spontaneous group），由三位成員主控發言，有二位沒有發言，則討論的結果不能代表團體的思考。（圖c）是比較理想的型態，既是自發性的，又能代表全體成員的意見，這種方式在理論上而言，最能產生可靠的結論。

提出適當的問題

團體成員各自帶著不同的溝通技巧、訊息及動機，如果未能善加領導，團體很難有效的運作。最有效的領導方法之一是發問的能力。發問的技巧包括什麼時候發問以及問什麼樣的問題。

整體而言，領導者應避免提出只回答「是」或「不是」的問題。例如，問成員對剛才的意見是否滿意，將不能得到進一步的意見。在「是」或「不是」的答案之後，還得再提問題或改變問題來引起成員發言。最有效的兩種問題型態是詢問支持性訊息的問題，和可以讓成員自由反應的開放式問題。例如，不要問Bjorn是否知道特別擅長演講的教授，而要這麼問：「Bjorn，你最喜歡的演講者有那些特質使得他們的演講特別成功？」

發問的時機是非常重要的技巧。需要發問的情形或許有不少，底下只提出四個主要的時機：

使討論切題　成員的發言內容通常需有重點，此重點必須和團體討論的重點有關，而團體討論的重點須和議題或主題有關。你可利用提問題來確定成員所敘述的重點，或是其重點與主題的關係。例如，

◆領導者最有效的利器之一是發問的能力——知道發問的時機和問什麼樣的問題。

爲了確定某個敘述與正在討論的吸食大麻的問題之關聯，你可以問：「你是不是說因吸食大麻而導致嚴重吸毒的事例，不表示其間有因果關係？」或是回應成員所說的：「你所提的資料和剛才Eva所說的，有什麼關聯？」或是針對主題發問：「這個訊息和大麻是否危害健康之間有什麼關聯？」。

探詢訊息　成員的敘述必須進一步探詢、支持或加以處理。許多團體對於成員的意見，通常未經探詢便予以忽視或接受。如果成員的觀點是重要的，領導者應有些回應。例如，爲了考驗某種支持性論點，你可以說：「Miles，不知你是從那兒得到這個資料的？」或「這一點似乎是很重要的，我們有什麼資料可以用來確證此觀點嗎？」；爲了考驗某觀點，你也可以問：「這個觀點是否能代表全體成員的意見？」。

引起討論　在討論中常發生對某個問題未加仔細探討便驟然做決定的情形。此時，領導者應提問題以引起進一步的討論。例如，「我們好像對問題的本質有了清楚的概念，但是我們還沒仔細探討問題的原因。有那些原因呢？」。

處理團體中發生的人際問題　有時候領導者可提出一些問題來幫助成員討論他們的感受。如，「Juan，我聽到你對此有些意見。你願不願和我們分享一下？」。有時候團體會對人而不是對事有些攻擊，你可以說：「問題不在Ted身上，讓我們看看所提訊息的優點。我們有任何訊息和這個意見是相反的嗎？」。

問題本身並不會引起討論，事實上，太多的發問反而會阻礙討論。所以成功的領導者使用發問技巧時，是謹慎而切中要點的。

進行總結

通常團體在經過相當的討論之後會進行投票。如果團體在討論的過程中，能依序對每個討論的子題有共識，則在最後比較能得到一致的結論。例如，「應採取什麼措施來降低雇工的偷竊案？」，就此問題而言，團體對下列子題應有共同的看法：

1. 問題是什麼？
2. 問題的現象是什麼（就此子題做結論，問成員是否同意）？
3. 問題形成的原因是什麼（就此子題做結論問成員是否同意）？
4. 有那些準據可用來考驗解決的方法？
5. 準據是什麼（對每一種準據做結論）？
6. 有那些可能的解決方法（確定已列出所有可能的方法）？
7. 每一種方法符合準據的情形如何（逐項討論並逐項做結論，問成員是否同意）？
8. 那一種方法最符合準據（此問題的答案即是最後的結論，問成員是否同意）？

在討論過程中，可能需歷經六個、八個、十個或十五個子結論，才能產生最後的主要結論。如果成員對每個子結論都有共識，則最後的結論獲得一致性同意的可能性較大。

通常領導者會針對子題的討論做總結，讓每位成員瞭解團體已得到那些結論。如果任由團體自行討論，則可能會在討論時，重點跳來跳去，無法有任何結論。領導者應能察覺討論是否已足夠形成共識。達成共識之後，領導者對此結論加以摘述並交付考驗，然後再進入下一個子題。底下是一些在討論過程中摘述結論的示例：

「我想大多數成員的觀點都一樣，我們是不是真的同意……（敘述結論）」。

*　*　*　*　*

「我們對這個問題討論得差不多了，我感覺到大家已有共同的看法，我來試著摘要一下，大家看看他是否為團體的意思（敘述結論）」。

*　*　*　*　*

「現在我們即將進入另一個問題的討論，在此之前先讓我們確定一下大家對於剛才所討論的是不是都已同意（敘述結論）」。

*　*　*　*　*

「就這個問題，我們是否已準備好把我們的看法做一總結？（敘述結論）」。

練習——分析領導者角色

團體練習

分配給每個小組一個討論主題。每個小組討論30至40分鐘。當第一組進行討論時，第二組的成員在旁觀察。討論結束後，第二組成員分析討論的過程。利用（表13.2）來分析領導者角色。下次上課時，由第二組討論，第一組觀察與評判。討論主題舉例如下：「有什麼措施可以改進校園的停車（或註冊、諮詢）問題？」、「有什麼措施可以增進少數民族對大學教學（管理或行政）之參與？」

摘要

領導意指發揮影響力以完成目標。雖然領導者在處事能力、社交能力、動機、溝通技巧方面優於其他成員，但有這些特質並不表示就

表13.2
領導者角色分析表

領導者角色分析					
在下列各題項中，評估領導者角色，以1至5表示之： 1：很好　2：好　3：中等　4：尚可　5：不好					
領導者特質	1	2	3	4	5
有足夠的知識					
能激發團體成員					
能尊重成員					
領導方法	1	2	3	4	5
營造良好的工作氣氛					
設計議程					
促進系統化的問題解決					
引導討論的方向					
鼓勵均等的參與					
適當的發問					
澄清意見並將意見具體化					
經常進行摘述					
保持適度的主控性					
使討論有圓滿的結果					

分析法：

參考上表的方式，列出該領導者的個人特質與領導方法；並依據所列出的項目，評估其對達成團體目標的有效性。

能有成功的領導。

領導的成敗視你的領導型態以及你如何運用此型態而定。有些領導者採取任務取向的型態，著重在團體要做什麼以及如何做；有些則爲人際取向的型態，著重在團體中成員的人際關係。正如Fiedler的研究所指出的，領導者的表現是各種因素互動的結果：任務的結構、領導者與成員的關係、領導者的地位。如果領導者想獲得成員的支持，必須具備下列條件：對任務本身有豐富的知識、比其他成員勤奮、對團體目標與需求的信諾、願意承擔做決策的責任、能與團體成員自在的互動、具有維持功能與任務功能的技巧。

領導者有一些特殊的功能。想領導得好，必須備妥會議場地、設計議程、說明主題與討論步驟、讓每位成員有均等的發言機會、適當的發問與進行總結。

建議讀物

Covey R. Stephen(1992), *Principle-Centered Leadership*, New York: Simon & Schuster.

註釋

1. See Bernard M. Bass, *Bass and Stogdill's Handbook of Leadership: Theory, Research, and Managerial Applications*, 3rd ed. (New York: The Free Press, 1990), pp. 19–20. He focuses on the idea that leaders are agents of change.

2. Ibid. See Chapter 5 for a review of studies up to 1970 and subsequent chapters for analysis of studies through the 1980s.

3. Marvin E. Shaw, *Group Dynamics: The Psychology of Small Group Behavior*, 3rd ed. (New York: McGraw-Hill, 1981), p. 325.

4. Ralph White and Ronald Lippitt, "Leader Behavior and Member Reaction in Three 'Social Climates'," in Dorwin Cartwright and Alvin Zander, eds., *Group Dynamics*, 3rd ed. (New York: Harper & Row, 1968), p. 334. The point that groups are largely unproductive under laissez-faire leadership is reinforced by Bass, *Handbook of Leadership*, p. 559.

5. Fred E. Fiedler, *A Theory of Leadership Effectiveness* (New York: McGraw-Hill, 1967).

14

求職面談

☞ 目標

讀完本章之後，你應能解釋或說明下列各項:

1. 面談的方法
2. 開放式和封閉式，中立式和引導式，首要式和次要式問題
3. 進行非正式面談的步驟
4. 主持工作面談的步驟
5. 撰寫履歷表
6. 如何參加求職面談

「Morgan Hoffman，你好！我是Penny Sanchez，是包威爾公司的人事主任助理。我已看過你的履歷表。首先請你談談自己——你知道，有一些事是無法從履歷表上來瞭解的。」

Morgan應徵包威爾企業市場部門的一個職位，他的面談就這麼開始。應徵任何領域的工作，幾乎都要經過面談這一關，這對第一次接受面談的人而言，其經驗通常是相當挫折的。一個不好的面談，可能是一種時間的浪費；而好的面談，則能得知應徵者生活化的訊息，能讓應徵者判斷所要應徵的職位、公司以及任務本身是否合適。成功的面談能讓主試者（interviewers）瞭解應徵者的專長、志向、活力、溝通能力、知識與智力，以及品德等，也能讓應徵者在這些方面展現其優點。

工作面談（job interview）是一種具有特殊需求的人際情境。首先，我們會討論面談中的問題型式，然後討論主試者，以及接受面談者（interviewee）在面談中所用的步驟和方法。

面談中使用的問題

面談和其它型式的人際溝通不同，面談主要在於發問和回答問題。雖然我們所說明的是用於面談情境中的問題，但對這類問題型式之瞭解，能應用於任何人際情境中。問題可用開放式或封閉式、中立式或引導式、主要式或追踪式問題予以呈現。

開放式和封閉式問題

開放式問題（open questions）是廣泛式的向接受面談者提問題，而他能回答任何他想回答的內容。有些開放式問題毫無限制，如，「關於你自己，你要說些什麼？」；有些則會給一些方向，例如，「你認爲自己有什麼條件適合這個工作？」。主試者運用開放式問題，引發應徵者說話，以便有機會傾聽與觀察。藉著開放式問題，主試者能瞭解應徵者的觀點、價值觀及目標。要注意的是，回答開放式問題需花較多的時間，若主試者未加留意的話，很容易偏離原來的目的（註1）。

相反的，封閉式問題（closed questions）是侷限在狹小範圍內的問題，只需予以簡短的回答。有些封閉式問題，只要回答「是」或「不是」即可，如，「你曾修過市場學嗎？」；有些封閉式問題則需簡短的回答，如，「你曾在幾家餐廳工作過？」。運用封閉式問題時，主試者能控制面談過程，能在短時間內獲得大量的訊息。但是封閉式問題很難讓主試者知道一個人為什麼會如此回答，也很難獲得自發性訊息。

應使用那一種問題型式呢？得視你想獲得那一類資料，以及你有多少時間面談而定。在大部分的面談中，都會用到這兩種類型的問題（註2）。

中立式和引導式問題

中立式問題（neutral questions）是一種主試者不給任何方向，而讓人自由回答的問題。例如，「對於你的新工作，你覺得如何？」，在這問題中沒有任何字眼指引反應者應如何來回答。

引導式問題（leading questions）則是在問題中暗示主試者喜歡什麼樣的回答，例如，「你不喜歡這份新工作，是嗎？」。大多數面談情境中，不適合用引導式問題，因為這種問題對人有強制性，容易使人產生防衛。

主要式和追踪式問題

主要式問題（primary questions）是主試者事先預備好的問題。它是面談的重點，是事先計劃好用來面談的主要問題和子問題。依你所想要得到的訊息種類，選用開放式或封閉式問題，也可以是中立式或引導式。當你在籌劃一個面談時，必須列出足夠的主要式問題，以便能得到你所希望的訊息。

追踪式問題（follow－up questions）是從主要式問題的回答中

再提出的問題。如果能預期被面談者可能的回答，則追蹤式問題也能事先擬訂。不過通常都是在面談進行中才產生追蹤式問題。爲了能提出好的追蹤式問題，以便被面談的人能提供你所要的訊息，你必須很專心的聽他所說的話。有些追蹤式問題鼓勵人繼續說下去（「然後呢？」、「還有嗎？」）；有些則探究剛才所說過的話（「你說『常常』是什麼意思？」、「那時候，你的想法是什麼？」）；有些則探詢感受（「得獎的感覺如何？」、「當你沒有找到她時，你擔心嗎？」）。

追蹤式問題的目的在於促使一個人多回答一些。追蹤式問題常常被用，因爲應徵者的回答可能不完整或模糊，他們也可能不知道你想得到多少資料或者他們故意避而不答。

你能不能有效的使用追蹤式問題，得視你的發問技巧而定。由於探問可能會讓被面談者與你疏遠（尤其是問題讓人覺得具威脅性時），只有在取得被面談者的信任以及在良好的人際氣氛之下，深入的探問才能產生效果。我們將在下一段落討論這個層面的面談。

練習——確認與形成問題

自我練習

1. 指出下列何者爲開放式問題（O）及封閉式問題（C）。若爲開放式，則代之以能獲得相同訊息的封閉式問題；若爲封閉式，則代之以開放式問題（使用中立式而非引導式問題）。

   ____(a)你憑什麼認爲Conti會被指派？

   ____(b)一本書付梓前要經過多少步驟？

   ____(c)你願意試試做啦啦隊長嗎？

   ____(d)你對晉升規則有什麼意見？

   ____(e)你認爲學校應該如何擬訂預算？

   答案：(a)O　(b)C　(c)C　(d)O　(e)O

2. 將下列引導式問題改成中立式問題：

   (a)你看了那麼多患者的情況都沒改善，會不會覺得沮喪？

(b)在Angeline做了那件事之後，我想你眞不會再考慮聽她的，是不是？

(c)你如果是被換到Toronto，你去那裡會不會生氣？

(d)你的晉升是不是讓你非常高興？

(e)他那樣對你，我打賭下次你遇到他時會找他罵一罵，是不是啊？

3. 爲了校刊的文章，你訪問了你的教授。你問：「什麼動機使得你選擇大學教職的工作？」，教授回答：「它對我而言是一個好的工作」。請寫下三個追踪式問題：

(a)

(b)

(c)

主試者的責任

主試者是應徵者和公司間的橋樑。應徵者對公司的印象大都來自對你的印象，所以你必須能回答應徵者所問的關於公司的問題。除了薪資的訊息外，他們也會問關於升遷機會，個人對公司的意見是否受到重視，公司對個人生活及生活型態的態度，工作情境條件等問題。更重要的是你要負責決定這個人是否適合應徵的職位，以及在未來是否會繼續被雇用。

決定面談程序

最有效的應徵面談是高度至中度結構化的方式。在無結構的面談中，主試者通常說得較多，做爲決定依據的資料也就比較不可靠（註3）。尤其當你必須從很多應徵者中篩選人才時，你必須確定對每位應徵者問的問題是一樣的，而且所提的問題必須能得到做爲決定依據的有效資料。

在開始面談之前，必須先熟悉應徵者的基本資料：應徵函、履歷表、推薦信、成績單等。這些表面資料可做為你預擬面談問題時的參考。

主持面談

面談包括開場（opening）、主體（body）和結束（closing）三部分。

開場

面談開始時，面談者可以先叫應徵者的名字，很溫和的與之致意和握手，並介紹自己的名字以便對方能知道如何稱呼你。對應徵者的態度要坦誠公開。如果你需要做筆記或錄音，要讓應徵者知道原因。

主試者的主要困難在於開場時是要先問一些暖身的問題以建立關係呢，還是直接進入面談主題。一位好的主試者能根據當時情境，選擇一個最能促使應徵者說話並做適當回答的方法。雖然暖身有些用處，但大多數應徵者都已準備好要立即進入主題，用來暖身的問題可能會造成應徵者的誤解（註4）。應徵者可能會懷疑那些問題的動機，也可能使他們更緊張。除非你有很好的理由採用不同的方式，否則最好是直接進入主題，而在態度上則盡可能的溫暖、友善。

主體

面談的主體部分由一些你所要問的問題所構成，底下是一些呈現你自己及問題的規則。

謹慎的呈現你自己　你的聲音必須能讓應徵者聽得清楚，問的方式要自然。如果你把問題背下來，然後機械化的發問，被面談者也就很難回答得好。你要敏察自己的非口語訊息。被面談者會捕捉你所傳遞出的不同意訊息——任何不經意的眼神或語調上的變化，都可能使應徵者產生錯誤的解釋。你的問題將因你用了某種特殊的聲調而有不同的涵意。

不要浪費時間　從應徵者的履歷表、應徵函等方面，你已得到不少訊息。當你有特殊理由的時候，才需再問你已經知道的事情。例如，如果應徵者的書面資料提到曾在某家公司工作，但未詳列其負責的工作，則問他關於那時期的工作情形是適當的。

◆ 面談開場時，可先親切的稱呼應徵者姓名，並與之握手，且做好自我介紹，好讓應徵者能知道如何稱呼你。

避免奸詐或期待特定答案的問題　應徵者對於那些會讓他們暴露短處的問題總是非常的小心。如果應徵者認爲問題有詐，則這種懷疑將形成敵對氣氛。任何妨礙應徵者回答的因素都不利於面談，因他會失去一些訊息，而不能有公平的比較。

避免違反法令　1964年國會成立「公平就業委員會（Equal Employment Opportunity Commission，簡稱EEOC）」。第二年，

EEOC對於問題的合法性有詳細的規定。例如，對女性應徵者詢問其結婚計劃，或對已婚者問其生育子女的計劃，這類問題不只是不恰當而且是不合法的。事實上，問關於婚姻狀態、家庭、生理特質、年齡、教育、被捕的記錄、社會福利方面的問題都是不合法的，除非這些資料和就業資格有眞正的關係。總而言之，面談的問題必須針對應徵者的能力是否符合工作要求。

讓應徵者有機會發問　通常在面談的尾聲，需留時間讓應徵者發問。

現在讓我們來看看面談者常用的一些問題。底下列出一些代表性的問題，出自不同的來源，並未涵蓋所有的問題。這些問題僅供參考用，不要因此而限制了你自己的創造性。所列的問題著重在個人興趣，教育背景和工作的態度、目標及技能，這三方面的訊息都是用來決定人選的重要依據。這些問題中有些是開放式，有些是封閉式，但沒有只需回答「是」或「不是」的問題：

1.教育方面：

(a)你如何選擇你所就讀的學校？

(b)你如何決定你要主修什麼？

(c)在學校時，你參加過什麼課外活動？

(d)你的成績單如何反映出你的能力？

(e)你如何賺取你讀大學所需的花費？

2.個人方面：

(a)你的興趣是什麼？

(b)你在壓力之下時，如何工作？

(c)從幾歲開始，你便能獨立生活？

(d)什麼會讓你情緒失控？

(e)你的優點是什麼？弱點是什麼？

(f)你做什麼來保持健康？

(g)你喜歡閱讀那一類的書籍？

(h)誰對你的人生影響最大？

(i)你曾做過什麼能顯示你的創造力？

3.工作方面：

(a)你正在找那一類的工作？

(b)你對這家公司有什麼瞭解？

(c)在什麼條件下你願意換工作？

(d)爲什麼你認爲你會喜歡爲我們工作？

(e)你希望實現什麼理想？

(f)你認爲自己有些什麼資歷能對我們有貢獻？

(g)你對旅行的感覺如何？

(h)你喜歡定居在什麼地方？

(i)你喜歡和那一種人相處？

(j)你認爲以自己的資歷，拿多少薪資是合理的？

(k)你希望自己學習什麼新的技能？

(l)你的職業目標是什麼？

(m)你如果負責聘用員工，你要如何進行？

(n)你用來決定自己是否能獲得工作的最重要的依據是什麼？

結束

通常在面談的尾聲要告訴應徵者後續的事情。向他們說明做決定的程序，誰是有權力做決定的人，什麼時候做決定，以及如何將結果通知應徵者等。然後以中性但親切有禮的態度結束面談，避免讓應徵者覺得好像有希望或是覺得失望的離開。

應徵者的責任

面談是求職的重要部分。縱使是臨時性或兼職的工作，若能認眞的處理面談的過程，也會獲益。你不可能去應徵一個你沒有意願的工作，或去應徵一個不是你專長領域內的工作，或許你認爲增加面談的經驗也不錯，但那樣做對你和對主試者而言都是時間的浪費。

當你得到了接受面談的機會，必須謹記你所能呈現的就是你自己和你的資歷。你應當會記得前面所討論過的，非口語行爲在製造你給人的印象上的重要性。你必須展現你最好的一面。如果你希望得到工作，你要好好注意自己的儀容，穿著打扮必須能讓雇用你的人或公司所接受。

準備接受面談

每個人都希望能爲面談做充分的準備。但是在面談之前有兩件很重要的事要做，那就是寫應徵函和寫履歷表。雖然這兩件事不能讓你得到工作，但它們能讓你得到面談的機會（註5）。

應徵函

應徵函（cover letter）是一種簡短而能清楚表達對該工作的意願之信函。此信通常是寄給有權力雇用你的人（而不是寄給人事部門）。如果你不知那個人的名字，你可向該公司查詢。因爲你必須引起讀信的人對你的興趣，所以信不要寫得像印刷函件一樣毫無特色。信的內容應包括下列要素：你在何處知道有此職位，你喜歡該公司的理由，你的主要資歷（摘要列出重要的數項），你如何符合該工作的要求，與工作有關的特殊專長，以及你希望獲得面談的機會。盡量寫在一頁之內，然後附上履歷表。

履歷表

履歷表（résumé）雖無一致的格式，不過履歷表中應包括以及不應包括什麼則有共通性（註6）。寫履歷表時必須包括下列各項資料，條列淸楚，才能增加你被面談的可能性：

1. 聯絡處：姓名、地址、電話號碼（你能被聯絡到的）。
2. 職業目標：根據你的專長領域，用一個句子表達你的職業目標。
3. 經歷：從最近的經歷寫起，包括支薪和不支薪的經歷。
4. 教育背景：學歷、就讀學校、就讀年份，註明你所修過與此工作有關的課程。
5. 服役：包括階級、兵種、功績、技術、能力。
6. 專業團體：會員、組織。
7. 社區服務：單位、組織、日期。

8.特殊技能：外語能力、電腦。

9.興趣和活動：只列出與工作目的有關的項目。

10.保證人：只寫出最適於被查詢的保證人。

請注意上列資料未包括個人基本資料，如，身高、體重、年齡、性別、婚姻狀況、健康狀態、種族、宗教、政黨、薪資。還有，雖然不一定要寫出保證人，但你應該已得到某人應允做你的保證人。

此外，你必須考慮履歷表的格式——編排上的長度、寬度、間距、版面等。履歷表不要超過三頁，最好是一頁到兩頁，才能達到立即產生印象的效果。履歷表要保持整潔，仔細校對，紙張品質要好。試著從雇主的觀點來思考要在履歷表中應包括什麼內容。你必須呈現一些可幫助雇主解決難題的資料。想想該公司需要什麼，不要寫一些與工作無關的個人特質。你可以發揮自己的創造力，不過必須遵守道德。你能強調自己的長處，但是不可以誇大不實，不能欺騙和違反道德。（表14.1）是一位剛從大學畢業的人的履歷表示例。

練習面談

對大多數人而言，面談是有些壓力的。爲了展現自己最優異的一面，最好能做面談的練習。試著想想可能會被問到那些問題，然後認眞的思考如何回答。例如，你可以想想關於所希望的薪資，你對公司可能的貢獻，以及你的特殊才能等方面的問題。

面談

你如果遵照下面的原則去做，你將會讓人對你留下良好的印象。

事先準備　你要事先瞭解該公司的服務性質、產品、股東、財務狀況。能先有這些瞭解顯示你對該公司的興趣，通常會讓主試者留下深刻的印象，而且也讓你在說明自己對公司可能有的貢獻上較處於優勢。

準時　面談時是公司觀察你的工作態度之唯一線索。如果你在這麼重要的事情上都會遲到，主試者可能推測你在工作時也會遲到。你必須讓自己有充裕的時間，以免因交通原因而遲到。

集中精神並注視主試者　要記得你的非語言行爲會透露出很多訊

表14.1

履歷表示例

Joyce M. Turner

現在住址：	永久住址：
2326塔爾街	914馬克特街
辛辛那堤，俄亥俄州45220	哥倫佈，俄亥俄州43217
513－861－2497	614－662－5931

職業目標：在中等規模的公司中，擔任行銷或公共關係方面具挑戰性的職位。偏愛中西部地區。

經歷：

1994 在WLW－TV實習。春季班三學分的課程，每週工作十小時。主要工作是和業務員一起推銷廣告時間。

1993 擔任銷售員，在Lazarus百貨公司。
暑假期間及聖誕假期爲全職工作；開學期間是兼職工作。
銷售經驗包括服裝、器用具、珠寶等。

教育背景：

1990－1994 辛辛那堤大學，位於辛辛那堤，俄亥俄州。
1994年6月將獲碩士學位。
主修溝通，副修經營學（市場學）。
總成績平均爲3.3。

活動：辯論社。在兩年期間代表辛辛那堤大學參加五次錦標賽。1993年獲得俄亥俄州辯論杯即席演說首獎。
理事長，婦女溝通社，由期望在未來能在溝通方面發展生涯的女性組成。

興趣：運動（網球和拍球戲）、旅行。

保證人：無。

息。公司的代表們會從你的目光和姿態線索來判斷你的自信。

給自己思考的時間 如果主試者問了一個你未準備到的問題，在回答之前要先思考一下。停下來想一下，比匆促回答要來得好，因爲未

◆面談時，應者要表示對作的熱忱，則主持面談人可能認爲不適合該作。

經思考的回答可能使你失掉工作。如果你不瞭解問題，在回答之前先覆述一下問題，以確定之。

詢問與工作有關的問題　面談是一個讓你瞭解自己是否喜歡這個工作的機會。你可以請求主試者說明一個典型的工作天的情形。如果面談的地方在公司內，你或許可以要求看看工作場所。

呈現工作熱忱　如果你在面談時沒有表現出對工作的熱忱，主試者可能認爲你不適合該工作。雇主總是期待應徵者對工作是有興趣的。

不要花長時間討論薪資　如果公司代表想在薪資上套住你，你可以問：「像我這種經歷與教育背景的人，在這個職位上通常你們付多少酬勞？」。這樣問可讓你對薪資有個概念，而不會一下子就答應接受某個數字的薪資。

不要一直談福利 關於福利的細節，在公司錄用了你之後再談比較合適。

練習——工作面談

自我練習

為你將來可能會尋找的工作準備一封應徵函和履歷表。

配對練習

在班上找一位伙伴，互相以履歷表上所預備應徵的工作進行面談。試著依照本節所說明的面談原則進行練習。

生活記事

想想你曾有過的面談經驗。對你而言最困難的部分是什麼？為什麼？如果能重新來過，你會有什麼不同的做法？

如果你未曾有過工作面談經驗，和曾有經驗的人談談。找出對那個人而言最困難的部分是什麼？為什麼？

根據這些資料，下次你接受面談時，你可以加強那部分的準備。

摘要

跟專家面談可以獲得豐富的訊息，以便用在報告中、文章中或用於演講中。

面談的主要技巧是有效的發問。開放式問題可以獲得比較彈性的回答；封閉式問題則得到較簡短的回答，主要式問題在於引發反應；追蹤式問題在於獲得進一步訊息。中立式問題讓回答者有選擇的自由；引導式問題則要以特定的方式來回答。

工作面談是一種特殊的人際溝通情境。此情境對主試者和被面談者都有特殊的要求。

當你跟一位應徵者面談時，你要仔細安排面談的內容，以獲得最充足的資料。在面談開始前，要先熟悉應徵者的應徵函、履歷表、推薦函、成績單等。要謹慎的呈現你自己，不要浪費時間，避免曖昧的問題，不問違反公平就業法的問題，讓應徵者有機會詢問。在面談尾聲，向應徵者說明後續的事情。

在接受工作面談之前，要先花時間去瞭解該公司，準備應徵函、履歷表，好讓雇主想與你面談。面談時，你必須準時，要集中精神並且注視主試者，對於困難的問題要先思考再回答，提出與工作和公司有關的主要問題，並展現對該工作的熱忱。

建議讀物

Bolles, Richard Nelson (1994), *What Color Is Your Parachute? A Practical Manual for Job-Hunters and Career-Changers,* Berkeley, Calif.: Ten Speed Press.

註釋

1. Craig D. Tengler and Frederic M. Jablin, "Effects of Question Type, Orientation, and Sequencing in the Employment Screening Interview," *Communication Monographs* 50 (September 1983): 261.

2. For more information on asking questions, see Charles J. Stewart and William B. Cash, *Interviewing: Principles and Practices,* 6th ed. (Dubuque, Iowa: Wm. C. Brown, 1991).

3. Richard D. Arvey and James E. Campion, "The Employment Interview: A Summary and Review of Recent Research," *Personnel Psychology* 35 (1982): 281–321.

4. John W. Cogger, "Are You a Skilled Interviewer?" *Personnel Journal* 61 (1982): 842–843.

5. Ronald L. Krannich and William J. Banis, *High Impact Résumés and Letters,* 4th ed. (Woodbridge, Va.: Impact Publications, 1990), p. 21.

6. In addition to the sources already mentioned, you can find up-to-date copies of many books on résumés and letters at most bookstores, including Adele Lewis and Gary Joseph Grappo, *Better Résumés,* 4th ed. (New York: Barrons Educational Series, Inc., 1993).

〔附錄A〕

〔附錄A〕基本溝通技巧檢索表

技巧	用途	步驟	範例
知覺檢驗 (第2章第60頁)			
用口語來澄清你對別人非語言線索的了解	澄清非語言行爲的含意	1. 注意別人的行爲。在內心描述該行爲 2. 問自己：那行爲對我的意義是什麼 3. 把對非語言行爲的解釋用口語表達出來以澄清你的知覺	當Dale皺著眉讀Paul寫的備忘錄時，Paul說：「從你皺著眉來看，我認爲你不太喜歡我寫備忘錄的方式。」
明確 (第3章第76頁)			
用被我們文化所認同的文字來說明思想和感情	增加接收者正確解碼的可能性	1. 評估所使用的文字或句子是否不夠精確 2. 暫停一下，在心中腦力激盪其他可能的選擇 3. 選用較精確的字	「Bill，請把我的手錶從餐櫥（本來想用『箱子』，在內心予以修正成『餐櫥』）上拿下來好嗎？」
特定，具體 (第3章第76頁)			

續〔附錄A〕

技巧	用途	步驟	範例
用指明某一類別中的單一項目，或者某抽象概念或價值觀中具代表性的單一事物	幫助傾聽者鉤畫和說話者類似的圖像	1. 評估所使用的文字或句子是否不夠特定 2. 暫停一下，在心中腦力激盪其他可能的選擇 3. 選用較特定的文字	不說：「帶那些東西去備查」，而說：「帶去年的記錄和收據去備查」
註明時間 (第3章第82頁)			
指明事實發生的特定時間	避免語言的陷阱，不用時間上不變的語詞來說明動態的世界	1. 敍述之前考慮事件存在的確實時間 2. 如果不是依據現在的資訊，說明他存在的確實時間	當Jake問說：「你覺得Steve的打擊手角色扮演得好不好？」時，Mark便是在做評論時註明了時間，他答道：「兩年前我們在一起時，他的打擊打不到變化球。」
註明指標 (第3章第82頁)			
在心裏或口語上注意個別差異	避免講話時以偏概全	1. 敍述前，考慮是否屬於特定的物品、人或地方 2. 如果你有使用概論，則要告知聽者不一定是正確的	「他是位政治家，我不信任他，雖然他可能不同於我所認識的大部分的政治家。」

續〔附錄A〕

技巧	用途	步驟	範例
適當性 (第3章第91頁)			
適於特定的人和交談情境的語言	增加互動的有效性	1. 評估所使用的字或片語是否適當 2. 暫停一下，在心中腦力激盪其他可能的用詞 3. 選用較適當的字	在和牧師講話時，Jamie心裡想的是：「我覺得自己一無是處。」但是說出來的却是：「我近來覺得好沮喪。」
眼光接觸 (第4章第102頁)			
當你和別人談話的時候，請注視著他們	加強互動的感覺	1. 當你談話時有意地注視著對方 2. 如果眼光溜走，試著帶回來	(無)
描述性陳述 (第5章第152頁)			
以客觀語言陳述你所看到的或所聽到的	創造或促進支持性的氣氛	1. 思考即將要說的話 2. 思考用詞中是否含明顯的或暗示性的評價 3. 重新使用沒有評論性的句子	不可以說：「你對Maye講的話笨極了。」，應該說：「你告訴Maye說可搬來一起住。你是否想過如果她答應的話，床要擺那兒？」
平等 (第5章第152頁)			
視每個人都是和自	創造或促進支持性	1. 思考即將要說的	不可以說：「等你

續〔附錄A〕

技巧	用途	步驟	範例
己一樣有價值的人	氣氛	話 2. 思考用詞中是否有明顯的或暗示你比對方優越 3. 重新使用不同聲調的句子	成熟些，你將知道如何處理這些情況了。」而應該說：「那很難處理，但是處理困境幫助你汲取經驗——我們都需要經驗來處理特別的情況。」
坦誠 (第5章第156頁)			
和人分享眞正的思想和感情，不操縱和隱藏訴求	創造或維持正向的溝通氣氛	1. 思考即將要說的話 2. 用詞是否會使問題模糊或提供錯誤的目標訊息 3. 供給清晰且誠實的訊息	不可以說：「Tom我考慮調你到行銷部門一陣子，以擴展你的經驗。」（不是坦誠的陳述），而應該說：「Tom你在財務部不如我期望的好，所以我要調你去行銷部，你將能夠更直接地發揮你的才能。」
有保留的陳述 (第5章第156頁)			
陳述中指出你所表達的意見只是個人的觀點，有可	你能表達意見，但是知道別人可能有不同想法；有	1. 思考即將要說的話 2. 思考是否含有表	不說：「賣給消費者這種產品的方式是錯誤的。」

續〔附錄A〕

技巧	用途	步驟	範例
能不完全是眞的	助於創造或維持正向的溝通氣氛	示斷言的言詞 3. 使用正確的陳述：(a)此陳述是你的意見或(b)此陳述可能不完全是眞實的或只有在某些情況下才是眞實的	而應該說：「我不認爲那是賣給消費者產品的最好的方法。」或「我認爲在這種情況下，有更好的方法來強調產品的特點。」
輪流談話 (第6章第175頁)			
遵守適當的交談順序	決定說話者何時可以說話	1. 避免太常發言 2. 避免一次的輪話時間太長 3. 傾聽且注意輪流說話和交換的暗示 4. 注意不要在無意交換時，流露出輪流的暗示 5. 傾聽主導交談的行爲 6. 適當時才可打斷談話 7. 敏感察覺別人的非語言行爲	當John在結束陳述時放低聲音說著：「我眞的覺得他們在最後幾秒鐘會往前走。」Melissa說：「我也這麼想。」
歸功於別人 (第6章第175頁)			
指明你所說的意見的來源	歸功別人以肯定他們，避免可能的	說出歸功對象的名字	「開課情形需做一些調整Laura建

續〔附錄A〕

技巧	用途	步驟	範例
	難堪，要澄清來源		議開有關態度改變的課，我同意。」
自我表露（第6章第180頁）			
和別人分享自己的傳記式資料，個人的意見以及感覺	用於開啓關係與發展關係時	1. 從你希望別人知道的訊息開始 2. 決定你願意冒多少險。每個人對自我表露的態度是不一樣的 3. 逐漸分享比較深一層的資訊 4. 只有在長期關係中才做親密的自我表露 5. 當對方有對等的表露時，才可持續自我表露	May 告訴她的現任男友：「我曾訂過三次婚」
描述感情（第6章第193頁）			
用語言說出感情狀態	爲了自我表露；教導別人如何對待你	1. 確認你的感情，如，恨、生氣、愉悅 2. 用語言說出你的感情 3. 指明引起感情的原因 4. 擁有你自己的感	「我覺得沮喪和洩氣，因爲找不到工作」或「當我被 Leah 制止的時候，你出面爲我講話，讓我覺得很溫暖。」

續〔附錄A〕

技巧	用途	步驟	範例
		情	
擁有感情 (第6章第193頁)			
用「我……」的敍述句來表明你自己是思想或感覺的來源	幫助傾聽者瞭解這些思想或感覺是你的	當意見或感覺屬於你自己的時候，把他說出來	不說：「Maury餐廳是鎮上最好的餐廳。」而是說：「我相信Maury餐廳是鎮上最好的。」
注意 (第7章第208頁)			
從我們所聽到的刺激中選擇某種刺激的知覺歷程	集中傾聽的焦點	1. 分析並盡可能消除生理上障礙 2. 準備好去傾聽 3. 在傾聽者和說話者間順利轉換 4. 在反應之前先聽完對方說話 5. 配合傾聽目標調整注意力	當Amanda察覺到她必須注意聽Yvonne說話時，她關掉收音機，全神貫注於Yvonne說的話
瞭解(積極傾聽) (第7章第208頁)			
對訊息賦予意義加以解碼的能力	對別人的話充分瞭解	1. 區分訊息中的目的、主要概念、細節以充分瞭解訊息 2. 專注於語言和非語言線索 3. 提醒自己以提昇	當Hannah說明其嬰兒的作息時間時，褓姆Tanya專注於她的話，默默複述，並在心中區分主要重點和細節

續〔附錄A〕

技巧	用途	步驟	範例
		對訊息的期待 4.在心中默默複述以增進瞭解	
評價(批判性傾聽) (第7章第218頁)			
分析所瞭解的訊息	判斷我們所接收的訊息之眞實性與可信度	1.思考支持推論的敍述是否有意義 2.思考支持性敍述和推論之間的適切性 3.思考是否有其他訊息在減弱推論的適切性	Julius說：「Fernando你必須多貼一些宣傳單，才比較有機會被選上。」Fernando針對此建議，判斷宣傳單的多寡和當選間的關聯
記憶 (第7章第218頁)			
保留訊息於記憶中	貯存訊息以備回憶	1.重述訊息 2.運用口訣 3.做筆記	Chris被介紹給了Aileen Stewart(一位議員後選人)，Chris在心中一直默唸著：「Aileen Stewart——議員候選人、Aileen Stewart——議員候選人……。」

續〔附錄A〕

技巧	用途	步驟	範例
同理心（第8章第232頁）			
能偵察和確認他人當下情感狀態用適當的態度反應出來	增進支持性的氣氛	1. 注意語言和非語言訊息 2. 關心的態度 3. 回想或想像當你處於相同情境時會有什麼感受 4. 推測對方的情緒狀態 5. 使用適當的語言表達你對其感受的瞭解	當 Jerry 說：「上大學了還穿著吊帶褲，實在是很尷尬。」Mary 頗有同感的笑著說：「是啊！那樣穿讓人覺得像個小孩子，不是嗎？我記得當我穿吊帶褲時，我得忍受一些事情。」
詢問（第8章第232頁）			
用來獲得更多訊息的語句	在反應之前用來獲得較完整的訊息；幫助害羞的人多說一些；澄清意思	1. 傾聽訊息 2. 判斷你需進一步知道那方面的資料 3. 使用適當的問句來達到目標 4. 使用適當的非語言行為	當 Connie 說道：「若她不是如此的不活潑,那麼,情況可能會好很多。」Jeff 回答道：「我不是很瞭解你說『不活潑』的意思，你可否說明一下？」
簡述語意（第8章第242頁）			
將你對他人意思的	增進傾聽的效能；	1. 仔細傾聽	Grace說：「再過

續〔附錄A〕

技巧	用途	步驟	範例
瞭解用你自己的話說出來	避免訊息混淆；澄清說話者的動機	2. 判斷訊息的意義 3. 將你得到的訊息之意義，用自己的話重講出來	2分鐘就5點了，上司還給我三封信，而且必須在傍晚以前打好寄出去。」Bonita回答：「若我聽得沒錯的話，都要下班了，上司還丟給你這麼重要的事做，你覺得很討厭。」
支持 （第8章第242頁）			
說一些安慰、減輕痛苦或使人平靜的話	幫助人們對自己或對自己的所言所行，感到好過些	1. 傾聽人們說的話 2. 同理人們的感受 3. 說出對其情緒瞭解的話 4. 以適當的非語言行爲來輔助你的口語反應 5. 如果合適的話，表示你願意幫忙	Tony 說：「我沒有得到晉升，這實在是令人很沮喪。」Alex回答說：「我能瞭解你的失望，但是你已經盡力而爲了。」
解釋 （第8章第246頁）			
指出事件的不同角度的意義或隱含的意義	幫助一個人看出語言、行動及事件的可能的意義	1. 仔細傾聽人們說的話 2. 想出其他的解釋——幫助一個人看出還有其他可	Pam說：「Sue一定很生我的氣，昨天她在市場和我擦身而過，甚至連『嗨』一聲

續〔附錄A〕

技巧	用途	步驟	範例
		能的解釋 3. 適當的話，在解釋之前先給予支持的話	都沒有。」Paul 回答：「也許她並沒有在生氣，而是根本沒看到你。」
稱讚 （第8章第246頁）			
對於人們的言行，給予口語的讚賞	幫助人們對自己有正向的看法	1. 確定需給予稱讚的情境 2. 描述行為 3. 針對一個行為 4. 具體 5. 指出你經驗到的正向感受	「Marge，你所寫的故事相當好，尤其是你描寫得很生動。」
要求批評 （第8章第250頁）			
要求別人對你的行為提出意見	獲得訊息以幫助你瞭解自己和自己對別人造成的影響	1. 主動要求，以免心理衝擊 2. 相信批評對自己有好處 3. 具體說出你所希望的批評 4. 以眞心誠意要求批評 5. 避免語言和非語言訊息的矛盾 6. 增強給你眞誠批評的人 7. 改述你所聽到的	Lucy 說：「Tim 當我和上司說話時，我有沒有顯出防衛？」Tim 回答：「我覺得有——你的聲音變得尖銳，而且看起來有些緊張。」「謝謝你幫我指出來，Tim。」

續〔附錄A〕

技巧	用途	步驟	範例
		批評	
給予建設性批評（第8章第250頁）			
評價一個人的行爲以幫助他知道並修正錯誤	幫助人們從別人的角度來瞭解自己	1.確定對方願意聽批評 2.正確描述人的行爲 3.盡可能先稱讚再給批評 4.批評要具體 5.針對最近的行爲 6.針對能改變的行爲 7.提出改進的原則	Carol說：「Bob，我注意到當你和Jenny在一起時的一些做法；你想聽聽嗎？」當Bob表示願意聽後，她繼續說：「最近幾次我們在一起時，每當Jenny在說事情時，你都會打斷她，然後自己接著說。」
自我肯定（第9章第276頁）			
挺身而出，以符合人際效能的方式，坦誠的說出自己的感覺，並以兼顧他人的權利之方式，爲自己爭取權利	清楚的表達自己的想法和感受	1.確認你的想法和感受 2.分析這些感受的原因 3.選擇能表達出你的感受的適當技巧，以達到預期的結果 4.向適當的人表達出你的感受。切記，要擁有自己	Gavin認爲自己受到不公平的指控，他說：「我以前從未因此事而被指控——政策是否已改變了呢？」

續〔附錄A〕

技巧	用途	步驟	範例
		的感受	
協商 (第10章第303頁)			
運用交換策略來處理衝突	協助雙方得到正向的結果	1. 確定衝突是否存在 2. 確定雙方可協商的元素是否同等重要 3. 採取妥協方式，或是先依循一方的意見，下次再依循另一方的意見	「你必須去店裡，而我必須完成我的報告。如果你明早能幫我打報告，我今晚就載你到店裡去買東西。」

〔附錄B〕

〔附錄B〕「不良的溝通」檢索表

不良的溝通	定義	代價	建議
攻擊	藉心理或身體的脅迫，強制他人接受你的意見	產生或提昇衝突	1.忍住脅迫他人的衝動 2.描述你的情感
競爭的態度	將衝突看成是「輸贏」的局面	產生或提昇衝突；提高了對方的競爭心態。	1.以合作面對衝突 2.表示你願意以雙贏的方式解決衝突
防衛	當個體感到威脅時所產生的負向感覺和行爲。	阻礙坦誠的溝通。	1.以描述性替代評價性 2.以問題解決取代控制 3.以自發性取代計謀 4.以同理取代木然 5.以平等取代優越 6.以暫時性取代武斷
評價性的反應	批評他人的意見、感受或行爲	引起他人防衛	以描述性取代評價性
外在干擾	阻礙溝通管道的外在因素	干擾訊息的接收	1.聽者應消除干擾或加強專心程度 2.說者應加強傳遞

續〔附錄B〕

技巧	用途	步驟	範例
隱藏動機	不為外人所知的行為動機	破壞信任感；引起防衛；操縱性的	1. 說者應表露動機 2. 聽者應描述行為或做知覺檢核
不一致的反應	口語訊息和非口語訊息不一致	引起防衛	1. 說者應坦誠，並描述真正的情感 2. 聽者應做知覺檢核
內在干擾	聽者的思考和情感干擾了訊息的意義	干擾訊息的接收	加強專心程度
中斷反應	在說者未結束談話前即予以打斷	產生優越式的談話氣氛	允許他人把話或意思表達完畢
不適當的反應	做出與對話無關的反應	使對方有不被肯定，不受重視的感覺	傾聽他人的談話，讓對方知道你聽到了
不良的反應	做出不符他人期待或否定他人的反應	引起防衛	代之以改述語意、發問、解釋或者是支持
語意干擾	解碼與說話者的原意相異	曲解意義	1. 說者應對自己要表達的意思，並予以小心譯碼，並注意接收者是否瞭解自己的語彙 2. 聽者應積極傾

續〔附錄B〕

技巧	用途	步驟	範例
			聽，於必要時進行改述語意
投降	爲了逃避衝突而投降	成爲犧牲者；激怒他人。	1. 描述你的情感 2. 將情感歸於自己
轉移話題的反應	用不適當的方式來改變話題	暗示說者的陳述不值得加以處理	在轉移話題之前，想想他人所說的話，先予以處理
聲音的干擾	話中帶有贅語，如「你知道、哦！、這個」	易引起他人不悅；阻礙訊息的接收	1. 覺察自己的贅語 2. 練習檢查自己談話中出現贅語的程度 3. 在談話中提醒自己
退縮	在身體上及心理上抽離情境	使衝突懸而未決	忍住要退縮的衝動；描述情感

人際關係與溝通　　心理學叢書 14

著　　者☞ Rudolph F. Verderber & Kathleen S. Verderber

譯　　者☞ 曾端真　曾玲珉

出 版 者☞ 揚智文化事業股份有限公司

發 行 人☞ 葉忠賢

責任編輯☞ 賴筱彌

登 記 證☞ 局版北市業字第 1117 號

地　　址☞ 台北市新生南路三段 88 號 5 樓之 6

電　　話☞ 886-2-23660309　886-2-23660313

傳　　真☞ 886-2-23660310

印　　刷☞ 偉勵彩色印刷股份有限公司

初版八刷☞ 2000 年 3 月

I S B N ☞ 957-9272-49-2

法律顧問☞ 北辰著作權事務所　蕭雄淋律師

定　　價☞ 新台幣 500 元

網　　址☞ http: //www.ycrc.com.tw

E-mail ☞ tn605547@ms6.tisnet.net.tw

國立中央圖書館出版品預行編目資料

人際關係與溝通／*Rudolph F. Verderber, Kathleen S. Verderber*著；曾端眞，曾玲珉譯. --初版. --臺北市：揚智文化，*1996*〔民*85*〕

面； 公分. --（心理學叢書；*14*）

譯自：*Inter-act:using interpersonal communication skills, 7th ed.*

ISBN 957-9272-49-2(平裝)

*1.*溝通 *2.*人際關係

177.3 *84013686*